三十年來家國

李誠毅・原著　蔡登山・主編

1916-1945年的烽火中國

編輯說明

本書原在一九六一年出版，當時原書名為《三十年來家國》。今重新出版後，將書名改為《三十年來家國——一九一六－一九四五年的烽火中國》，惟書中原文提及舊書名處仍予以維持，特此說明。

目次

序

稗官野史讀之所以能使人發生興趣，是因為它能補正史之不足。同時，正史之作，往往過於刻板，成為官樣文章，陳陳相因，反不如稗官野史之不拘體裁，據事直書，而能給我們介紹很多輕易不知道的事物。即就我個人說，讀稗官野史的興趣，實在比讀正史還要濃厚些。

進入民國以來這四十多年，先有北洋軍閥的連年混戰，次有日本帝國主義者的瘋狂入侵，後又有中共的「引狼入室」，其間雖有國民革命軍北伐成功後一段安定時間，然亦為時甚暫，未能做到「百廢俱舉」的程度。所以民國以來這四十多年的經過，可說是我國歷史上空前動盪的時代。

正史，自有史家去寫它，毋庸我們去置嘴了，然而要想找一部稗官野史，能原原本本紀錄這四十年來的政海軼聞，民間掌故者，殊不多見，有之，亦稍嫌片斷，不夠完整。至於記載失實，故意歪曲，淆亂聽聞的，更比比皆是。因此，我個人就很有意思把這幾十年來「身經目睹」的事實，筆之於書，以公同好。可是，我個人見聞有限，當然不敢說就可以彌補上述之缺憾，不過總希望拋磚引玉，使有心人士將來能寫出一部更詳盡的專書出來，那就是區區的本意所在了。

本來一個人的接觸圈究竟有限，幸而我是一個新聞工作者，而且在新聞業的圈子裡混了有數十年之久，天天都在忙於採訪新聞，搜集資料，評述時事，因而，我接觸的方面比較廣，見聞的事也多些，腦筋中所劃下的印象亦較深刻罷了。這裡所寫出來的事物，雖是一鱗半爪，不夠全般，然而把民國以來這幾十年間政潮起伏，國事興替的輪廓，已經描繪了一個粗疏的圖形，介紹到讀者面前了。相信對於研究近代史的人們，不無多少「芻蕘之獻」吧！

我想，寫這類的文字，最主要之點就是真實。我不敢自詡沒有半句虛假，但我是儘量忠實地往這個上面去努力的，在本書中所敘述的種種事物，今天身在自由中國的故舊朋友中，多少還是那個時候身經其事的當事者。自然，我的筆下也要一一寫到他們，我相信，當他們讀到本文引起他們許許多多的回憶時，他們更能證明我所記述的一切罷。那麼，我就引為無限欣慰了。

至於說到我個人，這幾十年來的經歷，除了飽經憂患，備嘗苦辛外，可以說是一無足述。但是值得自慰的，就是不管北伐時代也好，對日抗戰時代也好，剿匪戡亂時代也好，我始終是站在國家民族的立場和利益上，不避艱險犧牲的為這個目標而努力奮鬥。過去固是如此，今後亦復如是。我父兄已以此告誡過我，我也拿這種大義來告誡我的兒孫，所以不管我今天是怎麼沒有成就，而反省起來時，內心都是充滿著坦然舒適的。

當我準備把這本書付印重新整校一遍的時候，我不禁引起了無限的感謂：我生平最認為感恩知己的杜光庭（聿明）將軍，迄今仍身陷匪窟，過著終日以淚洗面的生活。雖然他今天依然健在，但精神上那種痛苦，是不言可喻的。所以我每次執筆寫到他，對他那誠摯淳厚的聲容笑貌，就要湧現在我的眼前，而我有時也禁不住的熱淚盈睫。無論敵人怎樣折磨他，凌辱他，虐待他，污辱他，但我深深的瞭解他，在任何威脅利誘下，他是始終不會向敵人屈服的。

中華民國四十九年春夏李誠穀序於香港

開場詞

我自己都莫明其妙，為什麼這大半生的經歷，會如此的曲折與迂迴？記得我從國外歸來，準備踏進社會的第一步，就立志要作一個新聞記者。不必杜撰那些自欺欺人的理由，我只是有那麼一點興趣，所以就那麼幹了。

那時正是軍閥當道的時候，聰明的人都去鑽軍閥的門路，爬高枝兒，新聞記者是「大人先生」們最厭惡的一種行業，隨時要「草裡尋蛇」的找記者的麻煩，文字構禍是家常便飯。不是嗎？我就有好幾位朋友蒙那些「大人先生」們成全了：有的是殺頭，有的給槍斃；若是挨打，或是被驅逐，那算是頂文明的了。因此，有人罵我活得不耐煩，要找這種職業去幹，對，對！這似乎是有道理。然而，我為什麼總是辦報不改行，而且以後還由一個報擴張到幾個報呢！

一點不假，在那一段時間，我被那些「大人先生」們威脅過，扣押過，槍桿子比著額角嚇唬過，丘八老爺賞過老拳，更有一次亡過命，不過，我的命根子硬朗，沒有死掉，反而看到那些「英雄」「好漢」的「大人先生」們，一個個的倒了下去。

二十六年「七七事變」民族聖戰開始，我便投筆從軍，轉戰南北，並且遠征印緬，身經目睹血肉交織的戰史。

終於八年抗戰獲得最後勝利，我復隨軍回到第二故鄉的北平，重新呼吸到這古城的濃重泥土氣息。但這一絲絲底光復的喜悅，一轉眼又消逝了！

接收人員在抗戰的最末一頁，塗上了污漬，墮落的文武大員放棄職守，真所謂「文官愛財，武官怕死。」最後大陸淪陷，我又踉踉蹌蹌地跑了出來。

這一場亘古未見的劫難，我算是僥倖逃過了。

宗教士女往往將這一切的遭遇歸之於「主的安排」，我這大半生的經歷，當然也不能例外了。逃難不值得悲哀，我們的祖先就是在顛沛流離中壯大而綿延到億萬代。我們要咬緊牙關，挺起胸膛來活下去。我們一定要打回大陸去，我有這樣的一個堅決的信念！

四十年來身經目擊的事跡實在太多了，因為那些都是血的教訓。從這些事跡中，我尋到一條專制、軍閥、國賊、漢奸的同一失敗的軌道，歷史是會重演的，由此，可以找到今日黷武主義者死亡的先兆，可以遙見他們合葬的墓穴。

過去的生活，無論苦的、甜的、酸的、辣的，都值得回味咀嚼，每一憶及，都有著無限的感慨！

一、中南海滄桑

北平，這個既古典而又浪漫的文化城，論它的容貌是美麗極了；任何一個人，只要在這裡住下來，就會有「終老是鄉」的迷戀。可是，它的身世，卻又是一言難盡的。它是光榮、恥辱、智慧、愚蠢、歡笑、辛酸……種種的綜合，它是這樣複雜難解的一座歷盡滄桑的城市。

不錯，北平是中國近五百年來的政治搖籃，從前位尊九五奉天承運的皇帝是在這裡住著，其後，民國的所謂國民公僕的總統，也是住在這裡。北洋軍閥曾經在此興風作浪，而今天竊奪政權的中共，還是在此地發號施令。促成中國文藝復興的五四運動是在這裡發起，毀滅中國文化的新黑暗時代，也從這裡造成。這裡產生過串演復辟的政治小丑，也產生過反對帝制的革命英雄。我們從正的反的，多方面去檢查它的身世，真可說是：「一場歡笑聲，兩把辛酸淚！」

就我個人來說，從國外歸來，以及其後二十餘年——從事新聞文化事業，它和我的關係，實在太深切了！

抗戰以前，不，應該說是民國十六年以前，那時候軍閥當道，他們不知道什麼叫「言論自由」，「政治民主」，當一個新聞記者，說起來是「無冕皇帝」，如果闖下文字禍來，弄得腦袋搬家，變成「斷頭皇帝」，那也不算什麼稀奇的事。朋友當中如邵飄萍、林白水之被槍殺，那就是最顯著的例子，這件事我以後還要詳細的寫到。可是我呢，歷盡艱辛幸而不死，竟能看到那些顯赫一時的人物怎樣抖起來，又怎樣倒下去。真個是「其興也勃然，其亡也忽然！」何況「後之視今，亦猶今之視昔」。我現在來「閒話天寶」，不止是想博得讀者幾聲輕微的喟嘆，而是想在人們面前張掛一面大鏡子，告訴人們，過去是這樣的，相信將來也不會例外的了。

談北平的政治演變，先得把北平的歷史和形勢，略為介紹一下。

北平這座城，最早可以返溯到唐虞時代去，那時候叫幽州。夏朝叫冀，殷朝又恢復舊稱，到了周朝，成為諸侯之國了，周封堯的後裔和召公於此，前者稱冀，後者稱燕。秦為上谷，漢朝改稱廣陽，從魏晉到唐朝，都稱薊州。唐又稱為范陽，為范陽節度使所在地，同時也叫幽州。在五代石晉時，此地遂為遼所有，遼太宗會通元年，升幽州為南京，又叫燕京，這是北平建為京都的開始，以後金、元、明、清四朝，都是在此建都。

元朝建都在這裡時稱為大都，明洪武初年改為北平，燕王朱棣至此地發起靖難之役，從他姪兒手上奪得了皇帝寶座，把明朝的京都由南京遷到這裡來，才稱為北京。

這座城市，是經過遼、金、元三代逐次擴建，加之明永榮（朱棣年號）中葉，又大興土木，廣營宮闕，成為中國最富麗皇裔都市。滿清入關，一切循明朝舊規模，沒有多大的損益。

北平城分為內城、外城兩大部。

內城的面積，約一百一十二方里，一共有九重城門：正南的為正陽門（俗稱前門），南之東為崇文門（俗稱海岱門又名哈德門），南之西為宣武門（俗稱順治門）。東面有兩個城門，靠南的叫朝陽門（俗稱齊化門），靠北的叫東直門；西面有兩個城門，靠南的為阜成門（俗稱平則門），靠北的稱西直門；正北也是兩個城門，其東為安定門，其西為德勝門。

外城包著內城的南部，面積約八十二方里，一共有七重城門：正南是三個門，中為永定門，左為左安門，右為右安門；東面是兩個門，一為廣渠門，一為東便門；西面也是兩個門，一為廣安門（俗稱彰儀門），一為西便門。

內城之中，還有一座皇城，城內再有一座紫禁城，前面朝南為天安門，後面朝北為神武門，東面為東華門，西面為西華門，天安門內為午門，再進為端門，當年皇帝接見文武大員之太和殿（即金鑾殿），即在此門內。

民國以來的總統，以及其後名稱不一的國家統治階級，則住在中南海中。平劇中有一齣叫「梅龍鎮」的戲，扮演那個風流天子正德皇帝的角色道白說的有：「大圈圈當中有個小圈圈，小圈圈當中還有個黃圈圈」，那個黃圈圈，所指的就是紫禁城。

中南海是在紫禁城之西南——皇城內，有名的懷仁堂、居仁堂、豐澤園、萬字廊，都在其內。還有歷史上有名的瀛台是矗立在南海之上，前清是宮苑禁地，民國以後的總統府，張作霖入關時代的大元帥府，都在這中南海內升降浮沉。

中南海的正門叫新華門，一進去是南海，但見樓閣聳峙，古柏參天；再進就是中海，這就到了以往總統府的所在地。那一派美麗莊嚴的氣象，非三言兩語所能形容的。最令人觸景生情的，是瀛台，因為它是戊戌變法的悲劇主角光緒皇帝的絕命處。中南海北端，隔著一道牆，橫貫海上一座橋，便是御河橋，過此即屬北海了。

宮廷猶是，人物已非！在這中南海的小小漪漣上，不知淘盡了多少所謂「英雄豪傑」。這些人當其大權在握的時候，那個威風直叫人「望而卻步，慎勿近前」，可是一陣政治風浪掠過，就那麼乖乖的在時代面前倒了下去。這時你才知道所謂「英雄豪傑」，原來來也是外強中乾，弱不禁風的可憐蟲。

滿清王朝的崩潰，我們且不去說它。我光拿中華民國第一任總統袁世凱來說吧。

辛亥革命成功後，袁世凱挾北洋勢力以自重，國父孫中山先生衡量革命力量不足以抗拒根深蒂固的封建勢力，而革命黨員又被勝利沖昏頭腦，在這種革命情緒低落的情況下，只好把總統大位讓給袁世凱去坐。

北平這一座皇帝之都，暫時披上了一件「共和」商標的外衣，中南海由宮苑禁地，變為中華民國總統府的所在地了。

大概是中南海的景色和它曾經為帝王幸臨過的那一派尊貴氣氛，大令袁世凱迷戀不捨，他想子子孫孫萬世一系的穩住在這一座美麗的禁苑內，於是乎引起了他做皇帝的迷夢。

民國二、三年間一班想攀龍附鳳的封建餘孽和政治蔑片，便仿效王莽篡漢捏造讖緯的故技，在北平散佈著「共和不適國情」的流言。先是有遜清遺老勞乃宣宋有仁的鼓吹清帝復辟，這兩個摸不清行情的傻瓜，把「天心民意」的對象弄錯了，遭了查禁；接著，美人古德諾做了一篇「共和不適於中國」的論文，野心家們有了藉口了：「洋人都說中國須有真命天子，這沒有遲疑的了，趕快請袁總統登基吧！」，楊度的「君憲救國論」，劉師培的「君憲論」，也振振有詞了。

楊和劉這兩個利慾薰心的文丐，又連絡孫毓筠、嚴復、李燮、與胡瑛等，組織「籌安會」，旋改稱「憲法協進會」，準備中國改制的工作。中南海的「王氣」，又似乎要運轉鴻鈞了。

他們還怕力量薄弱，不能把袁世凱扶上龍延，又約梁士貽等組織「全國請願聯合會」，請求袁世凱「承受大統」的請願書像雪片飛來，數月中，竟有八十三件之多。——而其後袁世凱也只做了八十三天「洪憲皇帝」。這一巧合，都是耐人尋味的。

他們卻也會做作，把這八十三件請願書，提付審查，建議召開「國民大會」來解決，由楊度梁士貽等操縱著舉出一千九百九十三人充國民代表，在民國三年十二月舉行投票，全體一致主張實行君主立憲，並推戴大總統袁世凱為皇帝。這種搞法，比今天中共所玩弄的「人代大會」並不遜色。

袁世凱對於王莽、曹丕、司馬炎等的受禪故事，當然是知道的，所以起初他也假意推謝，忸忸怩怩，故作醜態，表示著非此不足以表現他的做皇帝實實在在是「天與人歸」！

尤其「可喜」的是他承認日本所提的二十一條，賣國生意成交，得到日本對他的實行君憲暗中默許。有了這樣的外援，他就放胆做皇帝，於是在民國四年十二月下令承認接受帝位，改元「洪憲」，中南海的總統府，改名新華宮。

洪憲要人公然如願以償，大磕響頭，三呼萬歲，一幕歷史醜劇，演來有聲有色。只有中南海裡面那些飛簷複宇上的迎風鐵馬，在發著叮叮噹噹的訕笑聲。

正當「袁大皇帝」在「新華宮」帝夢方酣的時候，蔡鍔、唐繼堯、李烈鈞等的護國軍，已在雲南起義，蔡李分統一二軍向川桂出發，貴州、廣西兩省首先響應，宣佈脫離北京政府而獨立；其他各省亦紛紛響府，連受過「洪憲皇帝」封號的龍濟光，也在廣東宣告獨立了。到民國五年五月下旬，他一手培植起來的湯薌銘（湘督）陳宧（川督），竟也見風轉舵，背叛故主，突然宣佈獨立。這一來給「洪憲皇帝」的打擊可不小，袁氏一時憂憤成疾，至六月六日，暴斃於「新華宮」。「龍御賓天」的時候，中南海正群禽鳴樹，小浪推萍，奏出一片淒涼的輓歌。八十三天皇帝夢，到此南柯一夢，可是來不及了，「洪憲皇帝」的劫數歷經，要回到地獄裡去報到。

是中南海開袁世凱的玩笑？抑是袁世凱開中南海的玩笑呢？

「洪憲皇帝」翹了辮子，帝制運動完了，那位曾經袁世凱封為「武義親王」的黎元洪副總統，被人擁戴出來繼任總統，中南海又恢復原來總統府的面目。

到民國六年，黎元洪因為不同意段祺瑞內閣的參加歐戰一案，引起雙方決裂。先是督軍團在徐州開會，一致擁段，及段被黎元洪免職，安徽的倪嗣沖、奉天的張作霖、陝西的陳樹藩、河南的趙倜、浙江的楊喜德、山東的張懷芝、直隸的曹錕、山西的閻錫山，這許多督軍紛紛擁段獨立，且引兵進迫首都。是年六月二日在天津設立軍務總參謀處，宣言另訂根本大法，設立臨時政府。

黎元洪著急了，召大辮子張勳入京作調人，想不到張大辮子回京後，不但不聽黎元洪的調度，卻被保皇黨的頭子康有為牽著鼻子走，把黎元洪趕出了中南海，擁戴紫金城的滿清遜帝溥儀復辟，演出洪憲以後的第二幕醜劇。

北京成為帝都的歷史太長了，所以封建主義的陰靈不散，隨時借屍還魂。民國六年七月一日改為宣統九年五月十三日，一切官制朝儀，恢復滿清舊觀，眼看陸（徵祥）康（有為）兩寶貝，就要成為「帝業再造」的元勳。

誰知只兩天的滑稽戲，段祺瑞馬廠之師起矣，七月六日馮國璋在南京代理大總統職，各省一致承認。張大辮子和康聖人事敗逃竄，十三日段氏入京平亂，黎元洪引咎辭職，馮國璋入京代理大總統職權，中南海又換上了一批人馬。

馮國璋在中南海住到民國七年，任期屆滿，必須另選總統。按當時情形，只有馮國璋、段祺瑞與徐世昌三人有逐鹿資格，但馮國璋對南方革命勢力主張和平解決，段則主戰，兩人南轅北轍，惡感已成！於是徐世昌坐收漁利，獲選總統，搬進了中南海。

民國十一年直奉之戰結束，直系支配北方政權，驅逐徐世昌，擁護黎元洪再任總統，恢復舊國合，美其名曰「法統重光」，實際上此時的中南海已成軍閥陳設傀儡的儲藏室，高興安置誰就是誰。「民猶是也，國猶是也，何分南北？」「總而言之，統而言之，不是東西！」這副對聯，代表了人民的呼聲。

直系勢力日益壯大，十二年六月又有驅黎（元洪）之舉，那個賣草鞋出身的直系首領曹錕，把搜括而來的金錢，收買豬仔議員，賄選總統。為了買這張中南海的入場券，又引起直系的大聯合，一場混戰，直系失敗，曹錕搬出了中南海。十三年十一月段祺瑞執政以後，他沒有把執政府放在中南海，因此東四北那個鐵獅子胡同又「車水馬龍，冠蓋如雲」了。

中南海暫時失去了政治重心的地位，但藉此能一掃政治骯髒空氣，中南海倒是有福的！

擾擾攘攘，中國苦度不到兩年的時間，中間有直皖兩系的殘餘勢力交戰於南，馮玉祥的國民軍和奉系張作霖又構釁於此，旋吳佩孚揮軍北上，張作霖自山海關反攻，國民軍退到寧夏，十五年四月九日段氏被迫去職，顏惠慶組閣攝政。可是到六月，又有奉直的天津預備會議，否認顏閣，北京陷於無政府狀態。

南口一戰張作霖得了勢，於是這位高糧地出身的「紅鬍子」關外王，自稱為安國軍總司令，其後又改名為海陸軍大元帥，驅師入關問鼎了，北方政局由他掌握，中南海不幸又來了一個新主人。

張作霖進北京那一幕，我記得清清楚楚那是民國十六年的春天，北京正在寒風中顫抖，那一天，京奉鐵路（即今之北寧鐵路）前門東站警戒森嚴：「張大元師進北京了」！不用說老百姓不能走近去，就是新聞從業人員，也只能在遠遠地顛著足尖看看熱鬧。

從前門東站起，進正陽門，經天安門、西長安街、西單牌樓一直到西城北溝沿順承王府（他的私邸）的路面上，都是以黃土舖地，灑上淨水。深恐有路上的塵埃穢氣，觸犯了大元帥的虎威與尊嚴。這派場當然是依照前清皇帝出駕的舊制。

再就警戒部隊軍容之肅殺而靜穆，也夠人回味。沿馬路兩側，五步一崗，十步一哨，士兵一律是冬季裝備，頭上戴著白毛羊皮帽，短皮大衣，外加穿美麗黃皮背心，黃皮鞋。精神擻抖地持著捷克短槍，成兩行相背站立於馬路兩旁如臨大敵一般。

張大元帥住進了中南海後，不用說他本人威風十足，就是那些跟隨他進關的東北軍人也是不可一世的。這一批沒有「後腦勺子」的老總，一開口就是「媽你巴子」，聽見這種口調，誰敢不買賬？他們坐火車不買票，上街時手上拿著一根腰皮帶，出遠門不用護照，就憑他們那個後腦勺子和那句罵人的口頭禪，可以橫衝直撞。那時有兩句話形容他們的橫蠻之態，說是：「媽的巴子是車票，後腦勺子是護照。」

十七年，國民革命軍指向北京，張作霖倉皇出走。先是人們還不知道呢，但是新華門前廣場，平素戒備森嚴有點異樣，四週警戒突然撤去，大家正在莫明其妙間，等到皇姑屯張作霖炸死的消息，當天晚報刊出來以後，才知道「大元帥」已經離開了北京。原來他是從中南海的後門走的，連黃土舖路和淨道的儀式都來不及了！

抗戰勝利後，北平行營主任李宗仁也曾作過一度中南海的主人，他是住在懷仁堂的後面豐澤園內，今天他卻在美國流亡了！

大約是中南海的悲劇，還沒有演夠吧！到民國　九年又有一個井崗山落草的好漢，從陝北窰洞裡一竄而到了北平中南海，這就是沐猴而冠的毛澤東，在做著「引狼入室」的勾當，懷仁堂上又是一番風光了。

二、兩幕醜劇

（一）袁世凱稱帝

中華民國是無數革命先烈用生命換取來的，可是開國不久，就連續演出了兩幕醜劇，看來似乎曇花一現，有如一小段滑稽插曲，然而，對於民國的影響和損害，卻是十分嚴重的。

第一幕，是袁世凱竊國稱帝；第二幕是張勳復辟。這兩幕雖是事各不同，而其醜則一。現在我先說第一幕的表演經過。

袁世凱以滿清餘孽，因緣時會，取代了孫中山先生的臨時總統，以唐紹儀組織內閣。唐是主張「責任內閣」制的，因之設立「國務會議」來行使內閣職權。

袁世凱乃一代奸雄，素抱「專制宇內，君臨天下」的野心，那能容得唐氏這一套進步民主的搞法呢？於是在在與唐內閣為難，唐氏被迫去位，由陸徵祥代之。陸素以無黨無派為標榜，故時人稱之為「超然內閣」。陸徵祥是個唯唯否否的好好先生，一切政令皆仰承袁氏意旨。在袁氏一方面說是一個很好玩弄的工具，可是國會方面卻大為不滿，尤其是屬於民黨的議員們，更是憤慨，陸氏遂被劾去職，改任趙秉鈞。詎不知趙氏更是袁世凱夾袋裡的人物，他一上台，連唐紹儀任內成立的「國務會議」也移到總統府去了，這個所謂「虛名政黨內閣」，簡直是袁世凱的御用品；此時的國務院，名存實亡，「內閣制」也改變為「總統制」了。

二次革命失敗以後，袁氏勢力益張，取得正式總統的名位，由熊希齡組閣。這時他以戰勝餘威，自然不能容許內閣和國會來牽制他的總統權限，遂下令撤銷國民黨籍的議員，停辦地方自治，解散省會議。這一切破壞約法的亂命，都強迫著熊內閣副署頒行。

到民國三年二月，竟修改約法，內閣制根本取銷，任命徐世昌為國務卿，以前的國務院，改為總統府「政事堂」。他這種「獨斷專行，人莫予毒」的作風，在他的淫威下，反對者是無能為力的。加之一般利祿薰心的政治蔑片，又助桀為虐。而彼時歐戰又剛好爆發了，列強無暇東顧，袁世凱遂勾結日本帝國主義，以進行帝制。這些內在與外在的原因，促成了「八十三天皇帝夢」，這一齣醜劇的演出。

民國是承受幾千年的專制餘毒，一旦革命成功，人民對民主政治的真諦，可以說是陌生的。袁世凱所起用的人，都是滿清時代遺留下來的官僚，這批人對於「俯伏稱臣」的奴才修養，已是爐火純青，大都戀戀不忘於帝制時代封妻蔭子，耀祖光完的殊榮。所以當民國二三年間，北京就流傳著「共和不適合國情」的謠言，滿清遺老榮乃宣宋育仁藉此鼓吹清帝復辟，旋被查禁。不過對於這種謠言，袁世凱是聽來悅耳的，他雖不願清帝復辟，但他自己卻願「證實民謠」來做皇帝的。不久，總統府的美國顧問古德諾這位先生在他要轉回美國去的時候，心血來潮，寫了一篇「共和不適於中國」的論文，在他無非是商榷的意思，可是，袁氏下面那一班利祿小人就有了藉口了。

頂起勁的是楊度，他以為，自由開國元勳，都是汗馬功勞換來的，我這文弱書生，不能衝鋒陷陣去為袁總統打天下，如何能邀得袁總統的恩寵？何不從此促成帝制，將來自可分茅列土，世襲罔替。想到這些地方，覺得這真是千載一時的好機會，萬不可錯過，於是聯絡劉師培、孫毓筠、嚴復、李燮和、胡瑛等成立籌安會，當時稱他們為「籌安六君子」。一方面由楊度撰了一篇「君憲救國論」，劉師培又作了一篇「君憲論」，為之申論列證；同時通電各省，推派代表到北京，討論國體問題。

寫到這裡，幾乎把一個帝制運動中最重要的角色遺漏了，那就是袁世凱的寶貝兒子袁克定。袁克定為了想作東宮太子，將來好繼承萬世一系的大統，自然力促他父親的帝制運動成功。因此，就與楊度等日夜計議，準備達成這項目的。

他們那種掩耳盜鈴的辦法，說來實在可笑。當時署理湖北督軍段芝貴，原是袁世凱的乾兒子，由他領銜聯合各省督軍向中央請願改行君主立憲，同時推戴袁總統接皇帝位。但光是幾個軍政官僚請願，不足以代表民心，故又由各省袁系人物，發動紳商請願以為響應。反正天下滔滔，有的是勢利小人，何愁沒有人出來為之捧場？果然不到幾天，各地請願風起雲湧，請願書像雪片似的向北京呈遞。上海商會總理周晉鑣，遂親自晉京上書，這一片「忠君愛國」的思想，卻也「難得」！北京城內更鬧得烏烟瘴氣，什麼教育會請願團！商民請願團，人力車夫請願團，乃至乞丐娼妓都成立了請願團。似乎「天歸人願」，袁總統不再出來踐位，就要「其如蒼生何」了！

此外，宣傳工作也有他們的一套，北京城的報章，當然不敢說反對帝制的話，上海租界內的報紙，卻把袁世凱罵得狗血噴頭。於是籌安會這般人物，又派人在上海望平街出版《亞細亞報》，專門來鼓吹帝制。可惜這張報紙在上海是沒有人看的，報販也不肯為之叫賣，不過這是沒有關係的，反正他們宣傳的對象乃是袁世凱個人，只要他知到有上海發行字樣的報紙，輿論是傾向帝制這方面，使他認為這運動是「順天應人」的，便算達到辦宣傳者的目的了。所以，這張報紙每天只須印出一張送到京城總統府晉呈御覽，就可以領到整個報館的經費。只是這個報館不久就吃了革命黨人的一顆炸彈，人雖未受傷，但主持報務的某公卻嚇得屎滾尿流，連夜逃回北京向袁大公子去哭訴，要太子另請高明，他實在不敢繼續辦下去！

人民儘管反對，袁世凱的帝制還是要進行的，在他想，各省的軍政首長，大部分是他提拔出來的人，看來個個都是對他效忠的，那還怕什麼呢！國際方面歐戰正殷，列強無暇過問，與日本又訂了二十一條的賣國條約，當然對於他的帝制予以贊助了。在這種內外均處有利的形勢下，不幹更待何時？於是由朱啟鈐負責主持「大典籌備處」，準備一切登位的工作了。

說來也奇怪，袁世凱的次子袁克文對於乃父的帝制運動，頗不謂然，尤其看到乃兄克定那樣助長他父親之惡，更是痛恨，可是舉目盡是熱中利祿之徒，他又有什麼方法加以阻止呢！所以只好縱情詩酒，沉湎詞章，和一般潔身自好，明哲保身的文人相往還。別人談起帝制的事情來，他總是「掩耳疾走」。然而，克定仍然不放心，深恐其弟黨羽日增，將來演出李世民剪殺建成元吉的故事，故時常對克文借故挑剔，至此，克文感慨地唸著「煮豆燃萁」的詩句來諷刺他，但克定聽了大怒，兩人竟因此口角起來。克文說：「你要做曹丕，難道還不許我做曹植嗎？」這事給他老子聽到了，就把他兩人叫進去大罵道：「你們這兩個畜生，怪不得外面人罵我是篡位的曹操。

你們兩人竟然自比曹丕和曹植，這不是『其父攘羊，其子證之』嗎？有你這兩個寶貝兒子這一鬧，我這個名正言順的曹操，就用不著再分辯了」！這也是當時袁氏內府的一幕笑話。

袁克文這個人能出污泥而不染，的確是「榮國府門前的石獅子」，洪憲濁流中的乾淨人，「幹父之蠱」，「亢宗之子」，這八個字，寒雲（克文）足以當之而無愧！

話題不要扯遠了，且說帝制運動，是民國四年八月中旬開始發動，十一月就投票決定袁世凱為皇帝，十二月下令接受帝位，改民國五年為洪憲元年，這年元旦登極，總統府改名新華宮，袁氏公然穿起「大典籌備處」諸公斟古酌今所設計的皇袍皇冕，更接受那些洪憲開國元勳的朝賀。所謂「六君子」「十三太保」之流，自然是袍笏冠冕，感恩零涕。一共只四個月的時間，就把國體變更了，其神速滑稽，令人嘆為觀止。

那知道袁世凱那班人防範不嚴，讓蔡鍔逃出了京門，跑到雲南，就與唐繼堯李烈鈞等於民國四年十二月二十五日組織護國軍，首唱獨立。由蔡李分統一二兩軍，向川、桂進發，袁氏聞訊，一面免除蔡唐李三人職務，一面下令出兵討伐。接著，貴州的劉世顯，廣西的陸榮廷首先響應。廣東的龍濟光起先曾受過「洪憲皇帝」所賜的五等勳位，及梁任公到廣州策動反袁，龍濟光此時以環境所迫，也只得宣告獨立，不久浙江方面呂公望繼屈映光為都督，袁氏羽毛又去了一個。

各省獨立既多，討袁方面為求軍事統一起見，於民國五年五月在肇慶成立「軍務院」，推唐繼堯為撫軍長，岑春煊副之，遙戴黎元洪為大總統，對內對外一切政務以「軍務院」名義行之。政府既成立，護國軍的聲勢大振。陝西的陳樹藩獨立於三原，進取西安，驅逐了袁系的陝督陸建章，與滇粵軍遙為策應；山東方面，吳大澂居正各據一部獨立，護國軍之勢，遂由滇池、珠江長江而伸入黃河流域了。

江蘇都督馮國璋湖北都督王占元，雖未公然反袁，卻宣佈嚴守中立，嗣又勸告袁氏取銷帝號。當護國軍初起，袁氏以為可以武力鎮服，旋知大事已去，為保全總統職位計，中令撤銷帝制，那一道撤銷帝制的命令，是出自王式通的手筆。這命令一開頭就說：「民國肇造，變故紛乘，薄德如予，躬膺艱鉅，憂國之士，怵於禍至之無日，多主恢復帝制，以絕爭端而策久安」。像這種措詞文句，也虧他說得出來。又說：「當隨民意為從違，責備彌周，已至無可諉避，始以籌備為詞，藉塞眾望，並未實行。」如此這般輕輕卸責，又想重溫總統的舊夢。

無奈，護國軍方面堅持非袁氏退位不足以息眾怒，五月下旬，連袁的私人羽翼湯薌銘和陳宧，也在湖南和四川兩地宣佈獨立，袁氏至此，始知大勢已去，憂憤成疾，竟至不起，民國五年六月六日，暴斃於新華宮。可憐他改元稱帝，一共只有八十三天，就「天運」告終了。袁氏死後，由黎元洪代行總統職務，段祺瑞為國務總理，恢復約法，重開國會，西南各省相繼取銷獨立，中華民國復活。

最可笑的是，當這幕醜劇快要完場的時候，一班洪憲要人，有如乞丐失去了猢猻，紛紛逃走，各奔前程，而其中逃得最快的，正是那個帝制的原始發動者楊皙子（度），當時他再也不管「袁皇帝」的死活，跑到上海租界去當杜月笙的清客去了。

這八十三日的皇帝夢，為時雖說短暫，但對中國的影響，卻非常重大。

第一，袁世凱當初為擴充實力，以便實行其帝制陰謀，曾分佈其私人黨羽於各省。袁氏雖死，而其爪牙未盡剷除，成為以後北洋軍閥割據混戰的局面。

第二，袁氏為謀帝制運動速成，甘心投降日本帝國主義者，燃起日寇侵華的野心。我們抗戰八年的苦果，那都是袁氏一手種下來的禍根。

第三，袁氏玩弄權術，效法曹操的貪殘詭詐，羅致利祿小人，充塞要津，風氣所播，使中國官吏人格破產。以後一般官僚政客，不知人間尚有羞恥事，一切腐化惡化的風氣，不能不說是由袁氏所遺留。

第四，西南各省田討袁以後，北洋政府仍未徹底革新，「軍務院」之名義雖除，而精神仍在，為此後南北分裂的嚆矢。

一個國家的盛衰隆替，可以由當國者個人之思想行為和人格為之關鍵，證之歷史，毫釐不爽，儒家之所以主張「君子政治」，蓋有由也。

（二）張勳復辟

袁世凱的帝制運動被撲滅後一年，封建餘孽的陰魂未散，又有「張勳復辟」的一幕醜劇接著上演。這是中國近代史上最污辱而騰笑國際的一頁。

我們先介紹一下張勳這個人。

他是江西奉新縣赤田村人，幼時家道貧寒，無以為生，在距他家不遠的江保頭村許家充當書僮，主人翁是當時任職兩江總督的許振偉。他當了幾年書僮，覺得那樣後斷一生，不是長久之計，於是靈機一動，假造了一封許振偉的介紹信，偷蓋了許的圖章，投効江南大營。長官看見是許大人的介紹信，當即准其入營，既而見他忠勇可靠，更是另眼看待。就憑這一點關係，一帆風順的升上去，後來張勳得了志，許振偉也就只好承認這回事。

其人之愚忠頑固，固屬可哂，但他對滿清忠貞到底，比之今天那些「有奶便是娘」的人物，相去真正是不可以道里計了。

民國以後，他和他的部隊始絡留著一條「豬尾巴」的辮子，不肯剪掉，所以他的部隊被稱為「辮子軍」，他自己也就被人尊稱為：「張辮帥」。

他職位當到長江巡閱使，衙門設在江北之徐州，官位是「定武上將軍」，他的部隊因之也稱為「定武軍」。那時他管轄長江流域七省軍政大權，真是顯赫一時，炙手可熱

他的二弟，本來是在鄉間偷竊山上松毛度日的一個小賊，弟以兄貴，此時彬彬然做起大鄉紳來了。大家當面叫他「二大人」，背後則呼之為「松毛大人」。

像他這類忠耿頑固的人，對滿清的舊恩，是不會忘記的，他的道德知識，是在個人恩怨裡打圈子，這也用不著稀奇，由於這種秉性，所以他念舊交，重鄉土觀念，凡是江西老表，他就特別關照；如果更是奉新小同鄉，那簡直視同兄弟子姪一般。只說每年舊曆正月初一，江西同鄉——尤其是奉新人，都遠從北京或故鄉趕去徐州向他拜年，除夕那天，津浦鐵路局例備專車作賀年老表乘坐之用。他在徐州衙門裡一定大擺筵席三天，隆重款待，客人行前，大帥除每人各贈土產外，更每人送壓歲錢大洋一百元。在當年生活指數低賤的時候，這筆錢就夠窮人半歲糧了。

同鄉要向他求事或請求介紹工作者，從沒有拒絕過。單說奉新一縣，當縣知事的一時就有四十七人之多，其他外縣的江西老表，受他提拔的也是不少。

赤田村那一個村子，自他發達後由他整個翻造，每戶送屋一所。古人「一人有福，遮蓋滿屋」的俗語，張勳在赤田村，真是名符其實的做到了。

北京有名的宣武門外大街江西會館，是京城首屈一指偉大堂皇的西式建築，裡面有花園戲台自磨電燈發電，每房陳列新式傢俬，可說是十分豪華，那就是由他私人捐修的。位在宣武門外的南昌郡館，亦是由他購贈。奉新縣會館在北京有五個之多，東西南北中各方雄峙，江西人在北京的居留問題，真是不成問題。建得廣廈千萬間，大庇同鄉盡歡顏，辮帥是值得江西人懷念的。

對故鄉青年的培植，更是不遺餘力。在家鄉創辦學校，那已經不用說了。就是在北京中大學讀書的學生，他都給予獎學金。奉新縣在京讀書的子弟，更以四個會館的房屋出租所得之租金，按月攤給作補助費用。

他那矮胖的個子，一副忠誠的臉型，配上兩撇鬍子，這印象直到如今，還深印在四十歲以上的奉新人的腦海裡。他之所以鬧出「復辟」這一幕，其野心基因於「徐州會議」。

那是因為自從袁世凱死後，北洋政府重心就落在段祺瑞的身上，北洋軍事實力，開始由他掌握。黎元洪的總統，只是個「虛君」，世人稱之為「黎菩薩」，那有力量來制服老段呢！故而黎氏只有藉國會以自重了。

黎段二人的政治關係，本來就無淵源；彼此性情不同；黎性和緩寬大，段則狹隘專斷，段每每與黎以不滿。

同時，內務總長孫洪伊，為黎所信任，凡事皆與總統密議行之，隱然是府中的決策者；即國務院的秘書兼陸軍部次長徐樹錚，又為段之門人，段一切唯徐意是聽，儼然是總理第二。孫徐各恃背景，兩不相下，形同水火，造成府院磨擦，以致總統與總理之間，意見益深。

民國六年歐戰正酣，段氏主張對德宣戰，向國會提出議案請求通過，但國會方面，主張從緩宣戰者佔大多數，段案遭擱置，又造成院會對立之狀態。

段氏以為國會的掣肘，實由黎總統的指使，故亦示意段系的督軍們發出通電，謂國會無益於國，脅迫總統下令解散。同時，由安徽督軍倪嗣沖電邀各省督軍，集議徐州，向張辮帥移樽就教，各省即派出代表赴會，這就是後來的所謂「督軍團」。

這一會議，雖未討論出具體有效的方案，但張辮帥卻成為那時舉足輕重的人物了。

以扶助滿清為職志的保皇黨首領康有為，此時亦來到徐州，他以辮帥效忠清室，彼此臭味相投，於是密議復辟的進行辦法。

既而，黎元洪徇國會之主張，下令免段祺瑞職，段氏即赴天津，發出通電，宣佈下野。

段氏下野的消息一傳，安徽倪嗣沖首先獨立，奉天張作霖、浙江楊善德、河南趙倜、山東張懷芝、陝西陳樹藩、直隸曹錕、山西閻錫山，這些督軍、省長等相繼響應。

而且，督軍團準備以兵逼京師，民國六年六月二日在天津設立「軍務總參謀處」，以雷震春為處長，宣言另訂根本大法，設立臨時政府。

黎元洪著了慌，此時北京陷於政府真空狀態，段去後，令伍廷芳為總理，伍辭不就職，萬不得已，只好由江朝宗暫代。這時，黎氏想起了北洋老前輩李經羲，他是李鴻章的胞姪，借他的名望，或者可收拾殘局，故又下令李經羲為總理。李對於這一榮位未嘗不怦然心動，怎奈自己毫無實力，不敢冒昧登台，於是他就向黎元洪建議，請張辮帥入京作調人，以解決時局。黎從其議。

辮帥奉到黎元洪的電召，當挾其復辟密計，欣然就道。

他一到天津，故意遲遲其行，表面上是籠絡段祺瑞，對黎氏則是要求解散國會，乃肯晉京。黎從其請，遂於六月十三日發表「解散國會」的命令。

張見黎氏接納其要求，以為段祺瑞必衷心感激，一時竊竊自喜，就在天津英租界松樹里私寓開軍事會議，與部屬密議一切，會後，帶著不足一團的扈衛，坐著路局所備專車由津晉京。

他從天津到北京去，那番盛況還了得？在天津方面，從租界交界處經金剛橋至東站，五步一崗，十步一哨，駐在中州會館的「督軍團總參謀處」，搭著綵樓，高懸五色國旗，寫著：歡迎張大帥入京。就是歡迎人員，都須先期憑公函核准發給證件，否則一律不准進站。隨行人員，除了新國務總理李經羲外，另有張鎮芳、雷震春、段芝貴等軍事大員，濟濟衣冠，盛極一時。

北京方面，正陽門京奉鐵路東站早懸燈結綵，各機關首長或代表先期到達車站，恭候大帥專車入站。站內的警衛，是他的定武軍先頭衛隊擔任，外面是京師步兵統帶的警衛隊擔任，一個個持槍佩刀，雁行排列，那派頭可就大得多啦！

專車進站後，總統的代表丁鈕芳最先登車晉見，其次是代理國務總理江朝宗，陸軍第十二師師長陳光遠，警察總監吳炳湘，交通財政外交這些部會長李思浩、刁作謙等魚貫登車致敬，到了次長以下的人員，那只能遠遠的望望辮帥的顏色而已。

北京政府如是隆重的迎接張勳，想不到接來的不是調解時局的人物，而是請黎元洪下台，扶持廢帝宣統重登龍廷的封建餘孽。這話真是不知從何說起！

辮帥下車後，先回其東城南河沿私邸休息，第二天才由王士珍、李經羲、江朝宗三人陪同晉謁總統，會商善後事宜。黎總統少不得設宴款待，第三天他卻又頭戴紅頂花翎，身著紗馬褂，入清宮向廢帝宣統請安去了。事隔一天，演出兩朝角色，其滑稽梯圖之處真乃不可方物。

他在北京城內神出鬼沒的搗弄著，提出什麼實行責任內閣制，另訂憲法，國會改一院制，修改清室優待條件等等。總統看到這些文件，允交國務院分別辦理，詎不知他在另一面，卻把康有為請晉京來了。

據說康有為為了避人耳目，他是化裝成一個鄉下老頭，坐著小車子進北京城的。康在上海早把一切皇朝制誥都擬好，躲在北京宣武門外西磚胡同法源寺等候動作。

這時，一般滿清遺老，宗室王公，個個樂不可支，但張辮帥仍不動聲色。六月三十日清廷召集御前會議，那些元老重臣，正彈冠相慶，只有端康瑾太妃認為這事不吉利，哭著說：「康張這種攪法，會葬送孤兒寡婦這個小朝廷。」可是清室行見日月重光，誰肯聽信「婦人之言」呢！

這天晚上南河沿張公館堂會過後，辮帥才當眾宣佈他要扶宣統遜帝重登皇位的話，李經羲、王士珍、江朝宗等面面相覷，一時答不出話來。張勳又說：「你們都受過滿清厚恩，應該竭力贊成，成就此千古不磨之勳業。今天到此地的人，非簽名認可，就不許走出大門。」大家懾於他的威勢，只好一一照辦。

他即時又要江朝宗用電話知照各城門開放，調所部定武軍進城。然後，張勳坐著轎子，由辮子軍雲擁著進入清宮，請宣統御中和殿，由張辮帥為首和數十個遺老，恭行朝賀，俯伏三呼。再由張拿出康聖人擬好的復位上諭，請宣統御覽。蓋璽頒發。當改民國六年七月一日為宣統九年五月十三日。一切官制朝儀，皆復清舊。

七月一日，北京城內到處掛著龍燈，老百姓莫名其妙，難道「真命天子」又出來了？可是總統府還是掛著五色旗，黎黃陂卻不因張的武力而屈服。

張勳旋派王士珍江朝宗為國民代表，梁鼎芬為清室代表，李慶璋為張勳代表，到總統府勸黎元洪退位，黎總統當時不作肯定答覆，等代表走後，他深恐發生意外危險，國體有關，當邀日本青木中將入府保護，旋即攜同侍從人員投入東交民巷法國醫院，因為時候已晚，且無院長簽可，院方不敢收容，乃改往日本使館住下。於是通電在南京的副總統馮國璋及各省軍政長官，表明心跡。

大約滿清王朝還有幾天剩餘的氣數，一般遺老留得幾天未過完的官癮，前門外那些冷落了多年的冠帶舖，顧繡舖，一時顧客如雲，把陳年堆積的翎頂、補掛搜購一空。尚書侍郎、郎中、左丞、右丞以及將要外放的巡撫、水陸提督等新貴，人人衣冠袞袞，一時求過於供，到那裡去搜羅這樣多的古董服裝呀？有些舖子，只好到棺材舖裡去買壽衣壽帽來應市，這真是二十世紀一大怪現象。

最得意的是張勳，清庭先授以內閣議政大臣，又補直隸總督北洋大臣，還有內定授為忠勇親王，並賞賜禁城騎馬！

可惜好景太短，七月二日段祺瑞偕梁啟超在津南馬廠誓師，段任討逆軍總司令，督軍段芝貴為東路軍司令，直隸督軍曹錕為西路軍司令，由駐馬廠之第八師李長泰部任主力，分由京漢、京津兩路進迫北京。

七月四日由京津線進攻之主力，當晚進抵楊村，張勳此時大起恐慌，他帶到北京的衛隊，不足一團，只得勉強派出一營兵力去應戰，七月七日兩軍相遇於津京線之廊房，段部以泰山壓卵之勢，猛烈攻擊，辮兵不支敗退，段部繼續進追。

張勳此時知寡不敵眾，大事已去，即疏請開去各項差缺，並請清廷降旨，催促徐世昌晉京，建立責任內閣，以為自己卸責地步。徐世昌不肯上圈套，托病不行，張勳這時急得走投無路。

十日，討逆軍已將辮帥圍困京城，南河沿張公館附近亦發現槍聲，至此情形急迫時，駐京外交團出面調停，請討逆軍承認張勳為國事犯，任其逃入使館界，辮兵則繳械。王士珍、江朝宗把這些條件告訴張勳，勸他令定武軍快些放下武器，他頑強地說：「我不離兵，兵不離械，我從那裡來，還要從那裡去！」言下之意，仍是想回徐洲去，繼續當他的長江巡閱使呢！

討逆軍那裡會聽他這一套，到此情形下進攻益急，少數的定武軍，實在死傷得差不多了，張勳又無法逃出北京，在南河沿寓所捏著腦後那條大辮子沒主意。十二日晚上，由外交團開來一部汽車，這才把他接到東交民巷荷蘭公使館托庇。那位講孔子托古改制的康聖人，知道復辟無望了，也就逃入日本使館去了。

七月十三日討逆軍進城，安撫地方，恢復秩序，由段祺瑞任總理，馮國璋早於六月七日在南京宣布代理總統，旋即還都。

段祺瑞馬廠誓師，為其一生最大勳名，實則得來太輕易了。張辮帥只有那千把人的兵力，要打垮是不費吹灰之力的。

當定武軍快要完結的時候，滿清若干遺老涕泗交流的問張勳，對於「皇上」和清室如何善後？張憤然說道：「你們個個聰明，只有我是個傻瓜。復辟成功，大家加官晉爵，敗了我一人受罪。好，不用你們乾著急，這事與清廷無關，是我張少軒（張勳別號）一人幹出來的，成功了，皇上老子坐龍廷，現在失敗了，由我一人負責，要殺要剮都可以、怕什麼！」的確，張勳這次也傻得可以了。而且，既是要發動如此的大事卻只帶著那麼少數的部隊，貿然入京，而後方又毫無部署，簡直等同兒戲一般，這種人不敗，也就豈有此理了！

據伍憲子先生記「丁巳復辟真象」，則說康南海事前曾告張勳，「復辟宜行虛君共和制，政權當歸內閣」。「更不宜恢復大清朝號」，「佈置要嚴密，徐州現有兵力三萬，宜調一萬入京；其餘分扼津浦鐵路，再調馮麟閣一師入關，扼京奉鐵路要衝。」如果此事屬實，而張勳又肯依計而行，則段祺瑞之入京，當然不會如此順利。不過，復辟總是反潮流，逆人心，失敗是註定的，最多是苟延一個時間而已。

伍憲子又說：「五月十三日所頒詔書（宣統復辟詔），實出廷琛之手，外間不知，以為出自南海，誤也。」這也或者可信。然南海也自承為「復辟罪魁」，是則草詔與否，原無關係。只是我們還是抱定孔子「吾從眾」的原則，相信這詔書是康聖人的傑作。

張勳可以說是一個急功近利的人，曾記得他當年大軍下江南，諭告部屬，只要弟兄們大家如期攻下南京，准許三天便宜行事，軍法不予干究。這簡直是什麼話？所以後來南京的婦女們，每當小兒啼哭時，只要說一句「大辮子」來了，孩子們便駭得魂不附體，鴉雀無聲，由此也可以想見張勳造孽之大了。

自從復辟失敗後，他自知一著之錯，恨鑄千古，再也不想出來和一般軍閥鬼混了。於是隱居天津英租界松樹里私宅，不怨天，不尤人，不作任何非非之想的過著下半生。對同鄉故舊還是有求必應，他那種魯莽衝動的復辟運動，雖說幼稚可哂，然那是一個無計劃，無城府的人的表現。也可說太相信別人，以致這幕醜劇演來也快，敗去也速，牽線的康南海和溥儀同樣是受愚弄的可憐蟲而已！

民國十四年，他活到七十多歲，病逝天津寓所。

他的故里赤田村前有座獨立高峰，名叫球嶺，佳林起伏，的確是一座名山。據風水家言，赤田村之所以出了張勳，是球嶺的靈氣所鍾。也有人說：「壞就壞在同時南海出了個康有為，給他一吹一慂慫，把個球弄玻了。」這些話固是可笑，但也是事實。張勳骸骨自津運回奉新後，就葬在這個嶺的腰部，奉新人看到球嶺，就會聯想到張勳，同時聯想著他那一生所製造出來的傳奇事業呢！

三、民族救星孫中山殞落

民國十三年夏，我在北京已離開大學的生活，那時「找職業」固為我當務之急，可是，那時全國一直在軍閥混戰中，政治黑暗，官場污濁，正是大學生找出路苦悶徬徨的時代。不過我自小就有一股傻勁，自信總能打出一條路來，因是，就沒有「失業」憂慮的心存在我腦子裡。果然，那年秋天，我便進入了交通部的職工教育委員會，擔任編輯「鐵路職工教育旬刊」的職務！

真的，那一個時候對我操心的並不是工作問題，我心理上受最大打擊的，還是次年三月十二日中山先生在北京的逝世。是時，我還沒有加入國民黨，但我在北京親見這一位民族救星的殞落，那種萬眾哀思的情景，中國從沒有過一個能有這樣感動群眾的人，那時候恐怕誰也有同我一樣的感想！

「人之云亡，邦國殄瘁！」這兩句詩，我到此時才能體會到。那些時，我跑到東城協和醫院瞻仰中山先生遺容，走到天安門中央公園社稷壇去參加追悼，追悼會開了好幾天，我便跑了好幾天。後來移靈到北京西郊碧雲寺，我又跟著去了，我總想對中山先生的遺像，能多看幾眼才好。這究竟為的是什麼？連我自己也不知道，彷彿是中國失去了這個人，中國就會完了一樣。其實，我那時對三民主義的認識，並不比當年赫赫一世的軍閥孫傳芳那些人高明。孫傳芳只聽到有「三民主義」那個名詞，他就「自以為知」的對人說：「孫中山倡導三民主義是不通的，應該叫四民主義，自古士農工商稱為四民，現孫中山的三民主義少了一民，那怎麼行！」我同樣聽見說有三民主義這個名詞，但內容如何，卻未有十分去研究。但我對中山先生的敬仰，是直覺地以為這位創造民國的革命領袖，才是中國的救星！在北京城裡平時老百姓認為是威風十足的軍閥官僚們，此時和中山先生一比較，就感到渺乎其小了。

所以，當那一場舉國震悼的國喪時間，也正是我五中淒惻虔服心喪的一段日子。

現在追寫那一段回憶，應該從民國十三年國內的形勢和中山先生毅然北上的日子說起，那才能窺見其偉大之一斑！

這年在廣東方面的情形是這樣。

陳炯明的叛逆勢力，被逐出廣州，中山先生自滬返旆，率領革命武力，再度出師北伐，留胡漢民在粵代行大元帥職務。

九月十三日發出討賊宣言後，北伐軍分路向福建、江西進發，這一個兩鉗攻勢，左可以伸入長江，以拊齊燮元之背；右可以牽制福建的孫傳芳，使其不能進襲浙江。這一戰略部署，是十分妥善的。假令那時不是廣東後方發生問題，而盧永祥能在浙滬之線支持，以待廣東北伐軍之救援，江浙戰爭的結果，一定可以把直系在長江的武力掃蕩的。後來盧永祥之所以被迫離浙，不就是因為孫傳芳從福建打過來的嗎！

當時廣東的情形是很複雜的，新附的滇軍、桂軍、黔軍等，尚不十分可靠，隨時會受軍閥收買。而退據東江的的陳炯明，始終無悔改誠意，仍與直系軍閥勾結，時思蠢動，進窺廣州，以牽制北伐之師。

所以當時若干國民黨的高級人員，以為陳逆一時既不易敉平，不如動以大義，固以恩信，使之歸還革命陣營，藉免北伐軍後顧之憂，遂紛紛請求中山先生准許陳炯明自新。中山先生素來胸襟闊大，不念舊惡的，馬上便答應，認為只要陳炯明呈一紙悔過書就行了。

汪精衛當時便叫他的夫人陳璧君到上海去請吳稚暉，要他來奔走調停這件事。陳啟程後，汪精衛和鄒魯也趕到香港來等候，陳璧君把吳氏請來和汪精衛鄒魯見了面，由鄒陪他到韶關謁見中山先生。先生還是說，只要陳炯明寫一悔過書就行了。吳請先生電陳加以寬恕之詞，先生不予接納，意以陳逆當年圍攻大元帥府，其意在謀殺革命領袖，這如何說得上寬恕呢！只有他自行悔過乞恕才對。吳稚暉最後跪求，先生仍不為所動，於是吳氏只有照先生所示的意思去轉告陳炯明，遂折轉汕尾。那時陪吳到汕尾去的，是陳炯明的姪兒陳鑫（時為陳炯明軍中機要祕書，現在香港教書）。吳稚暉與陳炯明懇說通宵，勸他顧全革命大局，對中山先生由衷的悔過從善。無奈陳氏剛愎如故，不肯低頭認錯，吳氏空跑一場，毫無結果。

中山先生又下令准陳之部屬自新。而陳部大將洪兆麟、林虎等反而公開發出擁護北洋軍閥曹錕、吳佩孚的電文。是陳炯明之不惜背叛革命，已彰明昭著了。

同時，陳炯明又鼓動廣州商團暴動，陰謀搖動革命根本。當中山先生督師北伐時，於八月十五日得到報告：廣州商團總部負責人陳廉伯（滙豐銀行買辦），向英國購買長短槍八千枝，由挪威商船運粵，該輪已抵廈門云云。先先據報後，知陳廉伯與陳炯明串通一氣，如不及時攔截，後患莫測，乃飭令許崇智派艦往長洲、廈門、沙角一帶游弋，終被截獲。押解黃埔軍校處置。

陳廉伯當時要求發還扣留槍枝不遂，乃以罷市相要挾，而英領事亦向我外交部致通牒，謂華軍如以武力干涉商團，則駐港英艦隊司令已訓令英海軍全力對付云云。這事顯然是不肖洋奴從中勾結軍閥和帝國主義者，破壞中國革命的一種行動。

我政府一面向英國當時首相麥克唐納提出抗議，同時由第三者出面調解，著商團繳價請發還一部「因係私運之武器」，幾經折衝，政府准予發還五千枝。商團遂向全市抽借房租捐一個月，繳價二十萬元，政府限令各商店立即開市。經官商同意下，於十月十日，由黃埔運出長短槍枝五千枝，分由商團接受。詎商團得槍後，氣燄突高，是日學生、工人、農民慶祝國慶大遊行，群眾行至西濠口時，商團竟開槍擊斃徒手民眾數十人，次日又發散傳傳單，宣稱政府非發還全部槍枝，決不開市。同時，勒令各商店罷市，並提言東江陳炯明部隊不日就要來進攻廣州。

至是，胡漢民以代大元帥職權下令許崇智所部粵軍，於十月十四日晚七時，斷絕廣州市各要道，十五日晨，將商團包圍繳械，其勢洶洶不可一時的商團事件，便如此輕而易舉的解決了。

商團風潮平息後，此時北伐大軍已克服了江西的贛南及贛江沿岸重鎮之吉安等地，但浙江的盧永祥，此時卻被齊燮元和福建的孫傳芳夾擊而敗了。

中山先生感覺到廣東內部的問題尚多，革命軍的武力猶未壯大，北方的局勢亦未驟平，自有對全盤大局，先求和平解決徐圖改革之必要。

乃直奉再戰，直系的第三軍司令馮玉祥及陝西第一師長胡景翼，京畿衛戍副司令孫岳，熱河都統米振標等，於十月二十三日回師北京，發動所謂「首都革命」，直系以後路被截斷而潰敗，直奉大戰到此遂告結束。之後，馮等乃組織國民軍，馮玉祥自任總司令兼第一軍總司令，胡景翼為第二軍總司令，孫岳為第三軍總司令，黃郛出組內閣，張耀曾等分任總長，奉張固然得勝入關，而蟄居天津的段祥瑞，亦投袂而起。

中山先生因與張段早有「三角同盟」之關係，而彼時的馮玉祥亦服膺先生，胡景翼與孫岳更是國民黨老黨員于右任先生的患難袍澤，所以這一批人員一致電請先生北上入京主持政局。先生那時還在韶關大本營，得電即決定北上。當時有許多黨員，都說北方情形險惡，本黨在北方的力量薄弱，相率勸阻，可是先生不以為動。且說：「如果我以大元帥身分去，此行當然是太冒險，但我此番北行是以革命領袖的身分去，那有什麼危險呢！」大眾聆言，無話再說。先生遂於十一月十二日由廣州乘永豐兵艦赴滬，並頒佈一篇歷史上有名的「北上宣言」。

這篇宣言，是以廢除不平等條約，和召開國民會議為主旨，自為一般望治心切的民眾所歡迎，而帝國主義者不勝其嫉忌了。所以他十七日到達上海，《字林西報》就藉題發揮，論及先生抵滬後的居住問題，說是上海租界完全為一商埠，負有政治任務的大元帥，是否適宜居住，殊值得研究云云。

同時另有一個日本新聞記者問中山先生對該報的意見如何？先生懍然地說：「上海是中國領土，我是主人，外國人是客，主人在自己的屋裡，要怎樣就怎樣，客人無權來過問我！」帝國主義者，至此再也不敢嘵舌了。

那時因為沒有上海到天津的輪船，津浦鐵路又因軍事關係未能通車，先生就於十一月二十一日自滬乘船赴日本，繞道北行。二十三日抵長崎，二十四日抵神戶。次日，大阪神戶的中國國民黨同志在神戶東方餐廳開歡迎會，二十八日在該地高等女子學校演講「大亞洲主義」，說明東西文化的分野，警告亞洲民族必須團結。這個演詞，不但聽眾動容，而且全世界也為之震奮！

正因為北洋軍閥是受帝國主義者的豢養，恐怕先生北上會破壞他們和帝國主義的勾結，故又發動政變。江蘇督軍齊燮元首先通電擁護段祺瑞出來執政，奉天的張作霖亦表示贊同，馮玉祥等無力反對，黃郛只好下台，故先生尚未到達國門，北京政治局勢，已於十一月二十四日轉移到東四北鐵獅子胡同的「執政府」去了。

十二月三日，先生行抵天津，表示一貫的主張是召集國民會議及廢除不平等條約，而段祺瑞已對各國允諾尊重歷年條約，並召開善後會議，以滿清餘孽趙爾巽為會長，抵制先生所倡的國民會議。先生見段氏並無共謀解決國是的誠意，大為氣憤，即向段氏所派來歡迎的代表斥責道：「我在外主張廢除不平等條約，段先生在京則尊重不平動條約，那又何必要人來歡迎我呢！」當時即發令所有在京的國民黨員，不准參加善後會議。

中山先生由於一路海船顛簸，身體已感不適，到津與張作霖會議，即寒熱交作，肝病復發，大眾請他在津多事休息。但段祺瑞怕中外人士指摘他故意阻攔，即疊電促駕。同時，北京民眾盼望先生，如大旱之望雲霓，報紙上的頭條新聞，總是報導他的行動，先生是個堅忍剛強的人，如何能因病遲滯天津呢？因此只休息到十二月三十日，就由津專車入京。

當中山先生專車進抵北京車站時，歡迎群眾真是人山人海，為九城空前未見的盛況。在車站月台上企立的男女擁擁擠擠，站無隙地，一個不小心，就會有擠落鐵軌上被車壓斃的危險。車一進站，歡呼之聲，響徹霄漢。我那時很想擠進去看看，因一層一層的人牆阻擋我，那裡能走得過去？先生下車後，即登上停放在站內迎候之汽車，往北京飯店休息。當這個時候，汽車是失去了它的效用的，於是乃改由他的高級隨員攙扶步行，那時，我顛起足尖，才能看得到這一代巨人的丰采。

先生下榻北京飯店三樓，隨員們則住在鐵獅子胡同顧維鈞公館，等到先生病勢轉劇，才移入協和醫院。先生逝世後，夫人宋慶齡女士也遷往顧宅，顧宅後來之所以命名行館者，即係此故。

那時北京城內的報紙，天天是在報導著孫段定期會晤，決定何時見面等類的消息，但日復一日的在改期，千呼萬呼不出來，段祺瑞始終在鐵獅子胡同不發駕，其對解決國是的毫無誠意，真是令人髮指！

後來先生的病愈來愈重了，中西醫生均束手無策。他患的是肝癌，可憐那時候中國人連這種病名都很少聽到，而被認為非常進步的現代醫學界，到今天還沒有發明特效的治療方法。這種不治之症，遂使一代人群的救星，黯然長逝。民國十四年三月十二日，從此成為中國人永恆悲悼的日子了！

尤其可恥的是段祺瑞，一直到孫先生死了，他都沒有去同他見過面。後來在中央公園開追悼會，他還諉稱靴子穿不上，未去親自參加，其無大政治家的風度，適足以騰笑中外。當時各地報紙均紛紛以「靳」字作社論、時評來譏諷段氏。

中山先生的遺體，經過協和醫院施行防腐手術，以期永保不朽，而且又化了裝，長眠在一具精緻名貴的靈櫬裡。那靈櫬分內棺外槨，內棺很特別，四週是銅製的，頂面是鑲著玻璃，可以看見他栩栩如生的遺容，北京人都說是水晶棺材。

靈櫬先放在協和醫院，任由民眾瞻仰，每天去向遺容致敬的各界士女，盈千累萬，疊肩摩踵，家家戶戶如喪考妣。看到這種情形，我在那時下了一個斷語：中國是不會亡的！

我究竟去瞻仰過先生遺容多少次，連自己也記不清了，今天去了，明天還去，好似不去多看幾次，將會成為終身憾事。報紙上刊登著他念念不忘為國為民的遺囑，以及彌留時所念出「和平奮鬥救中國」的遺言。我讀了又讀，眼淚如同洪流決了堤。在我固然如此，但也可說當時一般人民，尤其是年輕的，都是如此的哀悼！

移靈到中央公園去的那天，靈櫬由黨國元老們抬著，孫夫人宋慶齡女士全身穿著黑衣，臉上蒙著黑紗，坐在馬車上，跟隨靈櫬緩緩前進。執紼的人，一律左臂帶黑紗。靈櫬於早晨十時出玉王府協和醫院後，經王府井南頭轉御河橋，經東長安街，過天安門，進入中央公園。經過之處，萬人空巷，人人脫帽致敬，有的情不自禁地在流著眼淚。所以說革命軍在廣東還沒有誓師北伐，而北伐軍的精神前衛，早已經佔領了北方所有的人心了！

靈櫬是停在中央公園正中萬國土的後面社稷壇內，一連幾天的追悼會，民眾自動前往致敬者，絡繹於途。到達祭堂後，先脫帽鞠躬，然後，魚貫的地繞棺瞻仰遺容。祭堂內外的祭軸、輓聯，多到不可勝計，真是琳瑯滿目，美不勝收。可惜那時沒心緒去欣賞那些文情並茂的佳作。

陳炯明那幅曾經傳誦一時的輓聯乃是事後補作的，因為當中山先生逝世的時候，廣東方面正在討伐他，且潮汕兩地已由討賊軍收復，陳氏只剩下惠州最後一個據點，那有閒情舞文弄墨呢？這一幅輓聯，大約是他事後逃到香港所作。原文是：「惟英雄能生人殺人，功首罪魁，留得千秋青史載；與我公曾一戰再戰，私情公誼，全憑一寸赤心知。」看來只可能說是陳秀才（陳炯明是前清一個秀才）的文字技巧還不差，但其對中山先生的評旦，卻是牛頭不對馬嘴了。

先生的靈櫬，在中央公園連續開了幾天追悼會後，即移至西山碧雲寺暫厝，送靈時，仍是執紼如林，車馬塞途。我自從中山先生的靈櫬奉移西山後，便不斷的到那裡去，因為去的太多，就引起了當時在寺內一個人的注意，由此我和他做了一個志同道合的事業上的好友，且在抗戰期間更作了他的臂助，這個人是誰呢？那就是後來名揚中外的杜聿明將軍。

那時候守靈的部隊是由陝軍于右任部高桂滋擔任，該師派出一個連在碧雲寺週邊及靈堂負警衛責任，這個少年英俊年僅二十一歲的黃埔陸軍軍官學校第一期高材生，白白的臉子，中等身材，操著滿口的陝北口音，待人接物，和藹可親，服務勤慎，令人敬佩的杜聿明連長，亦即中山先生靈前警衛隊隊長。我自從結識他後，每次談話均甚懇切，一談便是幾個鐘頭，他對每一件事情之分析均有過人之處，我對他固極敬佩，但他對我也認識尤深，所以後來在民族抗戰中我應邀參加他的新軍工作，平時兩人固少離左右，二十九年廣西崑崙關之役，以及湘北之役，緬甸戰役，我都是無役不從，彼此在戰場上出生入死患難與共者十多年，都是從這時種下來的因素。

同時，在靈堂擔任勤務的警察部隊，是當時京師警察廳派出的，負責這個部隊調遣的，是一個高等警官學校畢業的巡官袁華漢。民國三十四年抗戰勝利後，杜將軍奉派北上任東北保安司令長官，那時，我受命留在北平，代表杜將軍辦理有關東北長官部在北平方面的事務，袁華漢以昔日碧雲寺認識的關係，特來見我，要求轉請杜司令長官委派他一個工作，我以辦事處正當成立之際，便簽請委充袁為本處同中校總務科長。舊雨重逢，前塵如昨，人生遇合之奇，冥冥中似有主宰者然。

中山先生靈櫬在碧雲寺不過是暫時停厝，北伐完成，南京定都後，又奉安南下，從此西山只留有一衣冠塚。民國三十四年秋我回到北平，又曾登臨祭拜，而雲天悵望，國事蜩塘，益不勝哲人已遠，典型空存之想了！今日國父靈寢陷入匪窟，更使遠在海外的中國同胞男女老幼，無從面臨祭拜，實令人太息不已也！

四、黃埔建軍與北伐

民國初年，孫中山先生之所以把總統位置讓給袁世凱，固然是革命黨對北洋舊勢力的一時屈服，但他退一步仍然希望袁氏衷心為民國服務，自己情願以在野黨領袖的身分，領導黨員協助他來建立國家，可是，袁世凱的野心，終於暴露出來了，迫得中山先生義不容辭的還得再來領導革命。

民國二年二次革命失敗，革命勢力退到西南，惟此時西南的實際力量，還是掌握在地方軍閥之手，這班人也不是真心革命，完全是根據私人利害為轉移，像唐紹儀、陸榮廷、岑春煊之流，與北洋軍閥是在可合可離之間的，中山先生的革命思想和主張，不能影響他們，所以南北議和時，西南的軍閥政客們，並不堅持護法，還是存著對北洋軍閥作「分一杯羹」的希望而已。

其後，中山先生發覺在廣東的那些各省系的軍隊性質複雜，兩廣北伐之受牽制，指揮運用不靈敏以及陳炯明之叛變等，都是從這種因素中產生出來的。因此他才決心建立革命武力，知道不從根本上培養革命幹部，統一軍政軍令，主義是無法實現的。這一動機，才有以後黃埔軍官學校之創立。

因是，民國十二年中山先生就派蔣介石先生率領一個軍事參觀團，去蘇俄考察，參觀軍事教育。蔣先生在俄國差不多留住了三四個月的時間，他就俄國的軍制、訓練方法等考察詳盡，回國後，即報告中山先生作參考。

黃埔的陸軍軍官學校是民國十三年六月十六日成立，這一天對中國革命是有著劃時代的意義和使命的。

辛亥以前的革命，始終是運用連絡會黨拉攏敵軍兩套方法，然而這些被拉攏連絡的人，除了造反作亂，一種衝動性的興趣之外，再沒有半點革命的氣息。但辛亥革命的順利成功，卻使革命的領導層死抱著上項的兩套革命方法，這樣兜圈子就因循了十三年的時間，往往多拉一批人馬到廣東，徒然加重廣東人民的負担，而且，多了一批對於革命的扯腳鬼。所以中山先生直到決心在黃埔建軍，可以說是革命迂迴了數十年，到此才摸出一條捷徑。

黃埔建軍可以說是中國建軍史上最成功的一次，我們決不能錯覺地把這一次大陸失敗責任完全歸罪到軍事方面，便以為是黃埔建軍的過失。要知此次大陸的失敗，是政治、經濟、外交種種錯綜複雜的關係，交織成一面失敗的網，軍事是在這一個網內翻觔斗，翻得民心渙散士氣消沉。

何以說黃埔建軍是中國建軍史上最成功的一次呢？

我們試看中國喊建軍，並非自十三年才開始的，前乎此者近百年就在喊建軍了，至少我們得從曾、左、胡、李時代算起。

咸豐朝的湘軍及淮軍，是代替了滿清原有的腐敗的綠營，才把太平天國倒打。但太平天國平定之後，曾、李所建立的軍隊，也就和以往綠營一樣的腐敗了，而且曾李輩新建立的軍隊，也只是打長毛，並沒有湔雪鴉片戰爭以來的恥辱。他們只知道喊堅甲利兵，然而這甲何以堅？兵何以利？要堅利到甚麼程度才能打洋人？這就非曾李所知的了。曾、李、左、胡、李這些讀線裝書的先生們，難道不想把國家搞得強盛，軍隊訓練精良嗎？當然是想弄好的。可是當時那批欽賜黃馬褂，賞戴雙眼花翎的大人先生們都不是曾、左、胡、李的幫手，而當時曾、左、胡、李除了這些人，又別無他人可用。以是，就不能不把這「軍事外行」來充數，這樣一來，又怎能建得出好軍隊來呢！

到了袁世凱的小站練兵，用的還是這些舊官僚和落伍軍人作幹部，這一次培養出來的是民國後十餘年的軍閥混戰的資本，因為北洋軍閥專以起用老粗為風氣，只求其能服從長官，為虎作倀就行，軍事知識是談不到的，自然所謂現代化的軍隊，在此情勢下，是無法在我國生根的！

只有在黃埔建軍，才算是找到了內行，這才有以後北伐的完成，全國統一的成功及八年民族抗戰的勝利。

民國十三年春，中山先生在廣州召開中國國民黨第一次全國代表大會，會中決議創立黨軍軍官學校，訓練黨軍，這一個黨的重大任務，中山先生就交給蔣介石先生負起責任來，擇定以廣州黃埔為校址，名為「中國國民黨陸軍軍官學校」，派定蔣先生為校長。

起初的計劃並不龐大，只預備招收學生三百名，而且預定籌備三個月後才開學的，嗣後以報名投考的很踴躍，所以名額由三百名增收至五百名。同時，又因時局緊張，決定提前開學，蔣校長於四月二十一日到廣州，二十六日就到校視事，五月五日第一期學生便即入校，六月十六日正式舉行開學典禮。

當時，他不但擔任軍校校長，還兼任軍事委員會委員，粵軍總司令部的訓練部長，但那時他把全部的心血都用在這個革命幹部的搖籃裡。

軍校黨代表是廖仲凱，他對軍校學生的培植，也是不遺餘力的。所以黃埔學生說過：「蔣先生是黃埔的父親，廖先生是黃埔的母親。」

當時，政治部主任是戴季陶，何應欽任總教官，李濟深任訓練部長，鄧演達副之。教官方面更是人才濟濟，屬於國民黨的有胡漢民、吳稚暉、汪精衛、邵元沖、顧祝同、劉峙等黨國的先進，屬於共產黨的有高語罕、惲代英、周恩來等，毛澤東那時是在擔任農民運動這一科，共產黨的滲透力是可怕的，連各部隊的幹部中也讓他們的黨徒打進去，因為那時候國共合作剛剛開始，共黨想在軍校方面培養勢力，從根本上奪取國民黨的領導權。它們在學生中組織「青年軍人聯合會」，暗中播送赤色毒素，而國民黨方面也組織了「孫文主義學會」，以為抵抗。兩派明爭暗鬥，直到中山艦事件發生，國民黨始以「壯士斷腕」的決心，扣留中山艦長李之龍，解聘俄國顧問鮑羅庭，中共在軍校任職者，一律退出，「青年軍人聯合會」，以後也就解散了。

黃埔軍校的建立不過是針對上述這種病態，對症下藥的一項措施。當時，第一期學生編成六個大隊，除了在南北各地區招考來的外，還有當時各軍的軍事學校，都歸併到黃埔軍校來。因為那時在廣東的粵、桂、滇、黔各省系的部隊裡，都辦有隨營學校或弁目學校，大本營的軍政部並設有講武堂，所以黃埔的陸軍軍校成立，為了實行統一軍事訓練，遂一律歸併過來。（其時軍政部長為程潛，故該講武堂學生，多三湘子弟，全堂共一百八十人，併入軍校後，編為第一期第六大隊。）

負隅在潮汕的陳炯明，那時又倡亂，企圖反攻廣州，蔣先生遂率領何應欽、王柏齡（原軍校教務部主任）兩個教導團及另外兩個步兵團前往馳剿。軍校第一期學生，這時奉命參加實際戰鬥。這批受了主義薰陶的青年學生，真是以一當百，勇敢萬分，是年二月十一日與陳軍接觸，銳氣不可當，陳軍敗退，二十日再次海豐，旋克惠州，到三月底即佔揭陽，下河婆，克興寧，平東江，而光復潮汕，這次奠定了黃埔軍校的榮譽，也證明主辦黃埔訓練的成功。說到那時蔣先生的實力，真是少得可憐，四個團只有五六千人，陳誠那時是砲兵連長，只有四門砲，軍事上的勝利，完全是靠一種革命精神把陳炯明打倒的。

這一次東征，第一期學生於到達梅縣時，乃補行畢業典禮，一期原規定以六個月為訓練期間，因軍事上的關係延長至九個月，而此時第二期已經入伍了，第二期學生名額最少，全部只有二百人，係由吳鐵城的廣州警衛講武堂學生撥過來的，第三期增到一千五百人，第四期則擴充至三千人了。因為那時候的青年，所謂「苦軍閥苛政久矣」！而廣東革命朝氣正如旭日初升，一般有志青年，相率到廣州去參加革命，成為一時風尚，黃埔軍校，頓時如百川滙海般吸收了那些愛國青年。以後的學生是一期比一期多，「怒潮澎湃，黨旗飛舞，這是革命的黃埔！」這種雄壯的歌聲，與黃埔怒潮相呼應，激發了北伐的號角。三期學生畢業後，便參加了北伐的大軍行列，第四期還是在廣東畢業的，第六、第七兩期是蔣先生十六年下野後，共產黨在廣州暴動，學生逃到杭州，由何應欽收容，才算畢了業。

黃埔軍校在第四期以前，稱為「中國國民黨陸軍軍官學校」，以後改「中央軍事政治學校」，北伐軍到達南京後，為紀念這個軍事學校，乃以地為名，稱為「黃埔陸軍軍官學校」，南京、南昌、武漢均設分校。後以陳濟棠就近私自控制黃埔軍校，始改名為「中央陸軍軍官學校」，以迄於今。但一般人習稱軍校學生為黃埔學生，這是對黃埔建校後，在東征以及北伐戰役中，學生能發揚革命精神，即所謂黃埔精神的一種讚美！

所以黃埔是中國國民黨的干城，也是奠定蔣先生掀天動地的偉業的基礎。

固然，黃埔軍校的創立，是廣東革命政府北伐的憑藉，但誓師前廣東內部的整理，也是北伐勝利的最大因素。

第一、肅清反動。民國十四年四月廣東政府第一次東征軍事告一段落，潮、梅、汕頭次第收復，陳炯明的惠州守將楊坤如投降，陳部之洪兆麟、林虎等率殘餘竄入閩贛邊區，革命軍遂轉而討伐楊希閔與劉振寰，黃埔一二期學生，有時談起的「回師廣州，討伐劉楊者」，即此謂也。

因為，那時楊希閔的滇軍佈滿廣州，而劉振寰的桂軍，則雄據西江，唐繼堯勾引楊、劉策動事變，到五月，楊、劉即積極備戰，進圍大元帥府。這時，胡漢民即避居沙面，一面調蔣先生及許崇智之東征部隊回援，兩軍於六月五日接觸，戰鬥僅一星期之久，楊、劉軍閥之全部勢力，即告瓦解。

十一月再度東征，根絕了陳炯明的殘餘勢力，至此，廣東始完全統一。同時，是年八月廖仲凱被刺之際，許崇智部之莫雄、許濟兩部，忽然叛變，蔣先生派所部學生軍予以繳械，並圍搜許之司令部，許氏遂於九月二十日稱病離粵，廣東軍政大權，才由國民黨統一節制。

第二、整理財政。廣東財政向來是很紊亂的，每一部隊，各就其駐在地與勢力可及之處，擅截稅收，或自行籌餉。往往因地區肥瘠不同，以致互相攘奪，其糾紛情形，幾於不可收拾。財政部長廖仲凱被刺後，由宋子文繼任，宋氏為統一財政，乃向各軍事長官磋商，將以往截留之稅收交回政府，同時召開財政會議，決定統一財政辦法，劃分國家稅與地方稅之權限，分別徵收；並禁止徵收賭捐，革除弊政，紊亂了十多年來的廣東財政，此時總算上了軌道。

廣東叛軍肅清，軍事大權，全部操諸軍事委員會，委員會設常務委員三人，以蔣中正、汪精衛、譚延闓三人任之，一切命令，均由三人連署。

當時，新轄軍隊，原為五個軍，後將粵、湘、滇等等地域名稱取消，統稱「國民革命軍」，並以蔣中正長第一軍，譚延闓長第二軍，朱培德長第三軍，李濟深長第四軍，李福林長第五軍，其後又加程潛之第六軍，李宗仁之第七軍。

民國十五年六月五日，國民政府任命蔣中正為國民革命軍總司令，第一軍長由何應欽升任，而此時湖南之唐生智亦已加入國民革命之行列，且任為國民革命軍第八軍軍長。關於唐生智加入革命行列，其中是有一段曲折的。原來當時湖南省長趙恆惕所統四個師，計第一師師長賀耀祖，第二師師長劉鋼，第三師師長葉開鑫，第四師師長唐生智。四師之中，以葉、唐兩師之實力最充實。民十五年四月唐繼趙任湖南省長，葉開鑫心有未甘，而唐生智在長沙召開軍事會議，決定加入國民革命軍，葉稱病未與會，唐遂向葉進攻，當時葉部駐防岳州，乃以一時兵力分散，不及集中抗拒，遂命所部分別退入鄂境，旋葉得吳佩孚之支援，乃大舉反攻，唐生智被逼退出長沙，撤至衡陽，即正式加入國民革命軍，就任第八軍軍長。

國民革命軍北伐，是分三路出兵的：東路軍由何應欽率領向福建推進；西路軍由朱培德率領向江西推進；中路軍出湖南，由譚延闓指揮。浩浩蕩蕩，劫勢非常雄壯。

廣東誓師以後，蔣總司令即令唐生智為中路軍前敵總指揮，發動初期攻勢，唐部奉命後，當由防地衡陽進攻湘鄉、寧鄉，不久由湘潭渡過湘江，長沙遂告克復。

於是，蔣總司令令李濟深留守廣州，親率各軍分路出發（當時李之第四軍已由副軍長張發奎率領，參加北伐），分路向北洋軍閥進攻。

蔣總司令於是年八月十一日到達長沙，召開軍事會議，十八日下令向北軍進攻，革命軍主力部隊與北軍主力部隊接觸後，銳不可當，二十二日即攻下岳州，次日又佔領羊樓司。此時，北軍集結兵力於汀泗橋，以求決戰，蔣總司令親赴前線指揮，由張發奎部第四軍擔任主攻，這一仗，使張之第四軍成名為國民革命軍的「鋼軍」，大出風頭。

那時候北洋軍閥方面的情形是這樣的：吳佩孚又與張作霖聯合一氣來攻馮玉祥，馮於兩面夾攻下率部退往平西之南口，吳佩孚在打倒這個直系敗類的倒戈將軍馮玉祥，乃命所部全力進攻南口，對國民革命軍的北伐。認為尚在其次。那時，吳佩孚雖說是直奉聯軍統帥，但奉張（作霖）對吳之進攻南口，深恐直軍一旦攻入察、綏，是分了奉系的察、綏地盤，所以對於南口戰事，奉軍一直在觀望不前的。吳佩孚以所部曠日持久，不能打下南口，亦感困難，不得已乃把這方面的軍事交給奉軍。張作霖及令由直魯聯軍張宗昌部負責主攻，吳佩孚遂南下督師以抗國民革命軍，此時北洋軍隊之敗勢，已難挽回了。

當唐生智攻克長沙後，葉開鑫即退據汨羅江北岸，吳是時在平漢線北段之長辛店電令李倬章為湘鄂邊防總司令，支援葉開鑫。李倬章不但未能為葉之助，反而在後方處處牽制，軍隊不守紀律，擄掠姦淫，以致葉開鑫無法抵抗唐生智的攻勢。北軍一見革命軍攻勢猛勇，更其望風披靡，均事先紛紛奪車而逃，葉軍只好徒步退卻，北軍退到汀泗橋，聽到「吳大帥」駕到漢口，才算把陣腳紮住，於是才有汀泗橋這一場比較精彩的仗打出來。

吳佩孚到達漢口之際，軍民已經人心惶惶，亂成一片了。街頭滿佈沙包工事，已作巷戰之準備，老百姓紛紛遷入當地租界避難。他於是一面調京漢線各地駐軍，星夜南下增援，一面親率劉玉春之衛隊旅馳赴前線督師。

在汀泗橋之北軍，有蕭耀南、劉佐龍、李倬章這幾部分部隊，吳以劉玉春部作戰猛勇，升之為第八軍軍長，劉這個部隊，算是吳佩孚最得力的一支隊伍。

但革命軍方面的攻勢太烈，張發奎的第四軍個個抱著前仆後繼的精神，吳佩孚三次征湘以及直皖之戰、直奉兩次大戰，他都沒有碰上到如此勇敢善戰的對手，怎不教他瞠目結舌莫知所措呢！

革命軍是按著戰略部署，作戰術攻擊，士兵能勇敢戰鬥，老百姓則簞食壺漿，以迎王師，軍民處處合作，予北軍以致命之打擊，「吳大帥」不懂這一套，他還是死抱著猛打猛衝，顧前不顧後的老戰法。只知道組織大刀督戰隊，把守各路要口，遇有退縮不前官兵，不問何人，一刀一個，格殺無論。前方作戰不利，潰兵愈來愈多，他又組織機關槍督戰隊，凡潰下來的部隊，不問何軍何師，一律以機關槍掃射。潰兵兩面挨打，憤而向督戰隊反擊，倒弄成自相殘殺的混亂局面，遂致一敗不堪收拾了。

自然，革命軍方面的主攻部隊之第四軍，傷亡也是非常重大，因為汀泗橋為武漢安危之所繫，故北軍死力防守，但終被「鋼軍」張發奎部所擊潰，革命軍遂長長驅直入，如破竹之勢。

接著北軍又在金口阻敵，惟以傷亡過度，以致無力再戰。但吳佩孚為求保全武漢，只有下令死守金口，且親自督戰，但革命軍採取包圍戰略，將北軍打得落花流水，吳部戰力，至此已再衰三竭了。

革命軍薄近武昌外圍，吳佩孚企圖作最後採扎，在武昌城南的紙坊，又憑險頑抗，吳氏親率軍官團加入作戰，並槍決擅自退卻的團營長多人，但陣地已經搖動，遏止不住，潰兵且向吳開槍射擊，此時，吳遂倉皇潰退，回到漢口查家墩司令部。

吳佩孚把武漢三鎮防務，交給靳雲鶚、劉佐龍和劉玉春三員大將，以靳雲鶚為武陽夏警備總司令，劉佐龍為湖北省長兼漢陽防守司令，劉玉春為武昌防守司令。「大帥」本人看看風勢不對，就逃到武勝關去了。

此時革命軍乘勝直迫武漢，劉佐龍投降了（劉是假降，實際乃待吳之反攻），靳雲鶚也溜之大吉，只有劉玉春臨危受命，憑城死守武昌近兩個月，軍民軍亡枕籍。所以革命軍把武昌攻下之後，就把武昌的城牆拆毀，以免後來再有割據稱雄，憑城自固的軍閥出現，戰事一起，老百姓被困住受那無妄之災。

當汀泗橋戰事告一段落，孫傳芳與吳佩孚聯合定計由贛出湘，攻革命軍側面。蔣總司令一面命第四軍（張發奎）、第七軍（李宗仁）、第八軍（唐生智）等，繼續進攻武漢，一面命第二軍（魯滌平）、第三軍（朱培德）、第六軍（程潛）等，進攻江西，蔣總司令到達贛西之萍鄉指揮戰事。

江西方面的戰事是九月五日爆發，次日即攻下贛縣，十九日一度攻克南昌，贛軍鄧如琢部反撲，互相爭奪，一時成為拉鋸戰。

九月二十日蔣總司令由萍鄉趕到南昌督戰，這時南昌城又為北軍所得，孫傳芳的部隊負隅頑抗，南昌得而復失者數次，到十一月才把孫部在贛的勢力全部擊潰，俘獲北方高級將領楊賡和、唐福山、王良田、岳思寅等多人。

孫傳芳於南昌爭奪戰正劇之際，盡調南京一帶之精銳部隊，集中九江，武穴，反攻鄂東。這時武昌業克克復，唐生智率師東下，孫部向黃梅潰退，十一月七日賀耀祖即將九江佔領，而南昌亦於十日克復。

東路軍是十五年冬才由潮梅東進，這時孫傳芳自稱蘇皖浙閩贛五省聯軍總司令，長江戰事失利，就命福建的周蔭人由閩寇粵，而何應欽此時已將所部推進到閩境了，汀、漳一戰，把周蔭人打垮，肅清閩南，進兵福州。十二月周蔭人部退入浙江境內，福建全省遂為革命軍所有，周原來部隊乃由曹萬順帶領投降革命軍。

浙江方面的情形，本來省長夏超是同情革命軍的，不幸失敗了；其後蔣尊簋、陳儀（皆浙江師長）等運動自治，又被孫傳芳的大將孟昭月之武力壓倒，不能實現，否則，浙江不用武力便可光復的。

東路軍的前敵總指揮是白崇禧，白氏分三路由閩攻浙，到達富陽後，與孫傳芳的部隊接觸，一戰而孫部瓦解，杭州是在十六年二月十八日克復的。

浙江底定後，白崇禧續向江蘇進攻，攻到上海的時候，孫傳芳以獨力難當，就聯絡帝國主義者，圖藉列強勢力出面干涉，以阻革命軍的前進。上海方面，外兵已有一萬五千人登陸，形勢相當棘手。革命軍避免對外衝突，乃於上海組織政治分會，宣言「不以武力變更租界及公共居留地處之地位」，這才免了列強的疑忌，而上海工商、文化各界也同情革命軍，甚至海上聞人如杜月笙、黃金榮之流，都為革命軍効力奔走，向　界當局居間連絡，故白崇禧很順利的進兵到龍華鎮，而防守淞滬的奉、魯軍閥畢庶澄知戰事不能勝利，指揮部隊向吳淞潰退，泛海北去了。到了三月二十二日，這遠東第一商埠，遂入革命軍之掌握。白崇禧也於此時出任國民政府第一任淞滬警備司令，張定璠為上海市長，熊式輝為警備部參謀長，此為民國十六年春間之事也。

南京是北軍褚玉璞部防守，革命軍方面以程潛為江右軍總指揮，率魯滌平、賀耀祖各部分道進攻，一直打到雨花台、幕府山等地，南京已在革命軍控制之下了。褚見大勢已去，即向城外退卻，遺棄在陣地上的槍枝，數在五千以上，其他軍用品更不可勝數，由此，可見北軍的戰志是如何消沈了！

三月二十四日，革命軍完全佔領南京城，北軍渡江北遁，江南戰事暫時告一段落，到是年秋，孫傳芳捲土重來，才揭發了歷史上有名的龍潭之戰，成為革命與反革命的生死決鬥了。

國民革命軍克服南京後，中國國民黨遵奉孫總理遺志，於十六年四月十八日在南京成立國民政府。此時北方政局，本已開始搖動，四月末，北進的革命軍，東路已克復徐州；中路同時克復開封、鄭州，假使不是革命陣營內部發生變化，則一鼓可下北京，不待於十七年的第二期北伐了。

當北伐軍順利進展的時候，武漢方面在共黨操縱下，與南京對立，造成寧漢分裂之局，若干被共黨愚弄的國民黨首要如汪精衛之流，竟對蔣總司令意見相左，遇事刁難，蔣為表明個人心跡起見，於是年八月十二日宣告下野。

實際上蔣先生之下野，只有共產黨是快意的事，對汪精衛之流也毫無益處，到後來汪也看清楚了共黨的戰略，遂決心擺脫武漢的羈絆，以後他一直的反共，到抗戰期間，他還認為共黨和蘇聯比日本更可惜，這看法固然是正確的，但他的行動，也就因此踏上了黑暗之途。汪是一生串演時代悲劇主角的人物，寧漢分裂，吃虧的是他；中日戰爭，吃虧的還是他。我們覺得汪之一錯再錯，其癥結乃是他觀念上患了錯誤。他一心只想作政治領袖，為了要達到這一目的，就來些不擇手段的攪法，這弱點共黨可以利用他，日本人同樣可以利用他，他要想做當家婆婆，結果還是做了小媳婦。民國十六年他嚐過的滋味，民國二十九年又得重嚐，這是汪精衛的悲哀；也是他一切缺乏人格修養而領袖慾又過盛的悲哀。

當然，那時候共黨眼中只有一個蔣先生是他們唯一的的障礙，單說蔣先生手上的軍隊吧，在廣東出發後，從八個軍已擴充到十五個軍，三個直轄師，兩個邊防部隊（相等一個師），這些部隊雖說不盡是蔣氏的嫡系部隊，但大部分是聽從蔣的命令，共黨想興風作浪，竊據國民黨北伐的果實，不是一件容易的事情。只有先去掉了蔣氏，他們才可以使用分化的手法來瓦解國民黨。

但蔣氏下野後，共黨並沒有把國民黨的部隊抓到，反而使孫傳芳得以捲土重來的機會，使北洋軍閥政府延長了它盤據的時間。

孫傳芳於江南敗退之後，回到江北，遂向奉魯軍閥乞援，與奉張（作霖）魯張（宗昌）商定反攻計劃，協定奉軍沿京漢線南下，謀取武漢，魯軍出津浦鐵路，向南部開展，孫傳芳部復佔揚州，以鉗形攻勢直接威脅南京。

此時，國民政府已令馮玉祥與唐生智合力肅清河南，東路軍一部由津浦路北上，據徐州以襲兗州，攻擊濟南之正面；一部由海州前進，攻取膠州，夾擊濟南。可是，當河南戰事告終，武漢方面的共產黨，竟組織東征軍，順江而下，佔九江，侵安慶，南京方面至此，不得不忍痛將北上的部隊調回，以保衛首都。而此時日本帝國主義者，又協助張宗昌來反擊革命軍，以致徐州，蚌埠復為軍閥部隊張宗昌所佔據。

八月十二日蔣下野之後，南京政府頓成群龍無首之狀態，政治軍事各方面都異常紊亂，孫傳芳就乘南京空虛之際，於八月下旬偷渡長江，冒死前進，佔領龍潭，南京立時告緊。

其時在江浙地區的國民革命軍高級指揮官是何應欽、李宗仁、白崇禧、他們看見事機迫切，京畿安危，在此一舉，遂與當時的海軍司令楊樹莊協商，決定陸海軍聯合拒戰，海軍在長江一面阻止敵軍的後續部隊，一面截斷敵軍的水上退路，使孫軍不能脫離戰場。然後，何、李、白指揮著一四兩軍展開了鄂、贛克後以後最大的一場殲滅戰。

國民革命軍從滬寧路兩端向龍潭壓迫，形成兩翼包圍的形勢。

孫傳芳這次集合的兵力，是北洋軍隊的精銳部隊，而這一仗又是關係北洋軍閥的生死存亡，所以必出其全力來併。

大戰展開以後，國民革命軍將士用命，奮不顧身，何、李、白親冒矢石在前線指揮，砲火之猛裂，雙方死亡之慘重，不但為北伐以來所未見，即民國以後的任何一次內戰，也是不能比擬的。

戰事進至九月一日，孫軍敗不可支，且全軍覆沒了，造成中國戰史上一次最成功的殲滅戰。

我雖然沒有身臨戰地去看那次壯烈的場面，可是，民國二十八年我於役廣西，在桂林參觀龍潭之役的壁畫，面對著那砲火連天血肉橫飛的畫面，懍然為之驚心動魄，何應欽、李宗仁、白崇禧三位的馬上英姿，栩栩如生，不禁想起了中學時代讀書一篇國文，敘述作者在巴黎博物館參觀普法戰爭的壁畫，我此時也彷彿是在花都欣賞藝術呢。

這一仗，把何應欽和李、白的交情打出來了。固然，從廣東打到福建，何應欽和白崇禧都是合作無間的，不過在龍潭一役，何、李、白的密切合作，造成偉大的戰績，更是他們建立友誼的礎石。白崇禧素有小諸葛之稱，他對國軍的一般指揮官和研究軍事的人物，常有目無餘子的氣概，蔣先生以下，只有何應欽算是他衷心敬佩的一個。抗戰期間，何任參謀總長，他是副參謀總長，對部隊訓話時，白總是說：「我遵奉委員長的命令，秉承總長的指示……」這些話到不是他的假做恭維，而是他對何的由衷恭敬！假令是另外一個總長，白健生是不是願意屈於副貳，那就值得研究了——李宗仁當然是例外。

李宗仁於民國三十八年代理總統時，大局到了不堪收拾的地步，李為了內閣人選，不知說了多少好話，到處打拱作揖。可是一般識時務的俊傑，誰也不肯出馬，誰說中國的大人物醉心利祿呢？這時候真個是堯天舜日，巢許夷齊滿街走了。最後何應欽挺身而出，願意和李「宗仁」一道跳火坑。追源溯始，何、李、白三人的交情，還是從龍潭一役建立起來的。

北洋軍閥從龍潭之役後，再也沒有南下的力量了，北軍退據冀魯地區，不過是苟延殘喘，最後的倒台，也只是時間問題。所以龍潭戰役後，徐州蚌埠又相繼為革命軍再度佔領。這以上所述的軍事過程。算是所謂的前期北伐。

後期北伐，是蔣先生從日本回國，東山再起，重任國民革命軍總司令。那時，清除共黨，寧漢合作，清掃了革命陣營內的障礙，時間是從民國十七年春夏之交才重新開始的。

蔣總司令十六年八月十二日下野，九月末與張發奎東渡日本，在日本不到兩個月的時間，轉回上海，十二月一日與宋美齡女士結婚。這時全國都寄望於他的復職，「斯人不出，其如蒼生何？」人望之隆，實在是出於軍民由衷的擁護，決不是宣傳家的渲染，這情形與民國二十五年西安事變後舉國上下關心他的安危是一樣的熱烈的。所以，寫蔣總司令歷史的人，不論其如何貶讁，但假令把民國十六年蔣先生下野後，以及民國二十五年西安事變時全國對蔣氏愛戴之情形也一筆抹殺，那就是太歪曲事實，不成其為信史了。

當然，他有三副最得力的本錢，作為他復職的張本。軍事方面，有何應欽代他領導黃埔系軍人，掌握著部隊；政治方面，有譚延闓、吳稚暉、居正等元老派的支持和孔宋在財政金融界的力量；黨務方面，陳立夫、陳果夫兄弟的中央俱樂部（即所謂CC）已籠絡了一部分高級黨要。這些，都是他比胡漢民、汪精衛等優越的條件。

不過，革命軍在廣東未出發前，他對於肅清反動那種當機立斷的決心與乎前期北伐期中，他那種卓越的指揮與統馭能力，已經建立了他的威望。那也是無可否認的事實。

中國國民黨中央執行委員會在他結婚九天後（十二月十日）就召開會議，議決：「請蔣中正同志繼續執行國民革命軍總司令職權。」旋即電促他從上海回京復職，繼續完成革命大業之全功。

蔣先生於十七年元月四日，回到南京，一月九日通電復職，即時赴徐州檢閱部隊。

這時，重新改變北伐軍的編制，舊第一路改為第一集團軍，蔣氏自兼總司令，何應欽任參謀長；馮玉祥的西北軍編為第二集團軍，李興中、劉驥先後任參謀長；山西閻錫山的部隊編為第三集團軍，朱綬光任參謀長；駐在西湖之李宗仁部編為第四集團軍，張華甫任參謀長。

蔣在徐州召開軍事會議後，即赴河南與馮玉祥會面，商定作戰計劃（蔣、閻、馮結為盟兄弟，好像也就是這次他們會晤時決定的）。

至於馮、閻之參加國民革命，都是革命軍廣東出師後的事。

馮玉祥的國民革命軍，自從在南口被直、奉兩軍夾擊後，撤退至綏遠、甘肅一帶去了，原來馮的國民軍，又稱為「西北軍」者，就是因為它是在西北駐紮過而得名的。馮部的西北那一段流亡生活，是相當的困苦的，械彈給養無一不缺。西北地區又是天寒地凍，官兵穿著那件破舊的棉衣，那能當得住刺骨的朔風？後來馮玉祥從俄返國回到五原，看到自己的部隊這樣的苦況，他對官兵嚎啕大哭，雖說他是慣於做這哭笑的把戲，但那種真實苦情，的確也令人看不下去。

在部隊實物沒有辦法補充以前，他曾使用一套「精神鎮定法」，有一天他內穿狐皮襖，外罩破棉衣，召集他的部隊訓話，台下的官兵冷得打戰，他愈講愈起勁，連說帶做，手足俱來，週身一運動，頭上的汗就滴下來。他說：「你們看，我也只穿了一件破棉衣，不是我能打起精神來，頭上就冒出汗來嗎？可見精神能戰勝一切，你們愈畏縮，就愈覺得寒冷，現在你們打起精神來試試看，還冷不冷？包管我說的話不會錯的。」台下爆雷一般答應：「不冷！」據說這法子很收效，這個情形，馮的參謀處長陳繼淹，後來他任北平市警察局長時，對筆者說得活龍活現。但他說，這段事實除了李德全和我們很少數的幾個人知道外，自然沒有人敢為說破「丞相夢中殺人的楊修存在」了。西北軍中，從此傳說著：「馮總司令的身體是鐵打的」。

馮玉祥一生最得意的傑作，是由俄回國後的「五原誓師」。他參加革命是十五年九月間的事，當時他的名義是：「國民軍聯軍總司令。」就職的時候，宣言服從三民主義，這以後他就口不離嘴的大談其主義了。記得西北軍曾經鬧過一個笑話，馮玉祥對於練兵方法和對士兵心理很有研究，是大眾所週知的，他訓話時，愛使用一種問答法，他問一句，台下的官兵就轟隆一聲答一句，因為這些問答題成了公式，士兵也就只知其然不知其所以然。馮玉祥開口就是「三民主義」，「帝國主義」，這個主義，那個主義，滿口的革命名詞，把士兵的頭也弄昏了。有一次馮訓話後，又照例提出那幾個「問答公式」來，馮問：「我們是什麼軍隊？」士兵答：「我們是有主義的軍隊！」馮氏頻頻點頭，認為士兵把問答題都背熟了，他再問：「我們的主義是什麼主義？」大部分士兵多瞠目結舌，記不清總司令平日講的那許多主義名詞，究竟是那一個是我們的主義了，有一些記憶力比較強的可記起來了，便大聲答道：「我們的主義是帝國主義！」這一下可弄得他啼笑皆非，楞了半天，也不由得啞然失笑。但，由此可見西北軍的愚直可愛！

是年冬，馮令劉郁芬率部先行由甘出陝，以進窺汴、洛。

十六年二月，張作霖進兵河南，宣言助吳佩孚討「赤」。五月唐生智所部，由鄂攻河南，馮玉祥的大軍即由西而東，經陝入豫，與唐部會師中原，克服鄭州、開封。奉軍狼狽北竄，唐生智於馬到成功後便率部南歸，陝、甘、豫等地區，遵令交由馮玉祥去統治。

閻錫山是辛亥革命以來，由都督、督軍、省長、督辦——在位最久的一位封疆大吏，起初他對山西只注意民政，後來軍閥混戰，搶奪地盤，他也急起整軍經武以自固。當吳佩孚與張作霖聯合討伐馮玉祥時，他也曾經出兵助吳、張作戰，但那時迫於直奉兩系之勢，非其本意也。廣東北伐軍起，閻氏即毅然援助國民革命軍，於十六年十月出兵討伐張作霖，他的部隊分由晉北大同，紫荊關兩處出察冀省境，另由晉東沿正太線出河北分三路推進，不幸中途以道險失期，而南方的北伐軍，又因內部變作，陷於頓挫，不能如期北上會師，遂使閻氏的進攻失敗了。於是，他縮短戰線，以商震所部北守雁門關，與奉軍暫時形成相持之局。

蔣總司令與馮玉祥在鄭州會議決定了繼續北伐計劃後，又南返與李濟深舉行上海會議，商定鞏固革命軍策源地——廣東的防務，然後再至長沙與程潛、李宗仁、白崇禧等會議，籌劃兩湖善後。這一切部署妥當了，遂於四月九日，下達總攻擊令，於是百萬雄師，續向北進擊。

當時的戰略部署是這樣的。

第一集團軍總司令蔣中正，下轄一、二、三、四軍團，以劉峙、陳調元、賀耀祖、方振武等為總指揮，擔任津浦鐵路方面之攻擊任務。

第二集團軍總司令馮玉祥，以孫連仲所部任京漢鐵路正面之防禦，另以劉鎮華、孫良誠兩部，分別從大名及魯西地區出擊。

第三集團軍總司令閻錫山所部，分兩路防禦，北路總指揮為商震，東路總指揮為徐永昌。

第四集團軍總司令李宗仁，以所部為總預備隊。

第一集團軍方面，分四路出擊：一、東路為陳調元，以膠濟路為目的地，於達到總攻令之四月九日拂曉發動攻勢，敵軍褚玉璞部即向臨沂潰退，但正面敵人之防禦工事甚為堅強，陳部改向東迂迴，以期側擊濟南。二、西路為賀耀祖及方振武兩部，當前敵軍為孫傳芳部，自四月十一日起雙方戰鬥極為猛烈，賀軍團的師長龔憲於此役陣亡，因而西路攻勢突告頓挫，幸第二集團軍的孫良誠孟力攻擊前進，乃於十六日佔領濟寧，截斷孫傳芳部隊後路，西路軍的戰氣因此驟增，奮勇進擊，使孫傳芳部陷於包圍，傷亡慘重。三、中路為津浦正面，由劉峙軍團擔任攻擊，敵軍為張宗昌的精銳部隊，在韓莊、界河、泰安構成三道梯次防線，劉軍團採取迂迴側擊戰術，官兵猛勇前進，勢如破竹，五月一日，張宗昌和孫傳芳的殘部相繼後退，革命軍一鼓而下華北重鎮山東省會之濟南城。

不意於佔領濟南後二日，即發生空前未有的大慘案，日本帝國主義者公然出兵阻撓中國的革命，經過情形，作者已另文記述，茲不重敘。

濟案發生以後，津浦鐵路遂發生障礙，蔣總司令為了完成北伐大業，暫時避免對外衝突，乃將濟案交由外交途徑以作解決，軍事方面，遂改變計劃，命令國軍退出濟南，不與日軍抗持，免墜帝國主義者阻撓北伐的陰謀。於是方振武、劉峙各軍之一部，於五月十一日早突圍而出，渡河北上，其餘各軍亦繞道北進。

蔣總司令親赴京漢線北段之石家莊，指揮馮、閻各部作戰，戰鬥序列改為。

一、京漢鐵路東面歸一、二兩集團軍部隊擔任，由馮玉祥指揮。

二、京漢路正面歸第四集團軍李宗仁擔任，由白崇禧指揮。

三、京綏鐵路方面，歸第三集團軍擔任，由閻錫山指揮。

京漢鐵路正面有白崇禧之第四集團軍部隊，牽制敵人主力，故馮玉祥指揮之方振武部，遂於五月末克復滄州，殘敵退據天津，鹿鍾麟及孫良誠等部隊，則由正定出河間，襲擊天津側面。

京綏路方面，閻錫山之第三集團軍轉守為攻，北路商震部出雁門，連克陰山、大同，其便衣隊及騎兵隊，襲取了張家口。東路徐永昌部出娘子關，攻克石家莊，下正定，佔望都，保定城垣在望了。京漢鐵路之敵，恐後路被截，至此遂將保定名城放棄，國民革命軍於五月三十一日隆重舉行入城典禮，保定既入革命軍之手，北京之克復，已屬勝算中事。

此時，在北京城中南海自稱海陸軍大元帥的張作霖，知大勢已去，乃於六月三日自動出關，專車至漢鐵與京奉路交點之皇姑屯車站，觸發了日本人預埋的炸彈，雄極一時之老牌軍閥「張大元帥」，被炸得粉身碎骨。日本帝國主義者以張作霖不用全力去執行日人所賦予破壞革命的任務，而自動放棄中國古都之北京，深切痛恨，所以必將張作霖置之死地而後甘心！

久為北洋軍閥霸據之北京城，自奉軍退去後，第三集團軍閻錫山之先頭部隊順京漢鐵路北段之京長（辛店）公路由彰儀門進入北京，筆者以當時居住南城，在六月六日的早晨，目睹以青天白日大旗前導的成千累萬之革命隊伍，經彰儀門大街分成兩路，沿順治門外大街，騾馬市大街走入內城，民眾以苦軍閥久矣，得見青天，夾道以迎，歡呼不絕。中央除正式明令宣佈將北京改為北平外，並發表閻錫山為平津衛戍總司令，我因新聞採訪及工作與閻氏有關新興之《民言日報》，《社會晚報》之關係，漸與晉軍將領王靖國、李服膺、趙承綬、李生達、楊耀芳、周玳、榮鴻儒、傅作義、馮鵬翥等酬酢往來，更以北方人人情敦厚，我對人對事又忠勇負責，因此大家處得十分融洽。後來李服膺師長繼張蔭梧任北平警備司令時，與現任監察院副院長梁尗楣先生洽商，要我來擔任該部的交際處長，就是基於上述那些原因。當時，我和亡友管翼賢創辦北平《實報》，是憑兩雙赤手，把握了機會，短短的時間，便將那張報紙做得有聲有色，僅晉綏兩省地區就暢銷六七萬份之多，這就是上述諸先生能不遺餘力的協助，獲得之結果。

北京光復後，黨政軍方面曾聯合在天安門廣場舉行一次慶祝大會，人民情緒之熱烈，為歷史所未有。

蔣、閻、馮三巨頭抵達北平後，於同年七月二日赴西山碧雲寺致祭總理，謁告北伐完成。第四集團軍前敵總指揮為白崇禧，革命軍佔領北京後，他仍指揮所部東進，尾追奉軍。在津東京奉線上之開平、古冶、窪里之鐵路兩側展開攻擊，但此時奉軍作戰力量，已成回光反照，憑最後一點勇氣，打了幾天，即便渡河東去。白氏所部廣西健兒，也就止於灤河，未再追擊。

桂系的幾位將領，如十二路總指揮李品仙，軍長葉琪、廖磊，師長韋雲淞等，我在那時就常常同他們在一起，民國二十八年我到廣西，勝利後我在北平，能為杜聿明將軍部署一個最和諧的環境，其淵源應上溯至十年二十年前去，那決非旦夕之交，杯酒之歡所能溝通。當杜將軍於三十二年任昆明防守總司令時，王澤民先生以一個軍事前輩去協助杜將軍任該部副總司令，亦與此不無關係！

北京人以前只見過手持皮腰帶滿街亂打人的北洋軍和頭帶老羊皮風帽的東北軍，對於那些背斗笠，穿短褲，著草鞋的南方「蠻子」軍，以及南軍的和藹親善，是覺得陌生、新異，而又可愛的。

白崇禧的「四前」總指揮部的伙食，最令人回味，臘肉、風雞掛滿指揮部院內牆壁上，一進大門，便都看見，「四前」對於我們記者先生們的招待是十分優渥的，逢早晚吃飯的時候，不是留到在總指揮白崇禧那桌上一起吃，便約到參謀長王澤民那桌去，每餐都有豐盛的鷄鴨魚肉和臘味相饗。

國民革命軍從十五年夏開始北伐，十七年初夏完成，張學良是同年十二月二十九日宣佈易幟改懸青天白日旗的。就時間來算，全部北伐不到兩年半的光景，且中間還有許許多多非軍事上的阻礙，如五三濟案等，其軍事上之進展，不為不速；戰果收穫，更不為不大，考其原因，不外包括下列兩點。

一、軍閥本身的腐敗，已為全國人民所唾棄。北軍軍紀的不良，簡直與人民形成對立，拉夫擾民，司空見慣，北軍到處，人民避走一空，這種與人民為敵的部隊，不敗何待？

二、革命軍是為主義而戰，官兵朝氣蓬勃，眼前只見一主義，不見有生死，故作戰之勇敢，是可各自為戰的。而且「不拉伕，不擾民」的口號與實踐一致，僱用民夫是分段（站）先與地方保甲長洽妥遞送，按程先付費，決不虐待苦力。買物給錢，公平交易，不住民房，不用民物，這又為久受軍閥蹂躪的老百姓所未見。所以老百姓樂於為部隊之助，不但簞食壺漿以迎，而且自動作軍隊的嚮導，供給情報。軍民既能如此密切合作，自然產生沛然莫之能禦的力量。

所以革命軍的成功要素，在於官兵明瞭作戰之目的，故是軍事之勝負，決於軍事之目的，與念乎此，令人懍然！

五、三一八慘案

民國十五年「三一八」慘案，我能倖免於難，冥冥中似有主宰者。至今思之，那一批死難的青年同志們，還是活生生地印在我腦子裡。

因為十五年春，馮玉祥雖然完全佔領了北京、天津兩地，而奉張卻已將郭松齡之叛亂敉平，可能圖反擊國民軍。馮深恐張作霖利用渤海艦隊，進襲大沽，遂於三月八日晚起，在大沽口埋佈水雷，實行封鎖，禁止船隻通航。當時，英、日兩國駐津領事即向天津方向之國民軍負責人鹿鍾麟提出抗議，交涉結果，由鹿氏規定外輪出入口辦法三條。

一、外輪進海口時，必須有一領港船為之前導，此領港船行近砲台時，須吹哨為號，向國民軍示意。

二、外輪出入，必須懸掛其本國國旗，不可淆亂。

三、入口外輪中之華人，須由國民軍嚴密檢查後，方可通過。

這辦法總算是對列強客氣了。可是那時駐京之公使團，遇有外交事件，必一致的向中國施壓力，非把利益得到滿足並要夠了面子不肯罷休。這是滿清末年對外軍事外交失敗以來，列強欺侮我國一貫之行動。公使團這種驕氣與野心，非外交手段所能戢止的。所以，大沽封鎖之訊傳到北京，公使團即於三月十日由該團領袖荷蘭公使歐登科向北京外交部提出抗議，同時，又電令天津、瀋陽、濟南三處領袖總領事，分向天津之鹿鍾麟，奉天之張作霖，濟南之張宗昌提出同樣之抗議。

當這件事的交涉還沒有解決的時候，日本急急地藉護僑為名，由旅順調遣「藤」「荻」「蔦」「吹雷」四艘驅逐艦開到天津，日駐津領事即向鹿鍾麟要求免查，事前約定於是月十二日上午十時「藤」號入口，艦上懸有G字旗用作標示，鹿鍾麟也應允了。但屆時「藤」號並未依時開到，延至下午三時，始有「藤」及「吹雷」兩艦駛經大沽砲台，守軍發空槍令其緩行，日艦不理，反而發砲還擊，守軍疑為奉軍屬下之渤海艦隻，遂以實彈還射，這時潮水開始退落，日艦乃隨潮水退去。

至是，鹿鍾麟乃向日領提出抗議，詢其為何不遵照雙方協定辦法，強行入口，且以機槍射擊？所有損失，俟查明後，應由日本負責賠償。

同日晚間，日領亦來抗議，說是國民軍向其開砲，日艦始行還擊，且有日人受傷，要求中國負責賠償。

國民軍方面據理力爭，說明未先開砲，並要查明我方有十四名官兵受傷情形。雙方交涉至午夜二時，迄未解決，這時日領表示從前種種暫時擱置，應先就目前現象，安籌完善辦法，以免再生誤會。

當由鹿氏派軍官一員，帶同譯員一人，偕同日領馳赴大沽口，就地商籌將來船艦通行辦法。

這一事件還沒有研究出妥善協議，而駐京的日本公使芳澤謙吉又向我外交部提出抗議，外部根據鹿鍾麟報告，予以駁覆。而公使團受日本慫恿，突於十六日下午四時由使團領袖荷蘭公使歐登科，向我外部致送最後通牒，略謂：十日之抗議，未獲結果，列強為維持「辛丑條約」所規定，自北京至海口自由交通及國際貿易之一般條約權利，提出如下之要求：一、所有自大沽口至天津一帶之戰事，必須立時停止。二、所有在大沽口附近佈下水雷及一切障礙物，必須除去。三、原有航行之標號，必須恢復，不得再有蔑視情事。四、所有作戰之船隻，必須駐泊大沽口外，不准干涉外國之航船。五、除海關官吏外，應停止對外國船隻之一切檢查。倘於三月十八日正午關於以上各點不得滿意之保障，則關係各國之海軍，決採取必要之「手段」云云。

在這同一天，日本政府又訓令該國駐華公使，單獨向我提出謝罪、懲戒、賠償等等要求。

列強這種咄咄逼人的氣燄，實令人髮指，又其引用不平等條約以要挾、恫嚇等手段對我，更是莫大侮辱，於是激起了中國人的憤怒，遂對外作嚴重的表示。

三月十八日，北京大、中等學校學生發動各界在天安門開民眾大會，反對列強對中國的無理要求。而日本公然出動兵艦干涉中國內戰，並射擊大沽守軍，尤為國人所不能忍。自從「五四」運動以後，學生有了劃時代的政治覺悟，「學生聯合會」成了當時知識青年的領導中心，民眾亦陪之對國事有了深一層的認識。所以學生們登高一呼，大會全體同聲響應。

十四年冬郭松齡反戈，日本就出兵南滿協助張作霖，現在再度介入中國內戰，自然是助奉以制國民軍。段祺瑞也向來是勾結日本帝國主義的，與奉張又有默契。這種錯綜複雜的關係，使民眾的心理傾向於國民軍方面。馮玉祥而且是早與國民黨有聯繫，所以更因勢利導的支持這一個群眾愛國運動。

這個時候的青年，愛國熱忱真是可泣可歌，只要一有損傷國家民族的事件發生，都不約而同的義憤填胸，運動一展開，就會不顧生死的向前做去。不怕軍閥的橫蠻魯莽，也不怕帝國主義的狡獪猙獰，因此，不管無知軍閥也好，蠻橫的帝國主義也好，他們對此熱血純正青年，還是不能不有所顧忌。

我記得那是個星期天，恰巧又是一個晴天，時當北方仲春，萬物復甦，草木萌芽之際，正是北京人苦寒過後尋春行樂的季節，想不到在這美景良辰中，有這樣一件流血慘案發生！

各校學生，頭一天就接到了學生會的通知，要他們在十八日上午九時齊集天安門開會，然後遊行、請願。我這時雖說已經離開了學校，但和學校的同學們仍多往來，也準備到時一同參加集會、遊行、請願各項運動，是日八點多鐘，我正要穿衣準備出門之際，我內人對我說：「時間還早，開會不致有那麼快，我們先吃飯吧。」我一想也對，開會要開到什麼時候還不知道，不如吃了飯再出去。於是就躭擱了一些時間。及至我們吃了飯出門向北走的時候，目睹由北而南的人潮已經是沿著大馬路蠭湧而來，我正在莫明其妙的當兒，便聽到在馬路上的人群中，有人說鐵獅子胡同打死了不少的學生了。

原來在我未出門之先，天安門已經開了會，散會後，學生隊伍由東向北到東四北鐵獅子胡同執政府去請願，而一部分學生早已集結在執政府門外廣場上等候；學生大隊到達後，便派出代表打算進入執政府晉見段執政要求嚴辭駁覆對「大沽事件」八個國家所提最後通牒，並向他們提出強硬抗議，要段祺瑞出來對請願群眾當面答覆。

段祺瑞一方面是與帝國主義者有了勾結，一方面是軍閥脾氣太大，覺得「國家的事，是政府辦的，幹麼要你們這些學生們出來過問？」因此始終對群眾要求，不予理睬。學生們以段氏如此蔑視民意，規避不見，群情不勝憤激，一時吼聲大作，後面的人向前面擁，前面的人就向執政府的鐵柵衝上去。

此時段的衛隊旅突然派大隊武裝官兵出來，視學生如大敵，刀槍齊舉，向一群手無寸鐵的學生和群眾亂刺亂射，首當其衝的男女學生紛紛流血倒地。請願群眾睹此情形，就向後逃奔，當時號哭聲，呼救聲，咒罵聲，步履雜沓聲，喧鬧成一片糟。安嫻靜恬的春明城，到了十一時許，西單、東單、前門外、宣武門外這些地方，便有了狂奔的人潮，市民才知道慘案發生了。

這一下被殺的男女學生竟達二十餘人之多，北大、師大、女師大、中國、朝陽、民國等大學均有。事後把死者舁回，僅中國大學一處，陳屍在該校大禮堂的便有數具。那些屍體有的是子彈貫胸，有的是刀傷頭部，一個個血染衣漬，慘不忍睹。後來死者屍體已經裝入棺材，還是鮮血泊泊地流下來。同學們與死者家屬，圍棺號哭，真是哀動九城，慘絕人寰！

那時，學聯合一面發動大規模追悼會追悼死者，並定期舉行集體公葬，一面向全世界控訴段政府的暴行和罪狀。

這批恐難青年的當中為各界所知的有北大學生林某，係文學家林琴南之子；女師大學生劉和珍女士，她是江西《大江報》主筆方其道之未婚妻（方後來任河南綏署劉峙之軍法處長），劉女士和我在南昌以同一時期讀書中學，並且也是很要好的朋友。如果當時我參加請願隊伍行列，到了鐵獅子胡同執政府的門前廣場，無疑地我便會同她站在一塊，那末，事件發生，我即使不受傷，也會義不容辭的要去救護她。所以無論如何，我都是逃不了那一刺刀的。想不到一頓飯的遲延，我竟逃過了人生大劫呢！

彼時，方其道先生在南昌得到他的未婚妻劉女士噩耗電訊，便星夜兼程北上，到達北京後，目睹愛人血凝屍腐，一棺長眠了，除了伏棺慟哭外，這筆血債，又向那個去索還叱！後來他主持北伐完成後的《開封民報》，每到「三一八」那天，總要寫些文章或為恐難烈士發個紀念特刊來表示哀悼之意！

當「三一八」那天，請願遊行學生行列中有許多顯要子弟，是在遊行行列中，中途為家人阻截回去的。例如在中法大學讀書的李××之子，就是在天安門請願行列中尤其家人用汽車把他接走的。可見當時的達官顯貴們，事先都有了消息，而段之屠殺學生，亦是早有預謀了。

這不幸的事件發生，另外有一種傳說：當時教育部長章士釗是慫恿段祺瑞屠殺學生的教唆犯。因為此案發生之先，女師大為校長更動事件，學生已與章士釗有了重大磨擦。「老虎總長」懷恨在心，總想對學生施以懲戒。故慘案發生後，蛛絲馬跡，就推想到章的身上去。如果此事是真的，則章是有屠殺學生的「先進經驗」了。

「大沽事件」結果是：外交部答覆北京東交民巷公使團的通牒，說是正在消弭戰爭，恢復由京至海道的交通自由，平津間每日實行開駛國際列車。但各國通牒，超越「辛丑條約」範圍，不能認為適當，該牒各條應由地方長官與駐津各國海軍司令妥商，勿取急切措置云云。段祺瑞這種對外之軟弱無恥，與對學生群眾之横蠻殘暴，活現出一副奴才的鴛鴦臉譜。而且國民軍和奉方已在十七日向外艦承認所提五條件，故這次重大交涉，就此了結。日艦砲擊大沽砲台案，旋移天津地方就地解決。

「三一八」慘案發生以後，段祺瑞不但不引咎謝罪，反而遷怒國民黨人士幕後指揮這一愛國運動，公然下令通緝國民黨籍的北大教授朱家驊、顧孟餘、易培基等。朱等在此種情勢下，只得南下參加革命工作，既而國民革命軍北伐軍事節節勝利，此一血案，亦就不了了之。但由此卻增加了北方對革命的同情，亦即加速了軍閥本身的崩潰。

六、中原事變

中山先生雖然是賷志而沒，但在他逝世後不過兩年多的時間，今總統蔣公即繼承國父遺志，完成北伐，統一全國。如果不是日本軍閥侵略於前，中共引狼入室倡亂於後，使中國（其實是使全世界）造成今天這樣混亂不安的局勢，則富強康樂的中華民國，早在蔣總統手中順利完成了。

北伐成功後，國府定鼎南京，那時本來就可以逐漸步入建設之途，可惜那些割據稱雄的野心軍閥，幾次反抗中央，斷送了不少國家的元氣。就中，要以民國十九年閻、馮背叛中央那次戰事情形為最嚴重。我那時正在北京辦報，目睹這一場醜劇的演出與閉幕。今天舊事重提，還覺得十分有趣。

閻錫山和馮玉祥是於民國十九年稱兵背叛中央，和十八年桂系的倡亂，是脈絡一貫的基因於十八年二月編遣會議。

本來，北伐既告成功，國家應該進於統一建設，無需乎再養這許多部隊，消耗國帑。而且北洋軍閥政權雖則倒台，可是他們的擁兵割據思想，還是陰魂未散！中山先生北上宣言中所說：「打倒曹、吳軍閥之後，使中國再無繼起的曹、吳人物」。這一主張，自須於革命軍事停止後予以實現。所以召開編遣會議之初，閻、馮、李（宗仁）以及關外的張學良等，都不能提出異議。馮、閻、李三人且親自出席參加，張學良亦派代表與會。

可是中央預定計劃，把全國部隊裁減至八十萬，軍費每年為一千三百萬元，各單位編遣比額都很大，這樣一來，自不能使當時的第二、三、四集團軍認為滿意。所以當何應欽的第一集團軍把怎樣編遣的情形提出報告後，閻、馮、李都不表示意見，而馮玉祥更不待會議閉幕，就離開南京跑回陝西防地去了。這樣一來，就埋下了民國十九年的中原大戰的火藥線。

可是奇怪的是：當年三月桂系稱兵，暗與閻、馮密約同時舉時，到時，閻、馮不但不為桂系助戰，反而出兵聲討桂逆，這樣就令人莫明其妙了！

但是說出道理很簡單，就是這些人的分合聚散，完全是以私人利益為轉移。閻、馮雖然是不懌於中央、但桂系的勢力橫渡長江與黃河，貫穿平漢鐵路之南北端，對閻、馮的威脅尤為切近，現在中央明令討伐桂系，題目是光明正大的了，他們正好轉而附托在這個題目之下，趁機會奪取桂系原來的地盤，使冀、晉、陝、甘、魯、豫整個大平原得以控制，然後再掉轉槍頭打中央，這是「一石擊二鳥」的策略！

所以，中央把桂系解決後，馮玉祥的部隊仍然繼續沿平漢線南下，出武勝關向湖北方面推進。其不軌之心，已經隱藏不住了。

馮玉祥這個人，自不可與閻百川同日而語。閻氏雖然是地方軍閥，看不清形勢，但其為人，還不失為忠厚長者；馮玉祥則完全是一個陰詐莫測，反覆無常的小人。在北洋政府時，就翻來覆去的以倒戈為家，對上愚弄，待下奴役。做他的長官頂倒霉，為他的部下就更糟，就是做他的朋

友也十分危險，說不定什麼時候借你的頭顱作為他玩弄權術的道具呢！記得「九一八」事變後，

日本挾持溥儀出關組織偽滿政權，吳佩孚對人說：「偽滿洲國的成立，是馮玉祥促成的。不是他

為了要劫奪故宮寶物，把溥儀逼走，日本人便沒有利用的傀儡，今天第一著應先殺了馮賊以謝

天下再說。」不管這話對不對，吳子玉對於馮玉祥當年之翻雲覆雨，倒來倒去，算是恨之入骨

的了。

中央方面對閻、馮二人的看法，是對閻錫山可以容忍，聽其自保山西，但對馮則非徹底剷除

不可。

閻、馮稱兵的另一動力，是汪精衛為首的改組派和西山會議派所倡的「擴大會議」。他們主

張團結國民黨所有新舊勢力，以對抗南京。然後改造黨務，重新組織中央黨部，以取代南京方面

的政權。

這些黨人都是赤手空拳的，怎樣能和蔣氏的實力相抗衡呢？所以總是依靠軍人以為後盾，這

本來是歷來政客們的一貫作風。汪精衛曾經借重過共產黨竊據武漢；先後利用過唐生智和張發奎

的武力去作他的政治資本；西山會議派則曾託身於桂系的槍桿下，玩弄特別委員會。可惜這些武

力都被打垮了，此時此際，只有向閻、馮靠攏，而閻、馮也需要一批黨人來吆喝，方能壯大他們

的政治聲勢。

馮玉祥於民十八年十月間命令其部屬宋哲元、石敬亭等，打起「護黨救國軍」的旗號，對中

央表示異動。這面旗子，是李宗仁、張發奎、唐生智都撐出過的，可是都失敗了。可見每一政治

運動，其目的不純正，不能獲得軍民衷心的擁戴，總是不會成功的。李、張、唐三人，比較起宋

哲元、石敬亭之流，還算高明得多，現在以幾個西北軍的大老粗，來喊「護黨救國」口號，想借一個政治上的題目來作亂，其幼稚與空洞當然更等而下之了！

馮部的軍事動作將要開始時，唐生智把他從白崇禧手下運動回來的老第八軍舊部，後來被改編為李品仙所率領的各軍，也沿著鐵路線南下，與馮之西北軍互通聲氣。

於是乎馮玉祥就啟發了戰端。中央則於馮氏離京後，早知其必有越軌行動，軍事上亦有所戒備。此時馮部逆跡已彰，當即明令聲討。軍事方面，遂令劉峙由湖北沿平漢路北上率所部進入豫境，開始攻擊；方振武部第五軍沿隴海線向西前進；劉鎮華部十二路軍出潼關向東攻擊，另以寧夏的馬家軍拊馮軍之背。這一個大包圍，使馮部陷於核心，成為四面應戰的狀態了。

唐生智一看情形不好，也轉而聽命中央，協同方振武部作戰。

戰事尚未發動之際，馮玉祥正在集結兵力，而所部韓復榘、石友三、馬鴻逵等則相率投向中央，這一下卻造成馮玉祥失敗的致命傷。

韓、石、馬這些馮部嫡系部隊，何以都演成「眾叛親離」之勢呢？

原來戰幕將揭開時，馮以第二集團軍總司令名義在潼關召開所部高級軍事會議，馮主張此時不在中原與中央軍隊決戰，計劃把部隊撤回西北，來一個後退集中，然後再出其不意進兵山西，先解決閻錫山，使左翼得手後，再繞進平漢線，沿鐵道南下攻擊豫、鄂以取武漢。這計劃雖然是繞了一個大圈子，但在馮玉祥看來，是非常穩健的。（因為他那時雖奄有西北至中原的勢力範圍，但力量太分散了。）

韓復榘在陝州把部隊東開，一逕撤至鄭州，一面發出對時局通電及告第二集團軍全體官兵書。那通電和告官兵書的大意略謂：吾人不應再聽馮的命令，背叛中央，以造成國家的動亂；刻本人已率部離開馮的控制，服從中央，希望第二集團軍全體官兵和他採取同樣的行動。韓復榘通電發出後，石友三、馬鴻逵（時馬任騎兵旅長駐防河南）即覆電響應，並願接受韓之領導。

韓復榘的脫離馮玉祥，事前沒有向中央聯絡，完全是出於偶然的。起義後，到了鄭州才決定派參議靳文溪去南京，原駐北平辦事處處長劉熙眾去山西，分別連絡和疏通。

旋中央發表韓復榘為山東省主席兼第三路軍總指揮，所部儘速越過河南開往山東；石友三部奉令移防平漢鐵路北段，並發表石友三為十三路軍總指揮，指揮部設河北之順德；更任命劉鎮華為河南省主席，所部十二路軍沿隴海線東段駐紮，使韓、石兩部安心整理與訓練。

石友三之反覆無常，與馮玉祥乃屬同一典型，中途叛馮，毫不足怪，我們且不去談他。至於韓復榘，是個十足的北方漢子，秉性耿直，為馮玉祥一手培植出來的。他是河北霸縣台山村人，歷代多在河務方面工作，他小學畢業後，就去學生意，幹不了好久，適宜張紹曾的二十鎮招考學兵，韓即棄商入伍，奉撥在馮玉祥管帶的那一營充當二等兵。其後該鎮灤州起義失敗，馮改投陸建章部，韓亦隨馮而往。馮在十六混成旅時，對官兵教育，辦有三個訓練機構：一個是隨營幹部學校；一個是軍官教導團；另一個是高級軍事訓練班。後來馮友三、韓復榘、孫良誠、孫桐萱、谷良民、曹福林等，都是先後由這三個教育機構洗禮出來的，也是馮認為一手培植出來的心腹。可是，馮玉祥對這些人既認為是自己一手提拔上來的，要怎樣，便怎樣，頤指氣使，視為奴僕，任你升到多大的官，在他心目中，永遠看你是個天弁，毫不為部屬留點面子，因此，部下對他表面固是十分恭順，心裡卻是不悅服的。

所以，在馮玉祥於潼關召開軍事會議時，韓復榘當場表示不願接受。他說：「我們的部隊，幾年來在西北的罪受夠了，現在剛剛走出窮苦的西北地區，又要回去，兵心必定渙散。且現在要把各防地的糧食壯丁一同後撤，留下來的老百姓只有餓死，對這一個決定，是否可請求上面再作考慮，否則，恐怕是行不通的。」

馮玉祥一瞪眼說：「這是我考慮再三，纔決定下來的計劃，怎麼能變更的呢？」

韓復榘說：「既然是這樣的，那就不需要找大家來開會討論，請總司令頒發命令好了。」

這個軍事會議散後，各將領紛紛回防，馮玉祥便將韓復榘留了下來，連斥帶罵的侮辱了他一番，再罰他到門前和士兵一同去站崗。之後，韓復榘回到了他的防地——陝州，當即召開幹部會議，把馮的計劃宣佈，韓部都反對回防西北去。韓復向老百姓煽動，說馮玉祥想餓死他們，於是人民又紛紛請願，要求不要把糧食壯丁帶走。韓復榘以軍民都贊成他的主張，就把糧食放賑，人民歡聲雷動，旋密令原屬他的第二十師副師長孫桐萱把師長李興中扣押，並令石友三的二十四師副師長曹福林把師長張允榮扣留，於是這兩個師在韓的命令下，由副師長率領，統歸入他的掌握了。

為什麼石友三的部隊又歸韓復榘指揮呢？原來石友三部駐防津浦路中南段，司令部設在安徽蚌埠，部隊一部已南抵浦口。其後，馮玉祥派石友三任安徽省政府主席，石所任之二十四師師長改由副師長張允榮接替，河南省主席當時係馮以總司令名義自兼，但派韓復榘代理，韓之二十師師長亦改派李興中接任。在馮準備異動時，石友三部已有大部調至南陽，二十四師防地與韓接近，故韓下令加以控制。

馮玉祥在電話裡常常罰部下立正，他然後跑去看他的命令有沒有貫徹。等他一去，被罰的人果然一點不錯，竟像泥塑木雕般站在電話旁邊，馮玉祥這一下子才高興起來，認為部下真真是絕對服從他的了。他那裡看得到那一夥人反抗的內心呢？

韓復榘到達山東後，手下已是有了五萬之眾了，計孫桐萱的二十師，谷良民的二十二師，李漢章的四十八師，曹福林的四十九師，從此韓復榘永遠是不再聽馮玉祥的那一套了。

我是在十八年間認識韓復榘的。他有一次到北平來，我們曾經暢談過幾次，他面邀我到開封去看看，但我以事忙，一直沒有赴約。閻、馮大戰後，他調到了山東，又派專人約我到濟南去遊覽。那年秋天，我由北平搭平浦快車南下赴魯，在他的省府住了三天，他對我款以上賓。魯省府門面輝煌，是個古色古香的建築，有名的珍珠泉就在省府裡面，我三天都住在那珍珠泉旁的招待所。當我抵達濟南的那天，恰好韓出去打獵，等到黃昏時，他手提了幾個水鴨子回來，一見我面，很親熱的哈哈大笑說：「我約了你不知多少次，這次算是真的來了，我才知道辦報的人是如此的忙！好，今天就請你吃我打的野鴨子吧！」

那時正是暑假，濟南各中、小學的夏令營尚未結束，他在第二天的早上親自陪同我找到何思源（時何為教育廳長），要我在升旗的時候向學生們講幾句話。至於後來別人編的那些有關他的演講笑話，是故意刻薄他的。當然，總不免有一點影子，或者某時說錯過一兩個新名詞，也是很有可能的，不過決不如笑話裡那樣，把他描述得像傻頭傻腦樣的。

他有兩個太太，四個兒子，後來當到省主席時娶的那個太太是一個女伶，叫做紀甘清，在河南漯河唱戲的，被他看中了，就娶了過來。

他在山東任主席七個年頭，治理得頗有成績，尤其是全省盜匪肅清，秩序安定。二十六年抗戰軍興，以違抗命令，擅自撤退，被判死刑，在武昌南湖槍決的。當其在開封被補時，中央問馮玉祥的意思如何（那時馮是軍事委員會副委員長？）馮力主處韓以死。因為馮早把韓恨入骨髓，必欲殺之而後快。軍法會審，由西北軍韓之老上司鹿鍾麟主審的。死後停屍在武昌一個廟裡，裝棺未釘，第二日劉熙眾偕紀甘清趕到（劉刻在港），開棺啟視大殮後，即移靈雞公山安葬。

話又扯遠了，且說馮玉祥自韓復榘、石友三、馬鴻逵三人相繼投誠中央後，戰事就不能打下去了，馮即跑到太原去，請閻錫山向中央緩頰，表示他自願下野出洋，部隊交由閻錫山改編。

馮到太原是被請到晉祠去休息的，表面上養光韜晦，實際上另外還有一套打算的。

中央准批馮玉祥下野出洋後，撥給他旅費二十萬元，一再催閻促其成行。當時傳說閻挾馮以自重，向中央諉稱馮不願出國，並謂如讓馮離晉，怕他又回陝西，運用部隊，再生事端。其實閻是要保全馮的軍隊，拉馮在山西和他計劃一切，這是十九年中原大戰的因素。

馮玉祥既不出洋，中央自然曉得他和閻錫山這兩個把兄弟還有另外一套在裡面，軍事上就不得不嚴密戒備了。

說起閻錫山，倒並不是一個好犯上作亂的人，他之所以發動那一次戰事，完全是對中央當局的認識不夠，對編遣會議有了誤會。及馮氏既敗，更恐中央對他用兵，逼得他只有跟馮一道倒行逆施。如果不是這些原因，他的最大目的，還只是據有山西，閉關自守罷了，此外，自無其他的野心。

十九年二月十九日，中央打了一個電報給閻，希望他顧全大局，共濟時艱，力促馮氏出洋。

第二天，回覆了中央一個電報，竟提出反要求，勸蔣委員長以禮讓為國，他願與蔣公一同下野。明知這事是做不到的，不過是反唇相譏的竟思而已。蔣委員長覆電答以革命救國乃屬義務，而非權利，不能以個人利害，而放棄革命職責。這是以革命大道理來反擊閻的譏諷。

其後胡漢民、譚延闓、吳稚暉均與閻、馮有函電往返，反覆辯難，這是大戰前夕的筆戰。就文論文，這都是值得一讀的好文章。就中以馮玉祥致吳稚暉那一個電報最傳誦一時，他罵吳稚暉為「皓首老賊，蒼髯匹夫」，這是直接從三國演義中孔明罵王朗那一段話裡打油來的，不過運用得巧妙，當時刊載在報章上，曾博得不少讀者的激賞。那時馮的秘書長是現任國府的外交部長黃少谷先生。

到三月初，中央又派李石曾、張繼北上斡旋，希望閻氏懸崖勒馬，消弭禍亂於無形。可是閻、馮積極備戰，已如箭在弦上、不能不發之勢，故李石曾覺得北上也是徒勞。旋閻氏向中央請辭本兼各職，這就表示態度已經決裂，再無商量餘地了。中央遂准其所請，然亦積極備戰。

是年三月末，馮玉祥離晉馳赴陝西部署軍務，閻氏駐守平津區的部隊亦開始調動。四月一日閻錫山通電就「中華民國海陸空間總司令」，馮玉祥為副總司令。軍事部署方向：李宗仁為第一方面軍總司令，由廣西攻湖南，進窺武漢；馮玉祥兼第二方面軍總司令，擔任河南地區之戰鬥；閻氏兼第三方面軍總司令，擔任津浦、隴海鐵路沿線地區之戰鬥。石友三此時又回到閻、馮懷抱，出任第四集團軍總司令，由河南向山東進發，以與晉軍會合。

當閻錫山決定稱兵倡亂之初，即已派所部馮鵬翥之四十二師進駐河北與山東邊區，以監視駐山東韓復榘部之行動。及韓奉令退出濟南沿膠濟路進入膠東之際，馮即首先渡過黃河佔領濟南，協助晉綏各部隊，便利進入戰場。

晉軍分由平津各地南下：李服膺之六十八師，王靖國之七十師，統歸張蔭梧指揮，沿津浦路南下，轉入膠濟路；原駐津浦路之陳長捷等部隊，則由傅作義指揮，任該先頭部隊，進駐津浦路大汶口線之線。

這些晉軍將領清一色的是保定軍官學校第五期生：李服膺是閻錫山最寵愛的一個青年將領，為人忠厚誠實，王靖國足智多謀，馮鵬翥則平庸老實。只是張蔭梧英雄思想太重，且自命不凡，北伐時他即任第三集團軍前敵總指揮，故此次晉軍南下作戰，即以他擔任膠濟線總指揮。

李服膺當時是北平警備司令，作者與他私交至厚，此時並為他主持警備部交際處對外交際事宜。他繼張蔭梧為北平警備司令時，正是北伐完成不久，且當時局勢又盪動不安。因是北平城裡，土匪橫行，警備部天天在審案殺人，那盜匪是愈殺愈多。其實大戰後，人民求生無路，迫得挺而走險，甚至那時悍匪王小四午間正在前門大街一個銀號門前伏法，觀眾尚未散去，其他地區又發生搶案。「殺」，那裡是一個治本的辦法？但當時中國內部戰爭不已，沒有將息修養的機會，所以治盜匪，既不能從根本上安定民生——負治安責任的軍事機關，除了嚴刑峻法之外，也想不出第二個好辦法來了。

李服膺率部出發那天，我還送他到車站（北平警備司令職務交由當時憲兵司令楚溪春護理），他自嘲地對我笑道：「我們晉軍從來沒有出去作過戰，這是我平生第一次遠征，希望能打個勝仗回來。」

的確，晉軍不但沒有出去打過仗，以前連山西的大門也沒有離開過。大軍一進山東境，看到高粱長得又高又粗，有的地方還種稻子，這些都是山西很少見到的東西。因為山西多旱地，種的多是小米！雜糧，官兵看到大叫起來「嘿！我們到南方了，你看，這些莊稼種得多麼好呀。」他們心目中以為到了山東就是到了南方，這都是出門太少，見識不多的緣故。

中央方面，當亦飛檄調兵遣將，以韓復榘為第一軍團總指揮。此時韓任河南主席，所部向山東進發，以抗晉軍；劉峙為第二軍團總指揮，防禦徐州至碭山之線；何成濬為第三軍團總指揮，防守平漢鐵路南段；陳調元為討逆軍總預備軍團總指揮，所部兵力控制黃河北岸；何應欽為武漢行營主任，負責指揮兩湖軍事，以對付桂系之騷擾。

蔣總司令於五月月五日在南京誓師，中央軍一切戰略部署大致完成。此時馮玉祥離開山西去到陝西，把軍事安排妥善，再轉到河北，同時晉軍亦順利進入山東半島，大戰遂於五月十一日爆發。

當晉軍向山東壓迫時，中央即指示韓復榘向膠東方面撤退，以避其鋒。緣此時中央軍的部署仍須加強，避免過早接戰，韓軍退出濟南後，晉軍則順利的開入，李服膺部進至膠濟線之周村，王靖國部到達濰縣，先頭部隊則進抵高密附近。

韓復榘是有計劃奉命向膠東撤退的，可是他的駐平辦事處長劉熙眾，早已自天津從海道經上海到達南京，向中央請求援兵及餉械，政府當令財政部撥給韓部光洋四百萬元，以濟軍需；另派出李蘊珩所部一師生力軍自滬北上，登陸青島，協同韓軍相機向晉軍反擊。此時韓軍兵多餉足，士氣頓旺。

一則是因為中央軍突在青島登陸，給予晉軍以精神上莫大威脅；一則韓復榘有了支援，收復失地的勇氣倍增，攻勢益加猛烈。

韓復榘此次受命撤出濟南，乃因原駐膠東牟平之劉珍年部，那時已與閻、馮互相勾結，有會同南下晉軍夾擊韓部之勢。劉之騎兵張團，且已向昌樂移動，幸韓部先期通過，致未遭受意外。當時，韓部佔領膠東四十餘日，所部與晉軍王靖國、李服膺兩部在响子，周村、博山、青州之線接觸多次，乃以外援不濟，彈盡糧絕，軍事上形成無法支持之勢。在無可奈何間，韓在行署召開高級軍事會議，決定本人下野，所有軍政各事，統交二十九師師長曹福林代理。正於此時，向濰縣地方富紳丁舒言所借十天軍糧如期送到，劉熙眾亦自南京電告，中央撥四百萬現款業已領到，援軍李蘊珩師亦自上海登輪北上，情勢突見好轉。假令那次晉軍戰鬥力旺盛的話，在中央軍未到達前，即向韓部猛攻，韓本人一定只有下台之一途。可惜晉軍行動遲疑，失去了戰機。再則那時天公亦不作美，淫雨兼旬，晉軍的工事簡陋，士兵終日泡在水裡如落湯雞，且他們大部分是有抽鴉片烟、海洛英癮的，這種毒品受不得潮，一見水就溶解得化為烏有。海洛英吸不著，毒癮無法解除，個個精神萎頓，不能作戰，如不從速脫離戰場，豈不要被活捉嗎？所以只和韓復榘的先頭部隊稍經接觸，晉軍就急急向河北撤回。不過雖然將已佔領的山東地區放棄了，但晉軍沒有多大的損失，韓復榘部也只尾追到山東北面門口之德州就停止了。

閻、馮方面，在山東雖然撤退了，並未影響全盤戰局，以後在平漢、隴海與中央軍膠著博鬥，就雙戰鬥力比較，是勢均力敵的。

兩方面動員的兵力近百萬，為自有內戰以來一次大規模之行動，其場面之偉大與戰爭之猛烈，實屬近代少見者！

主戰場是在隴海鐵路東段，而最精彩的一戰，則是柳河野鷄崗之役，這次是蔣總司令親臨前線督戰，且到達最前線之柳河。

正面為張治中的教導第二師（教導第一師馮軼斐部精銳部隊，原本亦在此線，嗣以閻錫山所部晉軍分由津浦、魯西兩路南下，為策安全起見，復令該部轉向山東方面前進，圖阻南下之閻部。），這個師是中央軍裡面裝備最優良的一個部隊，共轄關麟徵、馬勵武、嚴武、李園、胡捷等三等六個團，那時杜聿明、石覺還是中少校營長，連長差不多都是軍校四五期的學生，六七期生只是排長而已。左翼為陳誠之第十一師，右翼為王金鈺之第十九師。

本來中央軍是計劃一舉而攻至開封、鄭州之線，以求與馮玉祥部迅速決戰、可是部隊到達商邱附近，接得情報，閻軍有出魯西鉅野、荷澤，定陶以腰擊中央軍之訊，於是中央軍前進各軍，又緊急後撤，三天三夜的急行軍，真個人困馬疲，一直到歸德以東馬牧集一帶才停止，部隊就在這些地方過端午節的。

中央軍整頓以後，閻錫山的部隊並沒有攻過，側翼既沒有顧慮了，中央軍此時又重新部署正面，再向隴海路西進。

兩軍在柳河以東開始接觸，這處是馮玉祥的前進陣地，所以一經中央軍攻擊，即行後撤。馮軍主力陣地，是在柳河以西民權縣之野鷄崗一帶，這裡是孫良誠第二路軍第五師吉鴻昌，第六師梁冠英等西北軍的精銳部隊，吉部是在鐵道線的正面，所以中央軍前進部隊到達這一線後，真正劇烈戰鬥由此展開，蔣總石令幾度親到距離野鷄崗二小站之柳河地區督戰。

張治中所部教導第二師最先發動攻擊的是關麟徵團，該團第一線剛攻到馮部的警戒陣地，以為是到達了主陣地，馬上就放信號槍，其他各團營官兵，當即猛打猛衝，詎不知馮軍正嚴陣以待。

所以，當中央軍一往直前衝上去的時候，馮部即以最高火力，予中央軍以迎頭痛擊，此時關部死傷頗重。可是，增援部隊也及時趕上來，這正合上了「棋逢對手，將遇良材」那句話。但是馮軍的戰略是採「陣地防守」，而中央軍則以善於攻擊，就實行了「縱深攻擊」的戰略勇猛直前。馮部的工事確做得堅固，中央軍的火力卻也強烈，且官兵的攻擊精神更是勇敢。關麟徵那時也不過是二十來歲，正是青年有為的時候，大有趙子龍一身是胆之氣概，這一仗打了下來，他也就小有名氣了。

那時，中央軍的步兵武器，有蘇羅通小鋼砲，自動連發步槍，這兩種軍械的火力是馮軍最怕的，但馮的陣地構築向來講究，所以能憑藉工事頑抗。雙方膠著，傷亡枕藉，為北代以來所僅見。

最後野鷄崗的攻下，固是中央部隊將士用命，勇往直前，但這裡是有個重大的政治問題發生，那就是東北張學良部隊入關（是指山海關）。閻、馮鑒於整個大局形勢劇變，只有下令全部撤退。部隊走的時候，棄甲丟盔，倉皇後撤，經過蘭封、中牟等地，均未停留，一直順著鐵路向西走去，中央軍跟隨尾追，戀戀不捨。

記得那次楊杰是充任中央軍砲兵指揮官，同時傳說中央軍這一次作戰計劃，還是他一手擬定的。後來他在陸軍大學當教育長，常常對學生吹牛皮，說：「任何一個戰場，只要是經過我擬定的作戰計劃，每戰必勝。隴海路討伐閻、馮的軍事行動，便是個很好的例子。這次我本來也在前方，有幾天因事離開了陣地，部隊攻擊便受頓挫；等我趕回來，照我計劃作戰，又把馮軍打得落花流水了。軍事是學問與經驗的積累，官階和地位是打不倒敵人的。」楊耿光一生說話尖刻，得罪人正是這些地方，其人自負過甚，生活糜爛是事實，但其對軍事學問的造詣與修養，也是不可抹殺的。

張學良率軍入關是當時閻、馮的致命打擊，也是閻、馮意想不到的一件事。馮玉祥與奉軍翻過臉，但這是六年前張作霖時代的事，應該是時移勢遷了。而閻錫山則與張氏父子是兩代知交。這回戰事將起之先，閻氏曾派參謀長朱綬光代表出關去疏通張學良，表示這一次戰事是北方對南方的行動，北方軍人應該大團結。張學良那時慨允不予介入。閻氏聽了這句話，認為吃了一顆定心丸，雖然得不到東北方面的助力，但也無後顧之憂了，從而全力以對付中央。張學良果然始終如一，則那次戰爭鹿死誰手，未可逆料！

那知道九月初他的代表仍還在瀋陽與張學良的左右觥籌交歡，中央方面派去的代表吳鐵城也趕到東北，吳氏一到，那種豪闊氣派就壓倒了山西佬，東北方面馬上就被吳鐵城拉過去了。這一次外交戰，老西是敗了，張學良於九月十八日派兵進關，先頭部隊是于學忠的東北邊防第一軍。此時閻、馮腹背受敵，平津兩地馬上被張部東北軍佔領，晉綏軍由魯、豫回到平津原防不久便即循平綏、正太兩鐵路線撤退，隴海、平漢地區的馮玉祥部隊也遂告崩潰。

我回想當時的情形，確實好笑。北平方面最先開入的東北軍是于學忠部的王以哲、董英斌、劉翼飛等旅，以及張直屬衛隊劉多荃部。楚溪春是當時晉軍的北平憲兵司令，李服膺自北平率部開膠濟路作戰後，楚溪春奉命護理北平警備司令。董英斌旅開入北平並沒有和晉軍接火，楚溪春在和平氣氛中將北平防務移交東北軍接管。楚溪春離開北平，是一個下午四點多鐘的時候，他搭平綏鐵路代備專車，率領警部、憲兵兩部各處官佐，由西直門向西走的，董英斌還親自到車站去送行。我在北平有自己的事業，兼辦警備交際事務等同幫忙，位屬客卿，所以未隨晉軍一同離去，且我當時一變而是歡送行列中的一員了。

楚溪春和董英斌是保定同學，董是六期，楚是五期，兩人先後期同學，且私交甚篤，在這個場合確是又感慨，又好像是在演戲。楚溪春還為我對董英斌介紹說：「憲章（董的別號），這位老弟很行，今後請你多多照應他，很可以幫你們不少的忙。」「好呀」董旅長馬上握著我的手說道：「我和晴波（楚的別號）相交甚厚，等於是一個人，請老兄今後多多為我們幫忙」。

晉軍撤離後，東北軍即分駐平郊要衝，另組織京畿衛戍總司令部，由軍長于珍任總司令，邵文凱為憲兵司令，劉多荃部因是張學良的衛隊，便住在北平城內，劉冀飛旅則沿著平綏路西進，所部止於晉察邊區之柴溝堡，劉本人那時便受命為察哈爾省主席，鎮守張家口，鞏固東北軍西北的防務。

閻、馮二氏於九月二十二日通電下野，大戰告一結束，但中央軍的軍事行動，並沒有停止。因為石友三於十八年隨韓復榘歸順中央，到閻、馮稱兵戰事正劇時，這位馮玉祥的倒戈門徒，又背叛中央回到馮軍那邊去了。所以閻、馮之戰雖停止，中央軍還得解決石友三。

這時石友三部是盤據河北大名一帶，中央軍教導第一師於馮軍敗退後，即復由開封渡過黃河，直趨大名。石的部隊於中央軍銳不可當之際，當然是不值一擊，很快就被教導二師解決了。至此教導二師調回河南整訓，並且就於此時擴編為三個旅，師長仍是張治中，三個旅長是：湯恩伯、關麟徵、張聯華，到了民二十年春才自河南調防武漢，旋又轉往贛東，進剿方志敏匪軍。以後，教導第一師馮軼斐部擴編為兩個師，一是八十七師，以王敬玖任師長，一是八十八師，以俞濟時任師長。教導第二師亦擴編兩個師，一個是第四師，以徐庭瑤為師長，一個是二十五師，以關麟徵為師長。這四個部隊，那時最負盛名，軍旅中談起來都是伸大拇指的。

記得在中央與閻、馮作戰正劇的時候，上海字林西報曾經刊出一副漫畫，畫上蔣總司令左手持公債，右手拿手槍，馮玉祥左手拿個大饅頭，右手捏把大馬刀。從經濟上與武器上來看，這場戰爭的最後勝利，早已決定誰屬了。

說起來那時中央軍官兵的待遇的確不壞，中將是月支大洋六百元（師長階層），少將四百元（旅長階層），上校二百四十元（團長階層），中校一百七十元（團附或副團長階層），少校一百三十五元（營長階層），上尉八十元（連長階層），中尉六十元（排長或連附階層），少尉四十元（排長級階層），准尉三十元（排附或見習官），上士二十元，中士十六元，下士十二元，上等兵十元零五毫，一等兵八元，二等兵六元，士兵另外還有草鞋費三角。那時伙食只吃到三塊多錢，物價又便宜，在平漢、隴海兩鐵路地區，現大洋（當時中、中、交、農四行的紙幣比硬幣還受人歡迎），一元錢可買母鷄六七隻，或雞蛋二百個。那個時候，中國農村經濟瀕於破產邊緣，市場又不景氣，錢又不容易賺，士兵也樂於過軍旅生活，逃亡之事，真是少之又少，打仗也自然勇敢。何況那時逢攻擊一個堅強據點，總是許以重金犒賞，重賞之下，官兵自然樂於用命，奮不顧身的以求達成其任務了。

馮部的西北軍就苦得多了，馮本人除了一套權術籠絡官兵和用嚴刑峻法以防止逃亡外，別無良法。但權術是有時會窮的，士兵雖愚蠢，幹部的眼光是亮的，因之只要是投入中央軍的西北軍將領們就永遠不再回頭。此無他，軍事與政治不是宗教的迷信，這是最現實的，最怕比較的。黑眼睛見不得白銀子，銀彈之下，「英雄們」很少不低頭的了！

一般人都說西北軍的紀律怎樣好，可是到敗潰之際，姦淫擄掠還不是天下烏鴉一般黑。吉鴻昌部潰下來的時候，士兵獸性大發，見財物就拿，見女人就姦。有一個頭目竄進一個村子裡看見一個十二三歲的村姑便要強姦她，當時在旁有個六七十歲的老太婆即跪地苦苦哀求：「老總，她太小了。」那個兵瞪著眼說：「小了嗎？好，咱用刺刀割大點。」老太婆又連忙磕頭喊道：「不小，不小！」正在這個要緊關頭，可巧中央軍追趕上來，便把那個色狼抓住了，這個女孩子才算祖上有德，沒被姦污。此外婦女被蹂躪的隨處皆是！

這一場戰爭，中國的元氣大傷，坐大了共匪在江西的勢力，以致五次圍剿猶不能根絕，更引來了歷史巨變的「九一八」事件，導致此後八年的中日戰爭。少數人一念之差，淪國家於生死存亡、間不容髮之境，可不懼哉！

在這裡我們又看到中央對待閻、馮是有分別的！對馮玉祥是永遠不放心；而對閻錫山卻坦然無介於懷！

為閻、馮變亂而殉葬的是擴大會議，因閻、馮是以此為政治號召，所以閻、馮失敗，這一會議自然也就完結了。

最先會議的集結處是在馮玉祥的中原地區，那是十八年秋間的事，可是馮部當時正提倡護黨救國運動。事敗後，馮本人逃往太原托庇於閻錫山，馮的部隊亦賴閻為之暫時保全，擴大會議在這一個打擊下，也遷地為良，又搬到閻的勢力範圍下的北平另起爐灶，重張旗鼓。

所謂擴大會議，是以閻、馮為武力的後盾，而以汪精衛為政治偶像的。參加者以汪的改組派及西山會議派兩組織的人物為骨幹，閻、馮幕內的政治人才不多，所以閻方面只有趙戴文、趙丕廉及當時河北省主席商震（在閻、馮對中央稱兵時，閻以商震與中央關係較密，特令商震與晉主席徐永昌對調服務），馮的方面則僅薛篤弼一人參加，這也不過聊備一格而已。

該會議集會地點，是在北平的外交大樓，因為人事分配，頗費磋商，必須要改組派、西山會議派與閻馮三方面皆同意，才能施行。所以從春徂秋，至待中原大戰展開後，才商量妥當，到八月間乃正式開鑼。

汪精衛是七月底去北平主持會議的。大會的組織是這樣：常務委員七人，由汪精衛、謝持、許崇智、王法勤、柏文蔚、趙戴文、茅祖權任之，而以汪精衛為主席。組織部是鄒魯、陳公博、趙丕廉。宣傳部是顧孟餘、薛篤弼、傅汝霖、張知本。訓練部是商震、郭春濤、覃振。民族部是李烈鈞、白雲梯、劉守中。海外部是陳樹人、陳璧君、鄧澤如。大會祕書是曾仲鳴。

我那時雖說在北平警備司令部擔任該部對外交際事宜，但這不過是客串性質，大部分工作時間仍用在自己所辦的報紙身上。外交大樓方面我是天天要去的，因此和曾仲鳴的接觸機會特別多，那時候他還是一個翩翩美少年，從儀表上來說是會場最使人注目的人物，但一般西山會議派的先進，總認為他的政治資歷太淺了一點。

記得護理北平警備司令楚溪春對我說過這樣幾句話：「他們搞政治的人是捨玩藝，他們開會，要我們派警衛保護，我們打仗打勝了，他們做官，要是我們打敗了，嘿！你看他們跑得比誰都快。新聞記者採訪大會消息，是為了好出報紙，其實他們那些議案，不過是騙騙自己，那能行得通！他們原來的目的就不過是那麼一回事。」這些話，雖則是以前一般軍人一貫地看不起政客的牢騷話，但卻是一針見血的呢！

其實，中原戰事正酣，大會幾乎無人不在寄望於閻、馮的軍事勝利，軍事上有了收獲，他們的口號就可以叫得響亮，政府改組才有希望，他們又可袍笏登場，彈冠相慶了。

不幸的是，閻、馮軍事失敗了，張學良所部東北軍應運而起，大步踏進關內，這批人又踉踉蹌蹌的沿著正太鐵路逃到山太原去了。我送楚溪春離開北平時，他對我苦笑道：「我前次和你說的怎麼樣，他們不是比我們跑得還快嗎？好啦，他們北平鬧夠了，又要到太原去嚷啦。」

擴大會議這塊牌子由北平移掛到太原後，他們這般人的工作仍舊進行，並還研究出一部「約法草案」來了。他們政治上的攻擊目標是南京，故其主張為：召開國民會議，通過約法草案；否認南京的三全大會，要另行召集一個三全大會；然後改組政府。

其次是為閻、馮那一次發動戰爭作辯護，把戰爭罪責，統統推到中央方面。

不過，這一會議所訂出的約法草案，卻是一個比較有歷史文獻的，當時頗得到平、津、滬等各地報紙一部分的好評。

這一個戲劇性的政治運動，始於民國十八年秋末，終於十九年初冬，時間熱鬧了一年有餘。就活動空間言，由河南而河北而山西，總算是極盡流離顛沛之苦了。

擴大會議的結束，是改組派與西山會議派的分道揚鑣，而西山會議派本身，自經此一集會後，也就無形解體，從此不成其為派系了。

閻、馮二人也是以這次為最後一次的合作行動，馮玉祥自是役後便一蹶不振，永無擁兵自重的機會，雖則抗戰初期復任軍事委員會副委員長，但那是一切聽令于委員長的工作，聊備一格而已。閻錫山自擴大會議結束後，無顏在山西立足，跑到大連去韜光養晦了幾年時間，後由日本人設法供給他交通工具——飛機，於民國二十年夏末飛回太原，從此據山西以自保，再也不敢作問鼎中原之想了。

七、九一八事變

要談民二十年的「九·一八」事變，就不得不回溯中日外交史上的若干有關東北的問題。

甲午中日戰爭中國失敗之後，日本的野心與時俱增，而其侵華第一步的目的物是東北。顢頇的滿清政府，思聯俄以制日，遂有中俄滿洲密約的訂立。這一密約，促起了英日同盟的締結，英日同盟既成，乃激成日俄大戰。

日俄大戰起於一九〇四年（清光緒三十年）十二月，當時中國宣佈中立，可是這兩個交戰國戰爭的目的，竟是爭奪這個中立國的東北領土和權利，歷史上最滑稽之事，無有逾於此者！你說滿清政府之糊塗，到了什麼樣的程度！

那場戰爭的結果，日本海陸軍同時勝利，俄國遂聽美國當時總統老羅斯福的調停，於一九零五年（清光緒三十一年）九月五日，在英國的朴資茅斯港締結和約十五款，和約中有關我國東北領土與主權的損害者，如該條約內第五條第六條之所載：

第五條：俄國與中國政府承認將旅順大連灣及附近領地領水之租借權，與關連租借權及組成一部之一切特權及讓與，又租借權效力及地域之一切公共房屋、財產、均讓與日本，但在該地域內俄國臣民之財產權，受安全之尊重。

第六條：俄國以中國政府之承認，將長春（寬城子）旅順間之鐵路及其一切支線，並同地方附屬一切收利特權及財產，與其所經營之一切炭坑，無條件讓與日本。

而且，於正約之外，另在附約中規定：「兩締約國，為保護滿洲鐵道，於每吉羅米突得置二十五名守備兵。」到此，日俄戰爭的犧牲品，乃是中國旅順大連的租借，由俄國轉交日本繼承，南滿鐵路由俄國讓與日本，兼之東北門戶洞開，日俄兩國都可派兵駐防了。

旋日本政府以日俄和約連帶發生的中日兩國滿洲諸問題，必須從速協定，不久即派小村壽太郎來北京，與清廷所派全權大臣慶親王奕劻、軍機大臣瞿鴻禨、袁世凱等，締結所謂「中日滿洲善後協約」，此約的締結日本又獲得安奉鐵路的建築權。

滿清王朝被打倒以後，袁世凱竊取革命的果實，奪取政權，更令日本帝國主義有了侵略的機會。第一次世界大戰，日本參加協約國對德宣戰，竟佔領中國的山東半島。適逢其會，袁世凱正圖帝制自為，日本又提出二十一條的要脅，其中「第二號」有關東北的是：

一：旅順、大連灣的租借，及南滿——安奉兩鐵路的經營期限，均延展至九十九年。

二：日本人在南滿東部以及內蒙古有土地租借權。

三：日本人在南滿東蒙可以自由居住往來並經營商業。

四：日本人在南滿東部內蒙古有採礦權。

五：中國政府如在南滿及東部內蒙古允許他國建造鐵路，或為建造鐵路向他國借款時，以及將該兩地區各項稅課作抵向他國借款時，均須先行取得日本政府之同意。

六：中國如在南滿及東部內蒙古聘用政治、財政、軍事各種顧問教習，須先向日本政府商議。

七：中國須將吉長鐵路管理、經理事宜，委任日本政府，其年限為九十九年。

綜上所述，可見日本已將我東北視為禁臠，不僅中國不能染指，他國亦不得過問的。其後，東北統治者張作霖並未同意履行這一切不平等條約，日本雖多方向其交涉，張皆能圓滑地閃躲過去，日本人對之也就毫無辦法。但張作霖於皇姑屯為日人炸死，當然多少與此事有關。

民國十五年直奉聯合把馮玉祥趕走，張作霖進關，這時日本人是以製造中國內戰而從中奪取漁利的，故對國民黨之北伐統一工作，盡一切破壞之能事。日本人最怕中國統一，只有使中國永遠紛紛擾擾，才對它有利。所以，十七年二次北伐，日本不惜以武力干涉，出兵山東，製造濟南慘案，便是由於這種原故。

當時日本的首相，乃是歷史上最著名的侵華能手田中義一，他曾經答應接濟山東軍閥張宗昌的軍火，以抗拒國民革命軍，並表示必要時日本可以出兵與張宗昌聯合作戰。張宗昌把這件事報告「張老帥」，張作霖當即嚴詞拒絕，並說：「內戰是咱們中國人自己的事，不能讓日本人混進來，咱們打不過國民黨，退到關外就是了，算不上一件什麼事。如果要日本人來幫忙咱們打內仗，後世的人不罵咱們是漢奸賣國賊嗎！這事，絕對不能辦」。可見張作霖雖然是一個高粱地裡出身的老粗，但他對於國家民族的大義，卻看得非常的清楚。

迄革命軍繞道通過黃河，大軍向平津推進時，日本人還希望奉軍加以抗拒，日本駐華公使芳澤謙吉曾警告張作霖，叫他決不要回東北去，應該固守華北。但張作霖不賣日本人的賬，他不肯做日本人的獵犬，決計率部出關，遂於民國十七年六月四日，張之專車駛近距瀋陽不過數十里的皇姑屯車站時，被日本人預埋炸彈將之炸斃！

奉軍退出關外，張學良子承父業，稱雄關東。如果他是按著他老子的前例，割據自雄，那麼，日本人也還可暫時對他容忍，可是，張學良為人精明能幹，深明大義，於是年十一月二十九日使東北毅然易幟，使中國完成統一，這給日本人一個莫大的打擊。

張學良在易幟之前，曾經有過一樁極驚人的傑作，那就是誘殺他父親的智囊楊宇霆。

張作霖下面分新舊兩大派，舊派以張作相為首，新派以楊宇霆為首。前者對張老帥固然忠誠，對少帥也一樣擁戴。楊宇霆可不成了，他心目中以為張學良不過是個後生小子，算得了什麼？但這時楊宇霆是東北舉足輕重的人物，不除了他，張學良想易幟是有顧忌的，而且楊又令黑龍江省長常蔭槐改編地方部隊，擴充實力，陰謀叛變，使張學良尤其惴惴不安，於是決定把楊殺死以翦除肘腋之患。

張學良殺楊宇霆決心既定，並將網羅佈妥，於是在東北易幟前幾天的一個早晨，派人去請這個楊總參議來到邊防公署面洽公務，湯決想不到這個公子哥兒會下此毒手，故坦然不疑的赴約，楊宇霆一進入公署的大門，隨身衛士就被阻在門外，不准入內，等楊宇霆快要進到少帥的辦公室，經過一個樓口，張之衛隊旅長劉多荃站在樓梯上面看著，這時劉部的團長亦即張之侍衛長譚海，持手提機槍，一扣扳機，子彈連續射向楊宇霆身上，當時即被擊斃。

一個自命不凡的人物，竟被他認為後生小子所暗算，這當然是他們所料想不到的事。接著，那個朋比為奸的常蔭槐，也被張少帥所部將他押解到瀋陽予以槍決。

張學良這種英明果斷的做法，當時最引為痛心的還是日本，因為日本人自從滅亡朝鮮以後，無時不想兼併中國東北，他們視東北為其擴展國力的生命線，有名的田中奏議，就認定欲征服東亞，必先征服滿蒙；欲征服世界，必先征服支那。這一個侵略計劃，是日本軍人奉為金科玉律的。

是以，東北一易幟，日本軍人在東北遲早是要爆發事端那也是無法避免的事，不過，不一定要在民國二十年九月十八日。當時，如果張學良事先能預為防患，日本軍部就得把時間表向後推延的。

以上所述，可以說是「瀋陽事變」的歷史成因。但直接觸發這一事件的是萬寶山和中村兩事件。

萬寶山事件是在民國二十年七月一日發生的。原來萬寶山在長春以北約十八英里處的一個小鎮，沿伊通河與一低窪地相連接，二十年四月十六日，日本勾結一個叫霍承德的人，向該處華人租到了地皮一方。合同載明，如地方官不批准其中條約時，則此合同作為無效。霍當受日本人的指使，而日本又是有計劃的挑釁尋事，自然不在乎合同上的約束。

故霍承德於租到土地之後，即轉租與一群韓國人。不過這個轉租合同上就不載明須得官方許可的話，並且允韓國人掘溝灌溉。

這些韓國人把合同簽了，即挖掘伊通河以溉灌稻田，所掘之河，橫穿過該地我國農民的許多耕地，這些善良農民與這前後的合同，都無關係，完全是無故蒙受損害。

韓國人不但掘斷我農民的耕地，並且在伊通河上大築水壩，使河水盡入他們的耕地，我們的農民，竟連水源也被截去了，於是大家群起反對，要求地方官予以保護。結果，當局派出警察到出事地點制止韓國人的行動，命令他們停止挖掘，並限即時撤遷。

詎長春日領事館亦派出日警趕到現場，保護韓國人，同時續增軍警，抗不遷移。

經我方交涉至六月八日，始允撤退軍警，從事聯合調查。經查出兩次合同，均未得地方官廳的批准，應該是不生效力的廢約。可是，日本人是準備故意製造事端的，所以仍然堅持韓國人得繼續掘溝。

到七月一日，我國被害農民忍無可忍，約集四百餘人，攜其農具，將韓國人所掘的水溝，予以填平，日警得訊，竟派大隊武裝員警趕到，開槍射擊，驅散我農民，直待韓國人將溝壩築成，始行撤走，這就是所謂萬寶山事件。

此案發生後，日本韓國兩地報紙，顛倒是非，大肆煽動，於是韓國全境發生排華運動，七月三四日間，在韓國之華僑被殺者，有一百二十七人，受傷者三百九十三人，財產損失，達日金二百五十萬元。

這一慘案正在懸而未決的時候，又繼而發生了中村事件。

因為日本人之圖我滿蒙，為其既定政策，故對我東北，不但日人雜居，重兵駐守——且滿佈間諜，自由往來，調查我軍事、政治、經濟等情形，觀察地勢，測繪地圖。幾於無孔不入。

中村的官階是大尉，為日本關東軍的間諜人員，他的失蹤，約在二十年六月二十七日，失踪後兩星期，即傳到了日本外務省，而日本政府，當時嚴厲禁止報紙登載，所以，起先消息並沒有洩漏出來，直到八月十七日，才把這禁令取消，大約日本想藉時間的延長，以取得法理根據，可見這又是日本一項有計劃的陰謀。

這件事是發生在在鄒作華的興安屯墾區王爺廟地方，鄒部的屯墾軍第三團團部就駐在那裡，那天第三團的一部分部隊正在下操，操場外來了四個騎著大洋馬身穿蒙古裝的人，他們下馬觀看士兵操練，副團長董平輿（留日學生），見著這些不速的來客，初未驚異，既而聽見他們彼此間談話，竟操日語，便知道他們決不是蒙古人，再看他們在旁指點談論，神色不對，董副團長便下令把他們扣留，一經檢查，竟搜出兵要地圖，所有滿蒙各要區山川、河澤，並各地駐軍番號，皆詳細列明。經審訊後，供認是日本關東軍的間諜人員，此行負有偵察任務不諱。經請示團長關玉衡後，為免事件外洩，引起日人交涉起見，不如祕密將他們幹掉比較乾脆。董副團長決定之後，就把這四個小子在夜間打掉，屍體也毀滅了，並以那四匹高大的洋馬留下來是禍根，也一齊用槍擊斃，漏夜拖到沙漠地，倒上汽油把它燒化。他們以為這樣做，便能神不知鬼不覺，那曉得這些經過情形，大都被當地蒙古人知道了，就向日本領事館告密，於是中村大尉事件發作了。

消息經日本政府解除封鎖後，才正式見之報章，瀋陽日本總領事森島曾對美人霍瓦有過一段談話。森島說：「當時中村實負有軍事任務，並非期假中考察地理，彼未曾請求中國官員保護、亦未將其行踪通知中國政府予以照護，與中村同行者計三人，一為退職日武官，一俄人，一蒙古嚮導，彼之被害，非尋常綁票事件，彼等被華軍逮捕後，拘留三日，嚴加拷訊，然後被殺。

關於中村事件，洎乎九一八事變發生後，國際聯盟派出一個以李頓（英人）為首的調查團到東北視察，他在報告書中也說：「中村為日本在職軍官，日政府亦自承其負有陸軍使命，當其經過哈爾濱呈驗護照時，彼曾自謂為農事專家。彼時中國官吏即告以彼所欲往地帶，盜賊甚多，應加小心，並將此項警告登明於其護照之上。六月九日，中村即自中東路東愛里家屯站起程，攜有武器及非製藥用之毒品，近洮南時，被屯墾軍第三團長關玉衡部下扣留，至六月二十七日，被華兵槍斃。據華方稱：彼因呈驗護照，故稍有勾留，及放行後，彼與華兵發生衝突，且用槍向華兵射擊，華兵為自衛計，故將彼擊斃。」

這兩段記載，對中村死狀雖不明瞭，但均承認中村為軍事間諜，日本侵略東北的陰謀，昭然若揭了。

上面這兩案，本來可循外交途徑以求解決，但當時日本濱口內閣被刺，由若槻禮次郎而組閣，他一上台，就調整日本駐滿洲人事，以便與張學良商談解決辦法，並由日本外交家內田康哉出任滿鐵總裁，曾經當過張作霖顧問的本莊繁中將出任關東軍司令官，這兩個人一再約請住在北平的張學良出關晤談解決辦法，可是這位駐節在北平的陸海空軍副總司令，正陶醉於古城風月，把這樣重大的外交案件視若無睹，一再推延，使內田與本莊繁大為失望，徒見暴風雨是不可遏止了。

當然，日本少壯派軍人是和平解決中日懸案的最大障礙。而日本傾向法西斯的報紙，又從而推波助瀾，倡言武力解決這兩大事件，因而中日雙方均感棘手，也是事實。

八月十七日，瀋陽日本總領事及日本參謀本部派來東北調查之代表與遼寧代表臧式毅會商辦法，起先東北邊防司令長官公署（長官張學良兼），對關東軍司令部否認屯墾軍有槍殺中村大尉事件，但本莊繁列舉當日若干事實為證，該署參謀長榮臻，未便再辯，遂派出東北憲兵司令官陳興亞帶同省主席臧式毅所派之調查團到出事地點去調查，才事情是真的了。這是九月初間的事件。

榮臻知道事態嚴重，九月四日即專車赴平晉謁張學良報告請示，張一面著臧式毅、榮臻二人再派員作二度調查，同時派其日本顧問赴東京聲明願求事件和平解決。

張學良是想拖著等待日本的外交答覆，並派東北邊防公署主持外交之湯爾和到東京與幣原外相會商東北中日間一切懸案的折衷辦法，而軍事方面不但毫無萬一的準備，且於九月六日密電關外部屬云：「無論敵方如何挑釁，皆應極端鎮靜，避免衝突。」這就是張學良所以被舉世詬罵為「不抵抗主義」者的證據。不幸這一指示，被日本情報人員所得，關東軍便無所忌憚的發動了瀋陽事變，而東北軍也真是貫澈了少帥的命令，不發一彈，節節退卻。

關於張學良命令臧示毅和榮臻再度調查中村事件，九月十六日早晨調查團一行查復回瀋。十八日午後，日領再訪榮臻，榮當告以關玉衡團長已經扣留，並於十六日押解到瀋，中村事件，當由關負責承當，並立交軍事審判處審訊。但未及宣判，日軍即於是日午後十一時，砲攻北大營、兵工廠兩處，當晚憲兵拘留所看管人犯官兵，立將關玉衡釋放，他漏夜逃到北平，東北事變後，他竟成一個新聞人物了。

當時，東北軍的軍事力量，大部分已隨張學良進關，政治重心，也由關外移到北平了。遼寧省主席由臧式毅代理，東北邊防督辦公署所有事務，由參謀長榮臻代行。吉林省主席張作相和黑龍江主席萬福麟也經常住在北平。

留在東北的部隊，只有在瀋陽的王以哲部十九師之一旅，黑龍江省馬占山的省城警備部十九師之一旅，黑龍江省馬占山的省城警備隊約四千人（包括一個騎兵團，步兵團），另有洮南鎮守使張海鵬所部約二千餘眾，延吉有于芷山部約兩千人及興安區督辦公署鄒作華部墾殖官兵三個團，該部第一團駐防索倫，第二團駐葛根廟，第三團駐在王爺廟，這些部隊多由砲兵改編的。督辦鄒作華當時已奉派赴歐洲考察，公署事務由總辦金鏡清，會辦高仁敷分別主持。

話得說回來，九月十八日榮臻既告訴日領已將關玉衡拘押到瀋待訊，而湯爾和又在東京正與幣原外相折衝樽俎，一切當可循外交途徑以求解決，何以日本人還要亟亟甘為禍首，發動這次「九一八」的事變呢。

這又得歸結到田中奏議中的侵略滿蒙計劃，以及日本軍部的北進政策上去。它們為了提前實現這些計劃，就不得不製造這些事件。因為中日間的懸案幾達數百件，其中自然包括日本臣民在我東北殘殺人民，霸佔土地，破壞行政等。不過這些，中國方面尚可以作最大讓步，惟有日方無饜的要求各種租借權，五路敷設權（民國十六年，日政府命令山本為滿洲社長，向張作霖提出吉會路、長大路、吉五路、姚索路、延海路等五條鐵路的敷設權。）以及其他種種苛求，這些都非常棘手的。

湯爾和奉張學良命到東京去，就是希望把幾種重要懸案，提出折衷辦法以求解決，但是日政府不樂意接受，而日本報紙又紛紛主張武力解決中日懸案，於是跋扈的日本軍人有了輿論的支持，遂不肯放過中村事件這一挑衅機會。同是，特務機關長土肥原又得到了張學良不抵抗的情報，幾種因素碰到了一起，於是「九一八」事變就發生了。

民國二十年九月十八日午後十一時，這是中國人一次歷史上空前劫運之來臨，日本人又藉口南滿鐵路柳條溝附近路軌被華軍炸毀，日本鐵路守備隊不得不採取自衛行動。遂向我北大營駐軍王以哲部十九師留駐之一旅官兵進擊，並砲轟兵工廠，這當然是有計劃的行動，路軌究竟如何炸毀？是什麼人炸毀的？只有日本人自己明白。

駐守北大營之王以哲部隊，遵守張少帥的指示，只據營堅守，不予還擊，最後日本部隊前進不已，守兵只好突團而出，退到東山咀子。

當時發動事變的日本部隊是第二師團，擁有野砲十六門。加上鐵路守備官兵約五千人，另有憲兵五百人。

日軍開始行動時，榮臻和臧式毅同時同電報電話向北平張少帥報告，並且請示辦法，可是，張少帥那晚正帶著趙四小姐在北平前門外西珠市口開明戲院看戲，日本砲轟北大營時，梅蘭芳的《霸王別姬》剛在登場，東北半壁山河，就在這絲竹聲中斷送了！

榮臻臧式處既不能與少帥通話，只能眼看著陽名城陷落敵手，十九日午，日軍開進瀋陽，所有兵工廠、軍火庫、糧秣廠、飛機場及各機關，均次第由日人佔領。

同時安東、營口、遼陽、四平、長春及其他大小城鎮所駐紮之東北部隊，均在無抵抗中一任繳械，榮臻這時只好帶領東北邊防公署及遼省府官員，退到錦州。

十九日上午八時，駐長春之多門師團所屬長谷旅團，也開始行動，不費吹灰之力，把長春全市佔領了。

而朝鮮日本駐軍之一部，亦復渡過鴨綠江，向延吉鎮守使于芷山部進攻。于芷山率部抵抗，兩軍相持不下者一月有餘，直至臧式毅出任遼寧偽主席後，尤其出面調停，于芷山始停止抵抗，結束戰鬥。

吉林方面，以省主席張作相回錦州葬父，尤其參謀長熙洽代理省政。熙係旗人，滿腦子的復辟主義思想，與溥儀下面一班忠於滿清的遺老時有勾結，長春失守後，熙洽覺得是機會到了，不待日軍進迫，即派人到長春請多門師團長派兵進駐吉林，多門卻之不恭，當即派出一部兵力，佔領吉林省會之永吉，協助熙洽組織偽自治政府。

黑龍江主席萬福麟久駐北平，九一八事變後，主席職務，即電令該省警備司令馬占山代理，但洮南鎮守使張海鵬自以為資格在馬占山之上，代理主席非他莫屬，及馬占山以警備省垣的關係得地之利，捷足先登，張海鵬大憤，遂不惜賣身投靠與關東軍合作。日軍曾派人向馬占山表示，只要馬能步熙洽後塵，讓日軍進駐齊齊哈爾，則日軍同樣可以協助馬氏組織自治政府。馬占山到底是愛國英雄，怎能受日本這種侮辱？當即嚴詞拒絕。關東軍旋派多門師團進攻齊齊哈爾，馬占山就任代主席時，曾將萬福麟的省府衛隊團接，及戰爭一起，即令該團控制要衝，堅決抵抗，這才造成對日抗戰史上最光榮的一頁「江橋之役」。

馬占山指揮所部固守的橋頭堡，使多門中將挾一師團之眾，配以坦克十二輛，飛機一二架，再加張海鵬的步騎兵二千餘人，望橋興嘆，竟不能越嫩江一步。馬占山這個抗日英雄的名字，遂不旋踵而走盡天下。論實力，他不過只有四千多人，以視日軍兵員之多，裝備之良，無異以卵擊石。可是他所憑藉的就是那一顆不甘做亡國奴的決心以及全國人民精神上的支援，可見人人可以為聖賢，為豪傑，就看你有沒有這點犧牲的意志。

其後，時屆嚴冬，江水凍結，日軍又陸續增援至五萬之眾，步、騎、砲兵之外，又配合全數坦克、飛機，通過結成厚冰之河道，一齊向齊齊哈爾省會直攻過來。此時馬占山部固守江橋官兵，已失去抵抗性能，北岸憑堤固守的部隊，抵擋不住，傷亡慘重，在此後援不濟，彈盡糧絕之際，不得不突圍退保海倫。此後陸續收容各地抗日義勇軍，漸次補充戰時之損失，馬占山並且與中東路護路軍丁超所部，三江鎮守使李杜的部隊以及黑龍江的蘇炳文部隊取得連絡，聲勢因是又壯大起來。

張海鵬賣身投靠所得恩惠，不過是日本人委他為偽蒙疆督辦，偽黑龍江省主席也輪不到他，馬占山離開齊齊哈爾後，省垣各機關法團卻請東省特區長官張景惠出來，暫攝省篆。

張景惠以維持東北局面，收拾事變為號召，出而組織東北行政委員會，才由卸任黑河道尹道仲仁去勸說馬占山，請他顧全大局，在東北事變外交問題未獲解決前，先由東北原來的人物出來維護政權，保障三千萬東北三省同胞的生命財產之安全，只有他能輔助張敘帥（張景惠號敘五）完成這一艱鉅的使命。

馬占山覺得東北事變係國家外交大問題，他這點力量，是不能旋轉乾坤的，與其讓日本肆意蹂躪，不如協同張景惠出來收拾殘局為是。所以，他又毅然赴哈爾濱與張景惠及多門中將會議，多門表示日本對東北決無領土野心，希望東北人士早日恢復政權。這樣，馬占山才隨張景惠到瀋陽組織東北政務委員會，由張景惠出任委員長，馬占山復任黑龍江省主席。

不過為時未久，日本少壯軍人亟亟從事「滿洲建國」，挾溥儀為傀儡，粗製濫造的攪出來一個「滿洲國」，一般行將就木的遺老如鄭孝胥、羅振玉之流，固彈冠相慶，熙洽更得意忘形，他公然成了「滿洲開國」的元動，而一般日本人也竟正式出任官吏，那才成了真正「日滿一體」了。馬占山至此想維護東北舊政權的希望完全幻滅，乃假借出巡為名，逃出了齊齊哈爾，再至海倫宣佈抗日。

馬占山離開了齊齊哈爾日本人的勢力範圍，跑回到海倫根據地，再度舉起抗日大纛，東北義勇軍一時風起雲湧，遍地都是。

興安區屯墾督辦鄒作華，是東北軍裡比較傑出的人才，他是日本仕官學校砲科畢業的，於瀋陽事變前，曾經奉派赴歐考察軍事，事變時他尚未返國，所有屯墾區部隊，乃由該部步兵統帶范崇穀指揮，乃馬占山率領部眾抗日，屯墾部隊亦由興安區向海倫方面開拔，道經張海鵬的駐地，張便以重兵攔截，要這些官兵表明態度，這些部隊官長一面支吾張海鵬，一面暗令部隊繞道韃子城。這裡可南可北，能進能退，至此，他們遂宣佈抗日，張海鵬也就無可奈何了。

馬占山得興安屯墾軍參加，實力頓增，他這些抗日的部隊，是以海倫為根據地，以黑河為最後退路，在這一線是梯次配備著掩護兵力的。他已經和日本人妥協過，知道「非我族類，其心必異」，想用容忍退讓的手段在日本人手上拿回東北的領土與主權，絕對沒有這樣便宜的事。他認清他這一次再起抗日，是一場持久艱苦的鬥爭，日本一天不退出東北，他的部隊就得一天幹下去，決無中途再事妥協的可能了。

馬占山憑著他對部隊掌握運用的信心，以及對北滿地理人情的熟悉，以劣勢裝備與日軍週旋，日軍一時竟拿他沒有辦法。

馬占山是四月十二日發表反正的通電，一面在黑河組織黑龍江省政府，一面指揮各路部隊向日軍進攻，他的進攻路線是分三部分：北路向齊齊哈爾；南路向長春；中路向哈爾濱。

當國聯李頓調查團赴哈爾濱時，各路情勢至為嚴重，日軍幾於一夕數驚，這對國際的觀感，大有作用，列強知道日本是不容易吞下這一塊中國領土，不能奴役中國同胞的。

及淞滬協定簽字後，日軍遂將上海參戰的兩個師團，調往「滿洲」，以加強關東軍的實力，然後令駐滿各日軍部隊全力向馬占山進擊。

日人是以獅子撲兔的力量，向馬占山的海倫根據地攻擊，兵力有松本的第十四個師團，配以原駐黑省的村井、長谷兩旅團，如此龐大的部隊，去對付孤立無援的馬占山，當然是遲早要解決。當時全國對馬占山同情的呼籲，響澈霄漢，但都愛莫能助，而政府又無確實有效的支援，馬占山雖然打了幾個勝仗，日軍也頗有傷亡，無奈兵力和裝備過於劣勢，不得不化整為零，從事游擊戰了。

馬占山打游擊戰後，日軍仍不時對他實行「掃蕩」，有一晚他帶著兩營人馬在海倫以北地區潛伏，企圖相機襲擊松木師團，被日軍斥堠部隊發現，拂曉時，日軍主力予以包圍，馬部奮起擊起應戰，漸感不支，遂呈潰散。馬占山本人躲入地窟，俟日軍搜索部隊過去了，才爬出來，找到衛隊，躍馬疾奔。

日軍搜到馬占山的宿營地，發現床上有鴉片煙具擺著，牆上掛有馬占山常披的大氅，大氅上赫然有二星上將的領章，日軍以為馬占山仍未出險，馬上派兵四出細密搜尋，恰好菜地裡發現一具屍首，是一個矮瘦帶鬚的老頭，經過日軍一再查驗，認定為馬占山的屍體無疑，便馬上報告給關東軍司令部，關東軍為此竟上奏日皇，並把馬占山的烟具大氅，恭送東京明治神宮作戰利品陳列，松木且因此晉升為大將。事情委實陰差陽錯得太可笑了。

熙洽出賣吉林後，又圖奪取丁超的中東護路權，遂派其新編成軍的于深徵部，向丁超壓迫，丁超不堪壓迫，便與李杜聯合起來，合擊日偽軍，于深徵的部隊是未經訓練過的，被丁、李兩部打得落花流水，潰不成軍。

此時的馬占山，駐防在海拉爾，滿洲里的蘇炳文又繼起抗日，扣留日僑萬人，即在扎蘭屯成立「東北鐵血救國團」，由張殿九指揮與日軍作戰，富拉爾基一戰，日軍死傷在五百以上。及十二月初，日軍以大量飛機大砲參戰，蘇部才不得不退入俄境。

馬占山在俄國住了一個時候才經歐洲返國，至於李、丁兩部，經俄人許可，准予繳械假道，由西伯利亞轉至新疆，李杜到了重慶，丁超則逃入關內，但他於二十二年又回遼寧隱居，後經日人「特赦」，不究既往，還要他出任安東省省長。晚節如此，可發一嘆！

李杜和丁超的部隊，退到新疆後不久，俄國又把他們的槍枝武器全部發還，這批人槍，盛世才以東北鄉誼的關係，輕輕地收為自己的武力，一夜之間，盛氏竟由新疆督辦金樹仁的參謀長，一變而為新省唯一的實力主腦，就此發動新疆政變，奪取金樹仁的政權，一躍而為新疆王，老上司金樹仁卻到南京因案鋃鐺入獄。由於東北抗日失敗的不幸，加上金樹仁的不幸，就造成了盛世才的大幸了，這話都是從何說起！

蘇炳文部是東北抗日部隊最後被消滅的一個，以後在東北游擊地區活躍的義勇軍，大半是受第三國際的接濟的，與重慶連絡的很少很少。蘇炳文住在重慶南岸彈子石，再起是無望了，日事消極，除了打打麻將，就只有找到東北同鄉，談談白山黑水間的往事。筆者抗戰期間從昆明到重慶之便，以舊友之誼，曾往趨候，他的言行，確實大不如前的有勁了，至於馬占山將軍，當我勝利後回北平，他住在北城景山後街，以職務關係——他曾被任為東北保安司令長官部副司令長官，幾乎每天都要見面，他那時年逾花甲，偶提往事，也是深為太息！

從瀋陽事變之日起，張學良自始至終就沒把這當作一回事，儘管榮臻臧式毅那些人急得跳腳，他卻滿不在乎，一若胸有成竹，優哉遊哉的在北平享樂，真個有東山履折，淝水捷傳的氣概，那知他是毫無辦法，一味等待國際聯盟的解決。張作霖昔日雖在日本虎視鷹瞵之下，而他卻能應付裕如，張學良承其基業，不過三年的時間，把東北大好河山，就拱手送給日本帝國主義者了，「劉景升之子，豚犬耳！」曹孟德這句話，可為定評。

話得說回來，當民國十六年濟南慘案發生時，我國政府也只是抱著懸案留待外交解決，革命軍避免與日軍正面衝突，而繞道北上。此無他，北伐統一為重，免墜入日本帝國主義者撓阻中國革命之陰謀也。瀋陽事變發生，同樣的是中國匪患方亟，無力對外，總想國聯能夠主持公道，合理解決，俟中國內部無問題時，然後再實行第二步的革命工作——對外打倒帝國主義。以後的「攘外必先安內」口號，也就是根據這一方策叫出來的。

九一八事變後，我駐日內瓦代表於同月二十一日向國聯祕書長報告事變經過，並請設法防止事件擴大。不過當國聯調處辦法還未擬好，日軍已北攻黑龍江，南下錦州了。十二月十日，國際聯盟議決組織調查團，可是在二十一年一月二日，日軍已經攻佔錦州，同年十四日，調查團人員甫經決定，十八夜，日軍又在上海挑釁，砲轟閘北了。二十二日，李頓所領導之國聯調查團自歐洲起程東來，而二月五日，日軍又進駐哈爾濱了。總而言之一句話，中國碰到一個國聯，等於是「急驚風遇上了慢郎中」；調查團碰上了一個日本帝國主義者，又等於是「四川猴子碰到個河南佬」，東北問題的前途如何？從這些地方就不難想見。

三月末，日本從旅順把溥儀扶持到東北去組織「滿洲國」，三月一日偽政權公佈中央政府組織法，六日溥儀在長春粉墨登場，舉行「滿洲國開國大典」，溥儀就任「執政」，改長春為「新京」。

四月二日李頓調查團才姍姍地到了瀋陽，這個調查團是由國聯會員英、法、德、意四國代表所組成，又臨時邀請美國加入，但以英國李頓爵士為團長。中日兩國以當事國立場，各派觀察員一人參加，中國方面派的是顧維鈞博士，日本是吉田伊三郎。

這個團是從日內瓦出發，經過日本，然後再到中國。到中國後，在北平曾遲滯了一段時間，因為日本政府和關東軍方面，對於國聯調查團到東北後的日程步驟，以及一切準備等等，固然需要時日，而李頓看到他們出發以後，日本所表現出來那一連串橫蠻的作為，也確實有些躊躇不前了。

國聯調查團於四月二十日由北平專車抵達瀋陽，住大和旅館（即後易名鐵道賓館），於與關東軍司令本莊繁中將，參謀長三宅中將談話，關於柳條溝事變以後種種經過，徵詢至詳。及後會晤臧式臧，毅亦僅能在日本監視下，就可能範圍內容答覆詢問，其他也就不敢多談了。

其後，國聯調查團又到長春，偽滿洲國的人物也接見了，這些人自然是日本人牽著鼻子走的，調查團所見的都是日本人編好的台詞，不過假這些人之口唱出來而已。嗣又到永吉訪問那個歡迎日軍進駐吉林，而最先希承日人意旨，主張「滿洲建國」的熙洽。最後至哈爾濱訪問張景惠，至此，在海倫的馬占山也派了代表至哈爾濱向調查團提出報告。此外，李杜、丁超以及東三省的民間團體都和調查團連絡上了。日本人雖然監視嚴密，可是調查團也應付得法，終能獲悉事變真象與日人在東北之種種罪行。

七月二十日，李頓調查團由東北返北平，開始起草這份有名的報告書，九月四日書成簽字，其建議是耐人尋味的。該團對東北的特殊情形，日俄兩帝國主義者在這一地區的爭奪，與乎中國之被宰割等等，都可以說是一針見血。不過，在絕對的公理與正義上猶有未能盡如人意者，此之謂「弱國無外交」，「強權即公理」，古今中外都是不例外的。

該報告書的建議解決木案的條件及原則，包括下列各點：

（一）適合中日雙方之利益。

（二）顧及蘇俄之利益。

（三）遵守現行的多方面條約。（指國際聯盟條約，非戰公約，華盛頓九國公約等。）

（四）承認日本在滿洲方面之利益。

（五）樹立中日間之新條約關係……以防止未來衝突，恢復相互信用與合作。

（六）使不違背中國主權及行政完整之原則，而得極大的自治權，以適應該三省地方情形及特性。新民政機關之組織與措置，務須滿足良好政治之條件。

（七）維持內部之秩序與安全，以防禦外來的侵略，內部秩序，由得力之地方憲警維持之，撤退憲警以外之一切軍隊。關係國間，並訂立一種互不侵犯條約，以防止未來的侵略。

（八）促進中日間之經濟協調，按照平等互惠原則，訂立適合於改進政治關係的新條約。

（九）國際全作，以謀中國的改造。

報告書更建議如上述原則獲得中日兩國政府接受後，第二步則從速召集一種顧問委員會，以研討東三省特殊行政組織之詳細方案。其實行辦法，大旨是這樣。

（一）顧問委員會由中日兩國代表及按照中日兩國政府各自規定的方式而選出的當地居民代表二人組織之，必要時，可得中立國之協助。

（二）顧問委員會分別討論中日關於權利及利益之一切懸案。不能解決時，可交國聯行政院設法處理之。其討論及解決之結果，可以四項契約規定：甲、中國政府按照顧問委員會之條陳而承認東三省一種特殊政治組織之宣言。乙、關於日本利益之中日條約。丙、中日公斷互助及互不侵犯條約。丁、中日商約。

（三）聘請外國教練，組織特別憲警，以為東三省唯一的軍隊。此項憲警完成時，東三省內中日兩國各種軍警，均須退出。

（四）東三省自治政府的元首，當委任多數國家的人充當顧問，而日本顧問，須佔大多數。

（五）關於憲警及財政，由國聯行政院推薦若干國籍之外國顧問，而由自治政府之元首就中選派二人充任之。
（六）將領事裁判權稍加修改，而將日本人之雜居及商租權，擴及滿洲全部。
（七）最高法院，至少當聘外國顧問二人，其中一人為日人。
（八）合併滿洲所有之中日兩國鐵路，而置於南滿鐵道株式會社指導之下。
（九）東三省政府第一任元首，按照顧問委員會所決定之中國政府宣言中的辦法任命之，此後空缺，即依法任命，或由顧問委員會所決定的東三省內部選舉法決定之。
（十）東三省關稅、郵政、鹽稅以及印花稅、烟酒稅等，除開支外之收入淨數，由顧問委員會平均分給中國政府及東三省政府。

用我們今天的眼光，來看一看這歷史的陳案，就知道當時日本的以強凌弱，而國聯對日本的遷就，無異是承認了既成事實之大部分。

該報告書於十月一日送達中日兩國及其他盟約國，可是等到十月二十一日開始討論時，日本政府早已與其一手造成之「滿洲國政府」訂立「日滿議定書」及日滿軍事協定，我東北的義勇軍如馬占山、李杜、丁超、蘇炳文等部，已被日軍消滅一盡，日本對國聯的目中無物，從這些地方也就可以看出其梗概。

國聯於十一月二十一日開始討論東北問題，復經十九國起草委員會之反覆辯論，最後撰成「十九國特別委員會報告書」，這是日內瓦國際聯盟會於九一八日軍佔領我瀋陽十八個月後，對本案之最後表示。這份報告書長達數萬言，對中日兩國以及遠東與日本在東北之「特殊利益」諸問題，皆依李頓報告書之建議以求解決。而我駐日內瓦代表顏惠慶，對上項建議竟表滿意，我國就此接受了！

查「特殊利益」四字，為日本侵我東北一慣運用的口實，亦即中日兩國間對東北問題所爭執的中心問題。這名詞大家聽得太熟了，也就不深究其內容為何物，而淺識者，反以為日本在東北真有什麼「特殊」的「利益」，我國應該承認的。張學良之不抵抗，是基於這一概念之錯誤：李頓調查團報告書及十九國特別委員會報告書，也就以日本的「特殊利益」為基礎而建議「滿洲自治」。尤其可笑的是，老外交家顏惠慶同樣地抱著這個錯誤的觀念，欣然接受國聯的建議，這真是一歷史上的糊塗賬。

「戰爭是錯誤的積累」，這話是一點也不錯的。國聯由於這一大錯，而使本身形同瓦解，更釀成了德義兩個法西斯國家的野心，因而爆發了二次世界大戰，中國則於八年苦鬥後，又招來連綿的內亂，終於造成赤禍蔓延大陸，讀史至此，惟有掩卷咨嗟而已！

日內瓦正在大做文章的時候，駐在錦州的日軍，以鐵甲車一列開抵榆關（即天下第一關，又名山海關），再度尋釁，我駐軍何柱國第九旅，容忍退讓，暫告無事。

二十二年一月一日，日軍又大舉向山海關進犯，何柱國旅在九門口、前所、高領、城子谷、永安堡之線，與日軍英勇作戰，猛烈異常，營長安德馨壯烈殉國，而此一歷史上的「天下第一關」，旋告失守。

日軍既得榆關，即積極進圖熱河，隨於二月二十三日聯合偽軍李守信等部，三路進攻：一、北攻開魯。這一方面，我方是由崔新五、劉桂堂、馮占海等部駐防。二、中攻北票。這方面是我軍董福亭部扼守。三、南攻凌順、凌南。這方面我軍為于兆麟、孫德荃、沈克等部駐守。

當時，全國一致狂呼抵抗，但上述各部均不戰而退，次日，開魯即行放棄，北票、朝陽旅亦相繼淪陷，二十六日各部退守赤峯、建平、凌源之線。

三月一日張學良聞前線不利，命總指揮張作相及前敵總指揮萬福麟反攻。不料在三日那天，熱河主席湯二虎（即湯玉麟）於敵未臨之先，聞風先遁，扣留軍用汽車，滿載金銀鴉片而去。準備反攻的張作相和萬福麟，見湯既去，形勢突變，也只好另作計劃，收兵後轉，承德變成一座空城，日軍乃於四日以旅次行軍式的開入熱河省會的承德實行佔領。

熱河既陷，舉國惶然，張學良以對東北四省，事前毫無準備，事後更不彌縫，自應負一切失敗責任，而此時汪精衛更因擴大會議之瓦解，實由於張學良之入關參加討伐閻馮所致，一箭之仇，時時在抱，至此，益責張須引咎辭職。張學良在此輿情下，不得不下野出國，至於北平軍分會，此時已由何應欽以軍政部長身分兼任，移節北都，主持一切。

這時，日本以戰勝者之姿態，更加得寸進尺，又向我長城各口進兵，我中央鑒於北國形勢緊急，為防止事件擴大，截阻日軍再進，乃密調中央精銳之師：黃杰、關麟徵、王敬玖、劉勘等，於此時星夜北上，宋哲元二十九軍，以駐防察省，地區接近，在中央允准下，急派所部三十七師張自忠部先行開往黑峪關、喨甲台、喜峯口之線佈防。日軍以為上列各地，仍屬空城，即有防軍，亦必望風先逃，孰料二十九軍張自忠部，處於全國民氣激昂下，便當仁不讓，實行對進犯日偽軍迎頭痛擊，迭奏膚功，予日偽軍以重創，足徵我軍非不能與日軍戰，實因當時國內問題太多，全面抗戰的準備未充，與日軍根本決裂宣戰的時機尚有待而已。關於那幾次戰役，我是隨時在徐庭瑤將軍指揮下，關麟徵、黃杰二將軍左右，所知的較一般為詳，當另文專敘。日軍以長城各口失利，這才改變作戰計劃，由榆關進窺灤東，迂迴我軍後方，因之長城各口相繼不守。五月中旬，平津告急，故宮博物院古物漏夜裝箱南運，這原是怕一旦北平失守，把那些價值連城的國寶落入敵手，詎不知敵人沒拿去，而該院院長易培基卻盜竊了一批古物逃到國外去，這又是國難期中的一種恥辱！

平津既受戰事威脅，中央恐事態再擴大，無法收拾，乃由黃郛主持，命熊斌代表，與日方代表岡村於五月三十一日成立「塘沽協定」，亦即世人所謂「何梅協定」是也。

其後，何應欽離平，中央直轄各師亦相繼南下，由黃郛所主持的華北政務委員會經過一個短短過渡時間，華北軍政重任又落到宋哲元身上，他以冀察政務委員會委員長名義，移駐北平，應付一切，那是華北局勢在微妙間安定的一個時候。宋的佈置是：以三十七師師長張自忠兼天津市市長，三十八師師長馮治安兼河北主席，一四二師師長劉汝明繼宋本人任察哈爾主席，二十九軍參謀長秦德純為北平市長，總參議張維藩任平綏鐵路局長，參謀處長陳繼淹為北平市警察局長。這些人為應付環境，日夕以河北省銀行所發行之兌換券，與日方軍政界人員，百般週旋，華北即於此容忍苟安局勢下，維持了一年多的時間。

當中還有殷汝耕的叛國，在北平近東之北通州，組織偽冀東自治政府，我政府既抱定忍辱負重的決心，只有暗中積極準備，想不到二十五年的西安事變，促使中日間戰事早日戰發，二十六年七月七日，蘆溝橋事變遂起，乃揭開了八年抗戰之幕矣！

八、長城兩大戰役

（一）喜峯口之戰

自「九一八」事變發生後，張學良的不抵抗主義引起了日本帝國主義者無饜的野心，日本駐在東北之關東軍遂按著預定的侵略藍圖，完成它佔領東北的計劃，向熱河及冀、遼邊區各要隘逐步前進，企圖一舉進侵全部東蒙地區。

二十一年一月一日，日軍大舉進犯榆關（即山海關，又名天下第一關），東北軍第九旅何柱國部（何係日本士官學校畢業），總算還能奮起抵抗，予敵重創。但也因眾寡不敵，所以只血戰三日，榆關終於失守了。

榆關既被日軍攻陷，第二步自然是進侵熱河。當時偽滿洲國還發表一個攻勢聲明，儼然宣戰性質。於二月二十三日，日、偽軍聯合起來向熱河進犯。

其時，張學良在熱河方面的部隊，論力量尚堪一戰。如果敵軍分三路來犯，南路方面，我有于兆麟、孫德荃、沈克等部隊駐守；中路方面，我有董福亭部佈防；北路方面，我有崔新玉，劉桂堂（綽號劉黑七）、馮占海等部迎戰；照理說，是應該可以打出一次有聲有色的仗來的。誰知道這些部隊長都得了張少帥不抵抗的衣鉢真傳，紛紛不戰而退，所以二十四日開魯失守，二十五日北票、朝陽相繼陷落，二十六日全線撤至赤峯、連平、凌源之線，整個熱河全線都動搖了。

在北平的張少帥，聽到熱河前線部隊戰爭不利的消息，馬上命令張作相和萬福麟趕往督戰，計劃反攻，不料這兩位老將尚未抵達前方，而在承德的熱河省主席湯玉麟竟於敵軍尚未臨城之際，聞風先遁。並且使用軍用卡車，忙著搬運他自己的私產，滿載黃金和鴉片烟向北平逃去。這就是湯玉麟的棄土（國土）保土（烟土）主義，比張學良的不抵抗主義又「前進」得多了。

張作相和萬福麟看見湯玉麟一跑，認定熱河已在亂糟糟的情況下，難以收拾，心裡實在有點慌張，那裡還有勇氣去指揮部隊，從事反攻呢？於是便連忙帶著部隊向南急轉，退入長城口內。此時的承德只剩下一座空城，一百二十八名日軍，遂於四日那天大搖大擺地舉行「承德入城式」。這一頁抗戰醜史，說起來真是可恥可痛！

還好，繼承德撤守後，還有宋哲元的喜峯口（位於冀遼邊區，為長城要口）抗戰，疊予日寇以重創，而大刀隊殺敵，尤其一時傳遍中外。我全國人心異常振奮，這一役是值得大書特書的。

喜峯口之戰，是由於日軍輕易取得了熱河全境，野心愈來愈熾，遂繼由東而西的向長城各口進犯，其視我軍如無物，也就昭然若揭了。所以宋哲元二十九軍之創敵，益見其為難能可貴！

但是，宋哲元的部隊，又是何時何故開到喜峯口去的呢？這件事還得回頭補述一番。

因為十九年中原大戰後，宋哲元本人是率部跟隨馮玉祥進入山西的，而西北軍這時也形同瓦解。韓復榘、石友三早於十八年在馮第一次叛變時歸順中央，及在馮第二次稱兵失敗，孫良誠等又相率向中央輸誠，此時此際，只有宋哲元始終跟著馮玉祥東奔西走，不忍臨難相棄。

當中原大戰時，宋哲元係以二十九軍軍長兼任陝西省政府主席，馮於中原事敗後入晉，宋亦拋棄陝西省主席率軍開至山西長治一帶，暫時駐防。等到閻錫山從大連飛返太原，他重彈山西「門羅主義」的老調，宋哲元部既入山西腹地，閻之內心當然不願有外軍（即非山西部隊）夾雜在省境以內。但西北軍既和他有過那一段並肩作戰的因緣，此時又不便下逐客之令，真是有苦說不出，若是把宋哲元擠出山西，仁厚的閻老西也不會幹的，他總得為宋安排一個出處。

恰好，湯玉麟這時不戰而棄熱河，東北軍的聲譽日益低落，原任察哈爾主席之東北軍的劉翼飛，當然也是不能繼續幹下去的。百川乃乘機力向中央保薦宋哲元出任察哈爾省主席，一則令西北軍早日離開山西省境，使門羅主義得以實現，再則示惠於宋哲元，使晉綏（那時綏主席係傅作義，為閻之嫡系人物）察打成一片，這樣一舉兩得，不能不說是閻百川的如意算盤。

宋奉准出主察省，部隊自然也要隨同前往，而那時正當日軍在熱河耀武揚威之際，察東幾縣已在日軍瞰制下，長城東部的義院口、界領口、冷口等險要關塞，均已先後淪陷了。日本飛機隨時向察省挑釁，隨便低飛偵察，濫施轟炸。所有察東各縣如多倫、寶昌、商都等地，均遭日軍的姦淫擄掠，人民憤恨已極。同時，日軍佔領承德後，猶認為不滿足，又命關西勁旅第十師團及九州勁旅第十二師團，向長城要衝喜峯口進犯。

宋哲元的二十九軍，共轄兩個師，即三十七師馮治安部及三十八師張自忠部。這兩個師分駐下花園、宣化、涿鹿一帶地區。這一帶都是接近長城的地方，緣日軍從承德移動時，張、馮兩師奉命嚴密戒備。宋哲元並為立功取信起見，即向中央請纓抗敵，政府當密令其相機予日寇以痛擊，不使現狀再有變動。宋在中央允准下，乃以所部張自忠之三十八師，調防喜峯口之線，以迎擊來寇。

喜峯口一帶原是重山疊嶂，崗巒起伏，的確是善用兵者一個最好的殲敵場。

雙方接觸後，日軍的攻勢無疑是很熱烈的，不過日軍指揮官的戰法，可說師承仕官、陸大之所學，墨守成規，一成不變，一切按著典範令的條文去實行。從中日戰爭開始到結束，一貫是如此。所以每逢一次戰役，他們照例是採用拂曉與黃昏兩次最猛烈熾盛的攻擊，我們如果能抵抗得下來這一攻勢，這陣地就守得住了。到了晚上，他們是養精蓄銳，放倒頭睡大覺的時候。

二十九軍看破了日軍這一弱點，白天盡力避開敵人的火力攻勢，憑藉工事，固守陣地；到了晚上，就以組成的敢死隊，持著大刀，向敵人陣地匍匐前進，摸到了他們的槍砲射程內，令到敵人武器失掉效力的時候，大刀隊個個爭先上前去砍殺。日本官兵作夢也想不到這種十九世紀的武器與戰法，竟是這樣的厲害，都為了咋舌不已。而日本人又是個個深信迷信的，它們認為頭被砍掉，死後靈魂便不得輪迴，永遠淪於十八層地獄，受無邊苦惱。所以見到二十九軍的大刀隊，刀光閃閃，目光灼灼，幾乎就魂飛魄散，手足無措了。加之西北軍的武術和器械體操，本來就是有名的，日本人那裡能擋得住？宋部這一戰法，連日軍的砲兵指揮官的頭也被滾西瓜了。這一次日軍先後被殺者不計其數，他們臨時練習大刀又來不及，但又沒有躲避的方法，所以日軍一到夜間就戰戰兢兢的怕二十九軍的大刀隊光臨，愁眉苦臉無計可施。只要一聽到大刀隊衝入陣地的時候，全體官兵就嗚啦嗚啦地紛紛逃命。

想起來又好笑，那時全國對二十九軍的為國爭光，咸表敬仰，當然沒有話說，就是若干國軍部隊，也群起而急於大刀隊的訓練，好像這一類原始武器比較新式武器的威力還猛烈百倍。一般不求軍事科學和在戰略戰術上求進步的部隊，竟以一時意外的收穫，作為永久的經驗，這是不應該的。須知二十九軍也是在火力過份低劣的情形下，不得已而為之的舉動，又豈可以以此為訓呢！

固然，在進入敵人火力射程內，白刃相搏的時候，大刀是有用的，無奈今天的戰爭，是「火力壓倒火力」的科學戰，日本軍隊的劈刺術，也是很有名的，但和美國人作戰，起先也得過便宜，可是後來美國人的火海攻勢實現後，劈刺術就毫無用場了。

這些話是就便說說的，不過希望國軍在軍事科學上努力的意思。其實，二十九軍大刀隊那種殺敵的精神，當然是值得歌頌的。尤其是當東北軍節節後退，士氣低沉，全國人心悲憤的時候，二十九軍首先為國軍樹立聲威，使舉世人士對國軍作戰力有了認識，使日本軍閥知道暫時適可而止，二十九軍的功績是不可埋沒的。

在那一次戰役中，二十九軍也真夠艱苦了，以那樣劣勢的裝備與兵力，當敵人兩個最精銳的師團，並且與敵人在喜峯口山地週旋達三個月之久，這的確盡了最大的努力了。

以後七七蘆溝橋事件突起，最先為國捐軀的趙登禹師長，當在喜峯口作戰時，還是劉汝明部一四二師的一個旅長，因為作戰努力，迭創頑寇，就在陣前晉升為師長的。

二十九軍不但大刀隊殺敵，博得人們的贊佩，而且還想盡方法，出奇制勝，也是了不起的一件事。當他們火力不如敵人的時候，他們就用紙人為疑兵，用爆仗偽裝機關槍，使敵人迷亂方向目標，這樣吸引住敵人的火力，再出奇兵迂迴敵後突擊，也得奏了奇功。那時北平的紙紮店忙於為二十九軍紮紙人，糊戰車，做大砲；爆仗店的存貨，也為之搜購一空。這是窮人的窮主意，那些平日只想吃空缺，耗糜國帑，一到打仗，就毫無辦法的部隊，對此，豈不是應該愧煞！

二十九軍因在喜峯口使用大刀而馳名全國，這造成了爾後冀察特殊局面的實現。原來在二十四年的冬天，日本藉口華北抗日氣氛濃厚，對兩國邦交頗有妨礙，因而要求我國將華北五省特殊化。這五省包括河北、山東、山西、察哈爾、熱河。當時中央抗戰準備未週，不得不忍辱負重，於是表面上與日寇週旋，允許將冀察兩省設立政務委員會，類似自治性質，而政務委員長一職，就委派宋哲元出任。

這就是後來宋哲元出任冀察政委會委員長的由來。不過，日本人利用宋氏之因，乃是看他頭腦簡單，易於駕馭，殊不料宋氏人雖老粗，但國家民族意識非常濃厚，所以七七抗戰起，便奮勇殺敵，露出來與敵人決不妥協的真面目。至此，日寇懊悔當初認錯了人了。

抗戰第二年，宋擔任第一戰區副司令長官，駐守鄭州，因血壓過高，難任煩劇，蔣委員長對他非常倚重，無論如何，要他帶職休息，把病治好再說。宋奉命後，擺脫一切軍務，帶著參謀處長陳繼淹到湖南衡山去休養，在南嶽住了一個時期，親自在半山明鏡台附近督建一個紀念亭，把他的副軍長佟麟閣，師長趙登禹的抗戰殉職經過，勒碑豎立亭內，永留紀念。這個地方，山氣葱鬱，遠望湘江如帶，佳林蒼葱，俯瞰群山似拳，英雄事蹟，與名山同壽，這是後人永難忘記的！

那年正是湘北告急，杜聿明部邱清泉師，奉命移防南嶽，鞏固後方，中央並召集高級軍事將領於衡山，舉行軍事會議。是時，作者也躬逢其盛，隨杜將軍在南嶽小住，每於夕陽西卜時，與宋氏相遇於水簾洞、會仙峯之間，異地逢故知，格外親切。並承不時約往寓所，包餃子，拉麵條，共嘗北國滋味。屈指數來，荏苒光陰，又是二十多年前的事了。

當時，白健生將軍覺得廣西山川秀麗，適宜宋將軍病體之療養，就接他到陽朔去住。雖然「桂林山水甲天下，陽朔山水駕桂林」，但南方卑濕，北方人總是過不慣的，他想回到北方去。第一步遷重慶，在南溫泉住了一個時期；再移往灌縣，又住了一年多，病仍不見好。後來他決計搬到陝西的蔡家坡子，想不到路經綿陽時，病勢轉劇，遂於民國二十九年四月五日「清明節」逝世於綿陽旅次。這些都是後來的話。

喜峯口戰事之結束，一方面因為日本人對東四省的佔領未臻鞏固，不願為二十九軍所拖住而消耗損傷；一方面宋哲元也不願意戰事擴大，使中央無準備的時間。所以日軍退出長城各口後，戰事也就停止了。不過，日本人丟了這次臉，心是不甘的，所以不久又有古北口之戰。

這裡提起另一插曲，就是二十九軍在喜峯口抗戰後，馮玉祥以全國讚美二十九軍，無異是對西北軍身價增高百倍，他這時如果乘機出來造點事端，豈不又可捲土重來，與中央爭一日之長呢？於是他就在察哈爾省會之張家口來興雲佈雨了。

二十三年春，馮玉祥邀同吉鴻昌、高樹勛、張允榮等十一人，發起組織「抗日同盟學會」，嗣以方振武、阮玄武等相繼加入，又改稱為「抗日同盟軍」，以收復察東失地為號召。那時，馮任當然總司令，方振武任副總司令。馮雖想拿二十九軍做他的本錢，但宋哲元不為所動，把察省主席派佟麟閣代理，宋本人則經常住到北平去。至於部隊方面，亦只有彭國珍一個團在張垣擔任警衛，勉強歸馮節制，宋本人始絡不肯捲入漩渦，作馮的冒險犧牲品，就是彭國珍這個團，宋也幾度要求歸還建制，但均為馮所拒。

馮玉祥既扯起抗日同盟軍的大旗，缺乏隊伍究竟不像樣子，於是只有招收口外一般土匪來充實個人實力。那時幾個有名的匪首如李忠義、張仁傑、馬冠軍、富春、鄧義、杜光明等，均相率投向「抗日同盟軍」的旗下來胡鬧一陣。

這時，中央正在全力剿匪，怕馮玉祥惹出外交麻煩，又無形中與共黨相呼應，遂一再勸馮不得輕舉妄動，同時使者、說客又絡繹於途。而宋哲元那時對馮這種攪法，認定一定要糜爛察哈爾地方，彼本人雖經常住在北平，但對馮深感頭，因是也力勸他謹慎從事。而那時各方面對馮所玩的把戲，並不同情，馮為顧全個人體面，就說非收復察東各縣失地，決不罷休。

天曉得，那時日本第一步計劃是佔領東北四省，徐徐消化，對內蒙方面野心不大，因是察東方面並沒有重兵進入。並且日本正希望著中國內部自己搗起亂來，以便藉口出兵，所以察東並沒怎樣打，只讓「抗日同盟軍」那些收編的土匪，擾攘得鷄犬不寧而已。

馮玉祥看見起事不成，於多倫收復後，僅就張垣下堡建築一座高大的「抗日同盟軍陣亡將士」紀念塔，一度集合所謂同盟軍官兵，舉行一次公祭儀式，即此便偃旗息鼓，乘機下台。當他離察去泰山之際，宋哲元派所部官兵護送他到冀魯交界地區之德州，由此往南，再由當時魯主席韓復榘派兵將馮迎至泰山，擇地休養。

馮離張垣後，方振武、吉鴻昌等仍未就範，率領那些「同盟軍」由察東轉趨河北，中央除令龐炳勛軍在宣化、下花園一帶截擊外，並令二十五師關麟徵部，由北平馳往順義兜剿。

我那天正在開的北平宣武門外下斜街司令部，關將軍奉令後，即緊急集合部隊，於當日下午四時許，經由平郊之北苑防次出發，我便隨著部隊與關將軍同車離開北平。

部隊經一晚的急行軍，當夜到達順義，就在城郊附近幾個鄉村分別佈防，速成簡易工事。方振武、吉鴻昌等部，是由北平之北經延慶、居庸關一帶山地出昌平而竄順義的，國軍佈防的村落，正扼昌平至順義的咽喉，所以堵截得恰到好處。

記得次日黎明之際，我與關將軍蹲在一座短牆下，用望遠鏡瞭望著前方，一會兒，遙見方、吉的部隊蜿蜒踉蹌地南來了。關部伏兵突出迎擊，一時槍砲齊發，方吉兩部連展開都來不及，立時就分別被關部重重包圍。那些土匪式的部隊，一經包圍便慌了，馬上放下武器，舉手投降。不久，關部情報參謀來報告說：「南竄同盟軍已全部繳械，方振武、吉鴻昌兩人，並且分別被俘擄了。」

關將軍除指令將繳械的方、吉部官兵分別扣押安置外，並令將方、吉兩人押解到該師臨時司令部，旋向北平軍分會報捷，詳報作戰、俘獲各情形。

當天下午，河北省政府主席商震，十七軍軍長徐庭瑤等就趕到前方來了。午間在一個村子裡擺了一席酒，方振武、吉鴻昌均在坐。商震說方振武等原是國家將領，在未定罪前，應該客氣點，邀彼等一同列席宴會；餐後再遵令送彼等赴北平，聽候軍事裁判。

商震和方振武原是把兄弟，當方振武未進村屋前，商趨前與之握手，喁喁私語，安慰有加。飯後又拉方到外面談了一陣，然後才進屋子來。嗣後又說由他把方、吉兩人帶走，送到北平聽候何敬公處理。徐庭瑤將軍當時就說，應由二十五師派兵押解。商震說：「在本轄區內我還不能當家嗎？」徐未便再事爭持，方振武就上了商震帶來的一輛掛有「河北省政府」牌子的小轎車，於黃昏時由商的衛士押著，吉鴻昌另車由二十五師官兵護送。

裝載方振武的汽車，一出莊子，就領先疾馳，走到順義、北平間之清河電廠地方，那輛汽車就停在路旁稍作等待，等到吉鴻昌車子到達時，商震之護送官兵，宣佈方振武在中途失踪。二十五師官兵聞訊後，回到順義急報師長關麟徵，關將軍聽後急得跳起腳來，一面嚴令搜索，一面向向軍分會報告。但首要的是北平軍分會接到方振武俘獲情形後，已據實轉報中央了；同北平的各晚報，多出號外，這消息一來，又怎樣辦呢？

當時關部雖奉令分途追緝，可是那個地方是四通八達之地區，東可至通州，西可達門頭溝，南可抵河北各縣，北可以逃回昌平山裡，道路交叉，且又在深夜，究向那裡去尋找呢！亂搜一陣之後，商主席說到北平去見了何敬公再說吧。

何敬公知道這是商震玩的把戲，可是也沒有辦法，只好趁風轉舵，下一道命令說：「念方振武以往對黨國不無微勞，准其出洋自新」云云。

該死的吉鴻昌，當然是要判處死刑，便與河南匪首任應岐一同在北平執行槍決。這時，馮玉祥則正寄情於泰山山水之間，大做其「丘八詩」呢！一場叛國的罪行，全部由別人替他承担了。

(二) 古北口之戰

二十一年榆關棄守，熱河繼之淪陷，日軍於佔領承德後，乘勝進逼長城各口，旋冷口、馬蘭峪、界領口、義院口，均入日軍之手。冀遼邊境已撤離藩，華北形勢頓呈危殆，人心之憂懼，幾於不可終朝！

我們先說說當時華北人民逃難的情形，正如同一群小鴨子看見了天上的老鷹一樣亂飛亂叫亂竄，有的向西北遠處遷移，有的逃往上海，也有的就近避到天津的英法租界，或進入北平的東交民巷使館去托命。

這時候天津租界和北平東交民巷的房間租值，是直線上昇的。平時每月租十元八元的，這時也漲成七八百元，有時拿這樣大價錢還租不到。錢少點的，就在六國飯店，利通飯店，這些旅館先行住下，過一天，算一天，待著瞧吧！記得有一位收藏家，他有一部唐宋孤本，價值很大，當時在東交民巷找到一個馬棚存放，但月租已漲至六百元，並一次要交三個月的租值，那時候紙幣與銀元同價，聞之令人咋舌！

恰好二十二年那年東交民巷為日本使館值年，就宣佈根據一九〇一年的條約規定，東交民巷為外人居留地，華人無權居住，亦不得存放物品，一經查出，即行沒收。這一下子，可使華人受損失者不少。

有些住不起東交民巷，或者有錢也租不到房屋的人，沒辦法可想，就在東城哈德門裡接近東交民巷的地區，如蘇州胡同、船板胡同、鎮江胡同——這些地方叫做使館保衛界，去想辦法。好像是只要沾點洋氣的地方，就多一層安全感似的。這個依賴洋人的心理，近似張學良的不抵抗主義，弄得人民失去了民族自信心。遠自鴉片戰爭失敗清廷由夜郎自大變而為畏洋媚洋的政策，養成了中國人一種民族自卑心，所以逃往租界求保障之風，其由來久矣。

自二十九軍在喜峯口抗戰之後，日寇雖暫時休戰，然其侵略野心，並未因此而稍戢。所以日本在長城各口的兵力部署，十分精銳而雄厚。計自榆關向西延伸，陸軍師團就有三個，騎兵旅團就有一個，而且其勢洶洶，好像隨時都找機會向華北侵略的樣子。在我中央政府方面，對日本軍事行動也看清了它的企圖，因之也決定了一個抵禦辦法，由當時所謂戰略名家楊杰擬定之，自長城各口去殺敵的計劃，這個辦法，自然還是「攻勢防禦」，目的只要挫敗日寇凶鋒，為我長期抗戰作準備。

根據這個計劃，中央軍第二師、二十五師、八十三師、八十七師等四個精銳部隊，分自津浦、平溪、隴海各路北上增援。

這一次的行軍，是極端祕密的，火車箱窗戶緊閉，連車皮也蒙上布篷。外面看不出一個兵，沿途經過各站，除了加水上煤，火車是不停留的，真是個「排雲馭氣奔如電」，連車站的員警；也多不知道車箱裡裝的是甚麼東西與甚麼人物。火車到達目的地後，人們才知道是軍隊開到了。

八十三師、八十七師這兩部官兵，均在平漢路北段之望都、涿州、良鄉、長辛店等處下車，先頭之二十五師在北平的安定門下車，第二師則在通州下車。

第二師和二十五師這兩個部隊，一下車立即開往北平之昌平、密雲、南天門、古北口沿長城之線佈防。

第二師師長是黃杰，二十五師師長關麟徵，八十三師師長劉戡，八十七師師長王敬玖。這四位青年將領，都是黃埔軍校第一期畢業，四個部隊，又是國軍中最精良的勁旅，不過這是就本國軍隊的比較而論。以視日軍之素質、裝備，就未免相形見拙了。但古北口、南天門之戰，我們仍能以劣勢裝備，造成輝煌戰果，這愈見其是難能可貴！

這方面那一仗是第二十五師和第二師兩個主力與敵人接觸的，而且也打得最好——作者又與兩個部隊高級官長多事接近，因之進入戰場甚多便利，所以對當時的作戰情形，極為清楚。這裡所述，是偏重第二師和第二十五師的作戰情形。要了解這兩個作戰的部隊，得先了解這兩個師長的經歷，所以在敘述戰況以前，先作點人物的介紹。

我們現在按著番號次序，先來說黃杰師長。

黃杰字達雲，湖南長沙人，他的老家在長沙的東邊叫做榔粟市，因為毗連瀏陽，所以有人誤傳他是瀏陽人。

他的祖父遜是清舉人，在地方上頗著聲望，父親也學識淵博兼明醫理，富有民族思想。遜清末年，加入革命鼓吹排滿運動，以後，曾在新疆金樹仁那裡久任軍醫職務。

在這樣一個書香世家，家教又嚴，他自小就讀了不少的線裝書本，能文章，工書法，中學畢業後，曾充當小學教員。

他是夙抱大志的人，這種吃粉筆飯的生活，當然羈勒他不住，因此，就脫下了那一襲長衫，跑到軍隊裡去工作。恰好那時廣州革命政府創辦黃埔軍校，招考軍官學生，他就和他那個部隊的連長孫常鈞，同道投奔黃埔去入營，曾任湖南省政府保安處長的李樹森，還是那時黃杰連裡一個列兵，後來也都成了黃埔軍校一個同學，加入了革命的行列。

黃杰在軍校第一期受訓之際，是編在第三隊，王叔銘是和他同期同隊的同學，現在他們兩人在自由中國，一個總領陸軍，一個總領空軍了。

民國十四年東征討伐陳炯明時，蔣總統的基本部隊是王柏齡和何應欽的兩個教導團，黃杰畢業後，便派在何應欽這個教導團當見習官，惠陽克復，留軍校二、三、四期學生任地方防守，第一期已任軍官之學生，則隨團出發轉攻汕頭，時黃已任排長了。

十五年二月何應欽代理第一軍軍長時，他升為連長，該軍黨代表為周恩來。周原任黃埔軍校政治部主任，到第四期以後，則調任何之第一軍黨代表。

從廣東北伐，第一軍轄下三個師：計第一師師長王柏齡，第二師師長劉峙，第三師師長顧祝同。那時黃便派在顧祝同的第三師任營長。

何應欽任東路軍總指揮兼第一軍軍長，奉所部第三師顧祝同進擊閩浙，一二兩師則由蔣總統親自率領經曲江入湖南轉江西出長江去了。顧部打到福建後，周蔭人部曹萬順歸降革命軍，閩局敉平，黃杰那時亦升到團長職位了。

二期北伐，他很有戰功，到十九年，胡宗南長第一師，駐防江蘇蕪錫，他以副師長兼任旅長。在黃埔一期同學中，胡氏爬得頂快，次於胡氏者，就算黃杰。真所謂同學少年多不賤了

黃氏在二十一年二月接長湯恩伯的第二師，部隊駐在隴海線上。這時部隊是三三制，即每師三旅，每旅三團。第二師轄三個旅，旅長是王仲廉、鄭洞國等

就在這一年，他率所部第二師官兵，由河南璜川進入湖北麻城山區，對匪攻擊空前猛烈。嗣以該師傷亡至重，乃調回隴海路整訓，整訓後，編成鄭洞國之第四旅，羅奇之第六旅，另趙公武的一個補充團，全師共為五個團的兵力。及至二十二年春，該師奉命北上，參加長城各口的防禦任務。

說起來他的文學修養，確不是一知半解的附庸風雅，無論作詩填詞，都有他的一套。其作品散見於報章者甚多，雖不能說是何等名家，然立意甚有境界，造句不事雕琢，脫口而出，自有妙境。充當他的祕書，不是一件容易的事情，他一看到所擬的文稿，稍不如意，便登時丟在一邊，

親自動手，而且所擬的確實高明；或把原稿稍微更換一兩個字，真是恰到好處。自然，作為一個軍人——衝鋒陷陣，上馬殺敵，固屬天職；要是過於粗，興來拔劍拉槍，令人不可向邇，那也是要不得。必也，於剛毅勇猛之中，加上點風流儒雅的氣質，所謂「緩帶輕裘羊叔子，羽扇綸巾武鄉侯」，那就可敬可愛了。尤其是缺乏幽默感的中國將領們，這點修養，都很需要的。

當古北口戰鬥劇烈之際，他的前進指揮所設在南天門山坡上的一坐小廟裡。作者當年曾為他寫過一篇「廟中訪師長」的訪問記，對他的戰場生活描寫甚詳。後來他駐防北平，常常到我的報館裡來找我，有時我的事務忙亂，稿件又多，他興之所至就把軍裝一脫，坐下來動手為我編寫。紅筆、剪刀、漿糊用得非常熟練，同人們都稱他為「將軍編輯」呢！

說到二十五師師長關麟徵，則與黃杰另一風格，一個是具有北方人的沉毅，一個是有南方人的精敏；外表一胖一瘦，尤其是顯著的不同。可是有一點，關與黃同樣愛好讀書，黃的書法國學都有根底，是遒勁中含有嫵媚之態；關則精於大草，作劈窠大字，龍飛鳳舞。黃於軍事學之外，對學問之興趣，側重於性靈，故對於詩詞，特別愛好；關呢，一方面注意軍事，一方面對哲學、古兵經以及周易研究尤勤。

關字雨東，陝西鄠縣人，他既出生在希涵以西的閉塞之區。又何以能得風氣之先，趕上黃埔軍校的第一期行列呢？原來黨國元老于右任是他的鄉前輩，那時于任靖國總司令，經于氏的介紹，他就考進了黃埔第一期，同期同學中，他和宋希濂的年紀最小，那時候關還只是十八歲。

可是，他的身軀魁梧，不愧是一個關西大漢；秉性又聰明，很得蔣校長和其他各級師長的愛護，編在步兵科。他不但對典範令以及各種教程很有研究，而對大軍統率學尤其用心，東征與討伐劉楊諸役，迭奏膚功，遂邀元戎特達之知。

十五年北伐時，他已經當到了營長，嗣後向長江下游推進，他便被調升為徐庭瑤的第四師裡面的團長。

單簡的說，從東南平定以至北伐完成，他幾乎總是站在第一線，勇往直前的。

十六年蔣總統為桂系所迫，宣佈下野，革命中樞，陷於群龍無首，北伐軍事停頓不前的狀態。這時他首先組織黃埔同學會，擁護蔣先生繼續領導北伐，又與李元凱兩人密往奉化敦勸。蔣總統之所以能旋仆旋起，身繫安危，黃埔同學會是最有力的一個支撐。由此可見關氏不但是一員戰將，而且又富有組織力。

討馮之役，他的一團，每每是擔任攻堅的任務，為當時張治中的教導第一師增色不少。

二十一年金家寨一役，論首功是關麟徵的，而衛立煌卻因此成了大名；金家寨且因此改為立煌縣，這是一件很滑稽的事。其實那完全因為關當時只是一個旅長，衛立煌是軍長，位高功大，無形中就把職位小的掩沒了。

徐向前在皖北吃他的虧不少，徐下面一個最驃悍的蔡申熙，就是被關旅當場擊斃的。二十四年江西共黨殘餘突圍到了川黔邊境的平南縣，共黨曾把該縣改稱申熙縣，來紀念這個不及看到人民翻身的信徒。

不過，真實的戰績，終歸不會埋沒的。當皖北肅清後不久，中樞考核他歷次戰績，功當受賞，遂升他為第二十五師師長。及二十二年宋哲元部喜峯口抗戰後，日軍圖華益亟，長城各口，寇騎縱橫，華北局勢，惶惶不可終日，他與黃杰、劉勘、王敬玖等師，同時奉命北上增援。

二十五師轄下兩個旅：一由副師長杜聿明兼任之七十五旅，另一為梁凱任旅長之七十三旅。師直屬部隊除騎兵連、砲兵營、工兵營、輜重營、通信連、特務連外，另有補充兵一個團。

黃比關大五歲，黃現在是五十五歲，可是在二十五年前的今日，則英姿秀發，同是少年得志的風雲人物。

記得在古北口戰爭進行時期，北平的新聞工作人員，多與彼等發生友誼關係，時常發出有關的新聞，因是鬧出很多有趣的笑話。例如遇到一段戰事消息，報紙上標題如用關黃兩師，黃部友人中則表示不快，因為把黃字壓在關的下面了；若是用的黃關兩師，相反方面的又是不願意。今天雖是事隔二十多年，想起來仍是一個很幽默的事情。

當然，他們兩位並不會為此事而有芥蒂，但雙方部下好勝的心，在所難免。如今大家都是霜侵兩鬢的人了，尤是他們兩位雖則是寶刀不老，而修養也爐火純青了，偶然回想起當時大家那種好勝的心情，卻又不勝其依戀之至。但時間消逝，卻是一件拖不回來的事情。古北口的人情事物，是永遠印在我的腦子裡的。

八十三師師長劉戡和八十七師師長王敬玖兩部，是駐防在平漢鐵路北段之涿州、琉璃河、長辛店之線。這兩個部隊，我除和師長及較高級的官佐常有往來外，部隊方面，我接觸機會比較少。以後抗戰發生，劉麟書（劉戡）、王又平（王敬玖）兩將軍分在西北東南地區執戈殺敵，我則在西南戰場隨軍工作。民國三十七年戡亂時，劉將軍於攻下延安後殉國。我既悲悼國家痛失元良，更前此少事交接錯過一個結識國士的機會，三十八年我從北方携眷自滬到閩，以又平兄擔任第十編練司令，方子珊兄（先覺，曾於抗戰期間在昆明共事兩年）任其助手，駐防閩南漳州，我特由福州經廈門耑程往晤，舊雨重逢，承他們兩位熱烈歡迎，一見面把我雙手緊緊握著，半天說不出話來。我在漳州與他們傾談三日，當時，他們還有意向朱紹良主席推薦我在福建辦理行政督察工作，以利兵源之補充，惜我那時另有事務，急待轉赴廣州，辜負了兩位好友的盛情。今日寫來，猶覺歉仄無已！

話題愈扯愈遠了，我們還是講回頭來吧！

是說，中央部隊北上增援後，八十三師、八十七師停駐在涿州、良鄉、長辛店一帶，第二師、第二十五師分向北平以北的昌平、密雲、石匣、南天門及古北口一帶趕速佈防。這四個師統屬第十七軍軍長徐庭瑤將軍的建制，這項指揮的任務，原先中央是有意交給楊杰的，嗣以開入華北的四個部隊與徐月祥（庭瑤）的關係深切，乃編成一個軍由徐來指揮。

當部隊到達北平防地時，正是北國的仲春季節，草木初蘇，春寒正濃，所謂乍暖還寒時候。中央軍多是南方健兒，沒有適應北方禦寒的裝備，只憑著一襲薄薄的灰棉布軍服，在料峭的寒風中戰抖，完全是靠那一股愛國的勇氣，熱血沸騰，就暖於挾纊了。到三月初，駐古北口外的日軍第八師團西義一所部，向古北口西的白馬關、西唐路、大火峪和東邊的曹家路、唐子谷等處我陣地移動，這五個地方，都是古北口重要的關口，我守軍在此情況下，當然要予以殲擊，於是，雙方戰鬥遂起。我方部隊最先和日軍接戰的，是關麟徵部的第二十五師。

這是一場最熾烈而艱苦的戰鬥。國軍裝備比日軍差得太遠了，每一個連，當時平均只有一挺重機關槍，這是全連官兵槍存與存，槍亡與亡的唯一自動武器，其餘就是迫擊砲、輕機槍、步槍和駁殼槍。可憐見的，這些盡是近距離的武器，如何能和現代化裝備的日軍戰鬥呢？口軍的火力構成方式，是先用飛機轟炸我方陣地，摧毀了各項工事設備後，再以飛機上的機槍更番掃射，使我陣地官兵無法動轉，然後才以坦克車開路繼續砲轟，他的步兵便跟著前進。我軍官兵作戰經驗，以往只是與北洋軍閥和流竄的匪類打仗所得來，那兒遇過這樣大的陣仗？所以在戰場上很吃些虧。我軍唯一能夠支撐的，是指揮官和各級部隊長的毅勇與機警，憑他們的戰鬥經驗，靈活運用劣勢裝備，以巧取勝。那時，我常身臨戰地到第一線去採訪戰訊，親眼看到關師長和杜聿明副師長對部隊掌握的確實，隨時捕足有利的戰機，發揮部隊最大的戰鬥力。對於這些，我只有咋舌和翹起大拇指的份兒。關杜兩位對戰鬥的樂觀和信心，使我的戰地通訊，敢於向後方讀者開出勝利的預約券！

同時，中央軍對戰區的軍民合作做得非常徹底，軍隊紀律又好，現錢交易，公賣公買，使人民樂於協助軍隊作戰。這是古北口戰役又一有利的支柱。

最苦的情形是後方增援部隊開不上去，所有交通路線，都處在日軍的飛機威力圈之下，日機自朝至暮穿梭般的在平古大道上空，更番轟炸掃射，每次一來都是五六架，八十磅的小型炸彈，一下來就是六個，這是按著地圖方格投擲的，使交通線上，每一點都在他們空軍威力搜索之中。

我方部隊在白天是無法運動的，只有在早晚時分才能增援上去，而敵機有時在黑夜裡要巡邏搜索，把照明彈投擲得亮如白晝。遇到這個場合，我方的部隊只好仗著掩蔽目標隱伏不動，等到彈光消滅後，再行前進。本來從北平後方到古北口第一線，最多只要兩小時的汽車就到了，可是在敵機瞰制下，竟要遲滯到一天之久，入夜的時間才能順利的向前走去。在第一線作戰的部隊，是在火線與飢餓上兩面作戰，大廚房為了避免烟火暴露目標，只好到較遠的後方去燒飯，等到燒好了再送上前線去，沿途要提防受空襲。那時候士兵的防空知識淺薄，當然遠不及今天，所以飛機一來，多犧牲在不必要的彈片中。他們對於防空的經驗，也太陌生了，一遇到敵機就慌張的手足無措，何況日機的炸彈爆炸面與殺傷力很大，以往內戰時從來沒有碰到過的。由於防空知識平素未多講求，因是公路上天天有被炸的火食車子，打死的伙夫担子。這樣一來，前線部隊從天光餓到黑夜，才能得到那餐冷冰冰的糙米飯菜來吃。

二十五師在戰鬥中的勇敢，的確使日本軍隊大為震警，因為在喜峯口之役以後，使日本人得了教訓，知道中國不如他們想像中那麼可欺。於是重新調整部署，加強火力，變更戰法，想不到又碰上了二十五師關麟徵統率的這個能打硬仗，能出奇制勝的部隊，這使他們焦急萬狀，遂用大量飛機向我關部的陣地濫施轟炸，以洩其憤。

關麟徵師長自始即在第一線親自指揮，這是使官兵精神振奮，前仆後繼的拒止頑敵有效法寶。其所部梁凱之七十三旅張漢楚、鄭明新兩個團，七十五旅杜聿明的覃異之團，更番時用，發揮了最高度的殲敵威力。到三月二十日的拂曉，日軍發動猛烈攻勢，大量飛機臨空，落彈如雨，排砲如連珠般發射，我軍陣地前的泥土不知翻了幾次面，堅實的地面轟成灰土粉子了，火力之熾烈，前所未有。

關師長怕部隊熬不住會垮下來，更親自跑到最前線去督戰，這時日機正在陣地上空盤旋投彈，在敵我兩軍進入短兵相接之際，敵方手溜彈大量拋擲過來，破片橫飛，關師長處此現場下，不幸被炸片炸傷，急速救護下來，排除萬難的用汽車把他送到北平協和醫院來醫治。前方部隊，則交由副師長杜聿明將軍繼續指揮作戰。

中央軍在北平作戰情形，起初在後方尚未十分引起一般人的注意，迨關麟徵負傷到平入醫院後，這事便轟動九城了。人民對於中央軍的作戰，不免更添枝加葉地大事渲染起來，每個人對於中央軍官兵尤其是負傷的關麟徵師長，油然而起一種英雄崇拜的心理。

自是日起，每天到東城御王府協和醫院去慰問的群眾，絡繹不絕。尤其是大中學校青年男女學生們，都以能向關師長說幾句慰問詞或一束鮮花，良心上就好像獲得了無上欣喜似的。關麟徵當時對慰問者的盛情與愛護十分感動。總是說：沒有別的，我只要稍能動轉，就會重上前方去殺敵。的確，他的傷是不算輕，幾乎從胸部至體部無一處不是破片傷。

這時，中央對關麟徵的傷勢，是十分關切，蔣委員長時時有長途電話來詢問他治療的情形，極峯對其倚畀之殷，由此可以想見。

二十五師三月十日作戰以後，全師傷亡慘重，而日軍的部隊亦損傷太多。這樣，也就教日本鬼仔夠受了。關東軍當時也急如星火的繼續向古北口補充增援，決心要攻下二十五師的陣地，以爭回面子。

杜聿明副師長指揮部隊在陣地支持多日，終以死傷過眾，陣地工事盡毀，繼續作戰下去殊為吃力。徐月祥軍長遂以關師犧牲太重，須撤後整補，乃頒令黃杰部第二師接防，繼續作戰。黃氏奉命後當將所部鄭洞國第四旅鄭士富、鍾松兩團兵力接替防務，另以羅奇第六旅何大溪及趙公武補充團，師直屬各部隊作總預備隊。因為戰鬥正面廣寬，從一道樓子、聚樂店、臥虎山、青石梁到八道樓子（樓子即舊長城昔日防胡的碉堡），都是該師防禦地區。

黃師長的前進指揮所，是設在古北口內較高地區，南天門一個山丘上一座廟子裡。這裡對空有天然的掩蔽，而對前方各陣地又展望得十分清楚，全般情況，一目了然。

日本軍隊每天最劇烈的攻擊，是拂曉與黃昏二次，過此，則又呈一片前線無戰事的寧靜。黃師長白天把各部隊任務安排好了，全般事務計劃妥定後，就據案習字或揮毫作詩。若得佳句，必自我欣賞的吟哦朗誦。在他這時的心靈中，是一幅和平靜穆的畫面，可是一到進入大戰時間，他又接著聽前方報告戰況的電話，幕僚人員聽候他指示向作戰部隊下達命令，或聽取幕僚的建議，以定作戰步驟方針。這時，他對自己的戰術戰法，也是如作詩一樣的自我欣賞，只知有我，不知有敵。他的報告和決心是定了就不變的。歷史上的英雄們，那個不有自我誇大的天性，這點正不足為英雄病，就看他是不是注意後天的修養呵！

現在我把他當年於古北口戰役中所吟詠的詩句，擇錄幾首，來表示黃達雲將軍「緩帶輕裘」的儒將丰度吧！

戍南天門

千軍萬馬抗強頑，血戰經旬兩陣間。拂曉朔風侵甲冑，深宵明月照刀環。荒材落落空行跡，敵壘森森據古關。莫道西山春未暖，夕陽猶自上酡顏。

南天門書感

秦築長城賽，延綿萬里餘。崔嵬千丈壁，零落幾村居。古北愁焦土，關東急羽書，數天憤未洩，我欲起征駒。

陣地思親

十年一度拜春暉，此日邊關又遠違。回首白雲親舍在，鄉心時逐雁南歸。

有懷（其一）

夜色悽其月不明，長廊徒倚聽鐘聲。望鄉樓上迴征夢，古北城邊震敵營。漠漠離懷傷五內，轟轟彈雨徹三更。且看一戰擒倭虜，留得雲台萬古名。

有懷（其二）

南天今夜寂無聲，疾走銜枚震敵營。勇士可能收古北，莫教殘寇渡長城。

第二師在古北口陣地支持一二個月下來，把日軍搞得哭笑不得，黃部固犧牲極重，而日軍亦死傷狼藉。前方若續若斷，時起時停的戰事迄未停止。徐月祥軍長不時在陣地指揮作戰，目睹黃部官兵死傷情形，為求易於整補起見，乃令八十七師王敬玖部接續作戰。第二師撤防後的這一段時間，我也回到北平，但前後方往往來來，未稍間斷。當時我家住在宣武門外保安寺街，有一天夜半，我已經上床睡了，忽然門外有人緊急敲門，同時汽車喇叭聲大作，我叫傭人起床開門，闖進來的是一個身穿灰布軍服的士兵，滿身泥土，行色匆匆，傭人嚇得呱呱直叫，以為要發生意外。我連忙披衣起來跑到院子一看，他叫我一聲，我才知道是王又平師長。他開口便說：「我餓極了，現在外邊鋪子都關著門，「擬請你快點給我燒點飯。」」原來他在前方一天沒吃飯，因為有事漏夜趕來北平。我馬上叫起內人來協助女傭，炒飯做菜給他吃。他胡亂吃了幾碗，時近天明，便即離去。軍人以身許國，這種沉毅刻苦之精神，實在令人起敬。

中央對古北口的防禦，是採取四個師車輪式的戰法，此上彼下，週而不息。因為古北口的敵人，是集中兵力，直向這一點攻擊，我們陣地上的正面不大，以一個師在抗拒就夠了。如果這四個師同時使用，兵力太密集，也不能持久抵抗以消滅敵人。所以，八十七師戰鬥了一個時候，八十三師劉戡部又上去了。

這一仗由春天打到夏天，敵人始終停滯在南天門之線，我軍是確實達成了防禦的任務。

自第二師加入火線後，黃杰師長就留了鬍子。他說，不打退日寇，決不剃鬚。回想起來，他那比較清癯的面孔。加上那撮山羊式的鬍子，卻很像最近在香港上演「神經少爺」影片中的大衛尼雲。他這撮鬍子，直到二十三年七月二十三日到南昌晉謁委員會長前數小時，才行剃去。他這個行為，是表示他堅決抗戰的決心。

戰鬥最劇烈的一次，是日寇進攻八道樓子，我守軍為鄭士富團的第一營，營長聶新，廣東人，這是一員猛將，在敵人的排砲火海中，沉著應戰，最後聶新陣亡了。接著吳超微營長又率一營增援上去，當敵砲火間歇時，他指揮全營逆襲，敵人發揚最高火力，全營犧牲殆盡，吳營長悲憤慎膺，衝上一個山頭，擎起身佩短劍，大呼日本鬼仔你來打吧，你有大砲，我有血肉長城，唔怕！話未講完，又是一陣嘶嘶聲，把他的生命結束了。那時鄭士富團的指揮部在另一道樓宇，正當敵軍火力劇烈之際，他要帶著團部僅有官兵向敵猛衝，誓與陣地共存亡。旁人阻他，說應該守時待機，等待增援部隊到達再衝也不晚。他不接受旁人之勸阻，經黃師長親在電話中曉諭他，應將現有官兵撤下整補，以後隨時都有殺敵的機會。鄭團長聽了這樣的命令，這才遵令把部隊撤出。那時敵愾心之旺盛，由這些地方也可以概見一般了。我還記得，正當古北口前線戰況劇烈之際，我坐在南天門那個山丘的廟子裡，和黃師長暢談幾日來敵我雙方激戰經過，黃將軍一面與我談話，一面接聽前方報告，從容不迫，指揮若定，使我油然起敬。我回到北平，寫那篇「南天門廟中訪師長」的戰場訪問記，發送平津各報刊登。今雖時逾二十餘載，黃達雲先生由一陸軍師長，躍升為總領全國的陸軍總司令，而當年彼在戰地一言一動，我記憶猶新，彷彿如昨。

到是年五月，華北問題進入外交談判階段，戰爭就宣告終止。日本這個民族總算是了不起的，敢於爭勝，也勇於認輸。古北口之戰，他們對中國軍隊作戰的英勇，深致敬佩，以後清掃戰場，竟把我軍的陣亡將士遺屍，收葬在古北口西台上的一個森林裡，豎了一塊紀念碑，大書「中華民國勇士之墓」。這個塚中的英雄骸骨，不下六七百具，日本人虔誠弔祭，這也說明了他們是崇拜英雄的。

外交談判方面，是由我華北政務委員會主持。那時我們在華北的兩個最高軍政機關：一個是北平軍分會，軍分會主任原是張學良，二十一年張南下後，由何敬之將軍來接充；一個是政委會，政委會的委員長為黃膺白（郛）。作戰期間一般政務是由軍分會負責處理，進入外交談判，就是政務委員會的任務了。

古北口戰事方停，黃乃派李澤一、雷樹森、殷汝耕（薊密區行政專員）、陶尚銘（灤榆區行政專員）、殷桐（北寧鐵路局長）為觸角，中央方面全盤主持對日外交的為外交部次長唐有壬，就此問題談判對象是日駐華館武官柴山四郎、山海關特務機關長儀我、承德特務機關長松井這些角色。

日本駐華北東北的最高軍事長官，為天津與關東兩駐屯軍司令。前者原為中村，這時已由梅津接任；後者原為菱刈，到古北口戰事終止時，已換了南次郎。可是談判的執行者，還是柴山、儀我、松井等幾個侵華間諜頭子。這場外交戰是不好應付的，那時日本軍人是飛揚跋扈，氣燄萬丈，而各有靠山，大家出主張，彼此不同調，與柴山談好了的事，儀我不承認；把儀我說服了，松井又提出異議。可能三個都打通了，日本軍部又是另一套訓令來了，他們只好又得推翻前議。所以談判很好，迄未能談成任何協議，別的倒沒有甚麼，真是苦了我們那幾位日本通了。

正在談判古北口問題的時間，在東京的日本外相廣田竟公然宣佈，中國如與他國實行合作，必須先與日本商議，為了遠東和平，應實行中日直接談判，這就是關閉了第三國進入調解之門。日本陸軍省林銑大臣，同時發表聲明，支持廣田對華政策，這一來，中日問題愈感辣手。日人這種盛氣凌人的態度，弄得黃郛無所適從。加之那時戰區接收治安紊亂種種情形，無處不使黃郛大傷腦筋，最後一怒便離開華北到莫干山納悶去了。所以後來華北政務，是由何敬之先生一人担當，而塘沽協定，乃是何與梅津當時所商訂，即後來所謂的「何梅協定」。

黃郛離平時還說過這樣一句話：「只要有利於國，我還是願意跳火坑的。」可見黃氏之容忍，而日本方面之不易打交道也。二十三年底內政部長黃紹竑調任浙主席，中央即令黃郛兼任內長，這是酬膺他的意思。

外交談判，最後還是成功了，雙方協議，劃定玉田、馬蘭峪、喜峯口、東陵、冷口、南天門、古北口這一線，為緩衝地區，該區一切善後，由薊密區行政專員殷汝耕負責辦理。上述地區不得駐中國武裝部隊，代之以戰區保安隊，保安員警穿著草黃色警察服裝，只准攜帶輕武器，在戰區內負維持地方治安之責。

二十三年三月四日上午十一時，在古北口河西東柵欄薊密區辦事處舉行雙方交接典禮。我方是殷汝耕、陶尚銘等，日本方面是駐古北口司令官永見和日本駐華武官柴山及松井、儀我等特務人員。

按照協定，古北口之行政及警察權，由我方無條件接收，可是事情並不如所說的那麼順利簡單。那時在古北口的所謂偽國境警察總隊，事實上是偽滿的正式軍隊，其組織為九個士兵夾一個警察，由日軍掌握指揮，宣佈暫時不撤離，理由是等待關外營房修成後再調開。日本駐古北口的軍郵、郵政代辦所、關卡，也要等關外房屋修好才撤去。只有兩項是當時解決了的，一是古北口臨時維持會宣告結束，一是將所有滿洲國的名字招牌全予除去。

直延至三月二十二日，我方始在古北口、喜峯口、冷口、界嶺口、及義院口等五處各設緝私關卡一所，隸屬天津海關管轄。規定所有經過長城各項貨物，只准行經各該卡進出，並遵章報驗，分別納稅。

從東陵經馬蘭峪以及長城各口劃為戰區緩衝地之後，這些地方，事實上已成特殊化了，我中央軍即須全部撤退，第二師和第二十五師則調回北平，八十三師和八十七師則分調南下。第二師司令部駐在西直門外的海甸燕京大學旁邊，部隊則駐在安定門外的地壇、黃寺大樓、南苑等處；第二十五師師部設在宣武門外下斜街，部隊分駐安定門內柏靈寺、城外北苑等地。

由是，兩師同時開始積極補育整訓，加強軍官教育。第二師設軍官訓練班於南苑，由鄭洞國負責；二十五師設軍官訓練班於柏靈寺，由杜聿明負責。這一段時間，黃、關兩師長都埋頭於訓練工作，每天是天未破曉，即起床到部隊去主持訓練事宜，到中午才能返城休息。

我還記得關麟徵師長在上午收操後回到司令部的途中，常常把一輛黑色坐車放在前門外藏家橋一個古老的西北教門館子穆家寨的門前，吃那家館子的牛肉泡饃。這舖子的食客，大都是平民，自從這個顯貴主顧常常的光臨以後，生意頓時便興旺起來了。

其後，第二師鄭旅開保定、琉璃河、長辛店一帶駐防，師司令部亦移駐保定前軍官學校內。不過，黃師長的眷屬仍住在北平西城石老娘胡同前張宗昌的寓所，他每星期都返平保兩地，所以我們依然是不斷的見面。

中央軍這兩個師在北平做了兩件最值得紀念的事。一件事，是關師創辦寒假學生學生軍訓。那時國難日極，中日之戰，一般認定遲早是要爆發的，實行國民軍訓，實為當務之急，而學生又是將來國家軍事幹部，於是關麟徵在第二師移防保定後，將該師原住的黃寺大樓，舉辦學生寒假軍訓，每月一期，先後辦了幾期。可惜第二年華北局面變了，中央軍被逼南下，就沒有繼續辦下去。雖然只辦了幾期學生軍訓，可是那幾期辦得很有成績。胡適協士二十四年在南京出席全國教育會議時就說，關麟徵將軍在北平主持的學生軍訓，可以算得最為成功的一種軍事教育。這種教育方式，全國各大都市學校都不妨仿照實行，則全國的青年學生都可以成為一個抗敵救亡的戰鬥員了。

另外一件事，是黃、關兩師在北平城郊創辦平民暖廠，施粥濟貧，所辦的社會救濟慈善事業。北平這個繁華都市，是有錢人的天堂，也是窮人的地獄。有錢的鐘鳴鼎食，沒錢的饔餐不繼。尤其是一到冬季，北國嚴寒，天凍地裂，窮人謀生無路，老弱的，就縮在破屋子裡挨餓，婦孺們，就沿街乞食，這真是一幅慘絕人間的畫面。

黃、關兩位師長看到這樣的情形，不勝悲憫，就和當時的北平公安局長余晉龢商談，在城郊空曠地方設立施粥廠，由第二師、二十五師報准中央把部隊節餘的軍糧拿出來煮粥發放，每天兩餐。太冷的天氣，老弱的不能出來領粥，改發現錢。另外軍警雙方把破舊的軍衣警服，拿來發給這些貧苦無衣的人們禦寒。在這場冬賑救濟中，我是三方面的聯絡人員，全部五六處的粥廠，從冬十月起發到次年二月底，事情都夠麻煩忙碌的。助人為快樂之本，何況是救濟災黎呢？所以黃、關兩師長、余局長和我幾個人，都是愈做愈有勁，把一切辛苦都忘了。這幾月窮人的生死關頭，算是安全渡過。那時只要一提到黃、關兩師長和余局長，那些窮人都是口裡不停的念佛，北平城郊治安，直接間接的幫助維持不少。

二十三年江西剿匪軍事正極，第二師鄭旅及第二十五師杜旅，奉調南下入贛，編為兩個支隊，鄭支隊在吉安、吉永一帶作戰；杜支隊在峽江一帶作戰。杜氏把該地殘匪肅清後，還送了一匹馬給我的父親代步呢！到次年春該兩支隊才又北上歸還建制。

二十五師在北平那一段時間，我因為新聞工作上的關係，和這個部隊的各級官佐往來頗好。那時關師長把他們部隊在古北口方面的戰鬥情形，拍成一部新聞紀錄片，一切外景在平古道上攝取，導演就是馳譽影壇數十年的王元龍先生。那次，我扮的是一老百姓代表去慰勞關師長，因為戰況逼真，我也演得很起勁。彼時王兄還是二十來歲的小夥子，當年的風流小生，如今是影壇前輩，成了龍鍾老年了。我們現在見面時，彼此稱兄道地，這個交誼，還是遠在民國二－三年的時代建立起來的。（註：王元龍先生已於一九五九年病逝台北）

到二十四年初夏，日本人為逼迫軍分會從速履行塘沽協定，時時找些事故來麻煩。平、津、塘沽各地，日本駐屯軍時時越界演習，飛機不斷的在平津上空搔擾，中央軍不得已忍痛向南撤離，北平軍分會也同時撤銷，而由宋哲元出門組織冀察政務委員會。在維護國家土主權完整原則下，支撐著華北的艱危局面。

二十三年七月一日，北寧鐵路關內外通車，次年十二月十日關內外通郵，華北形勢由是稍見安定。

第二師奉命南下，先由保定開徐州。黃師長到達新防後，奉命接替溫應星的稅警總團長兼徐海警備司令。同時鮑剛的四十六旅和于世銘的騎兵二十四旅，砲兵十六團，統歸他節制。一時人數達五萬之眾，旋黃以任務繁劇，第二師師長職務保由鄭洞國升充。

第二師和二十五師，原來都是徐庭瑤的第十七軍建制，那是為了指揮作戰的便利。古北口戰事結束後，第十七軍奉命撤銷番號，徐軍長於二十三年五月十三日奉命組織軍事交通考察團，徐任團長，俞飛鵬任副團長。該團由滬出發經義大利轉往歐洲各國考察陸軍，回國後，他那一份考察報告書，曾獲得中樞的重視，亦即為其以後負責建立機械化部隊的張本。杜聿明將軍後來飛黃騰達，也是由那時一個全國僅有的裝甲兵團團長而來的。

兩師官兵離開北平的時候，青年學生揮淚送別依依不捨，窮人更是攀轅臥轍，號咷大哭。前者是看到國家積弱，國軍為日寇逼走，懷於禍迫眉睫，惟有付之一哭；後者感恩懷德，無法挽留，不知涙洒之何從了。這是一個最動人心弦的鏡頭！

這裡又說到黃、關二位對我的殷切了。黃從保定趕到北平來為我話別，他緊握著我的手半天才說：「老弟，華北已經是火山邊緣了，你也趁早打定南下的主意吧」！關師長在一個清晨來找我，也是勸我早點走。臨別時，他把那一把鈔票塞在我衣袋裡說：「我知道你的錢不會多，這點錢你千萬留著作他日逃難的旅費。」這些前塵往事，使我永遠不會忘的。我可以自慰的是，平生無以為寶，惟友誼以為寶。黃師長由保定出發前一日，給我一個電話，告訴我他要走了，我全家老小次晨自北平搭乘平漢路火車趨往保定去送行。黃師長雖在百忙中尚不忘舊情，殷殷與我懇談，黃夫人何夢遼女士以與我內子有北平同學關係，更是依戀不捨。何女士待人殷勤不少，可稱之為名副其實的賢內助。

我值得告慰這些知己的，就是無論對日作戰也好，剿匪戡亂也好，我始終站在國防第一線，口誅筆伐，竭盡棉薄。而海枯石爛，此心不渝，從不作臨陣脫逃的打算。今天黃將軍在台灣總領師干，枕戈待旦；關將軍養晦海隅，守時待機；而我也追隨諸君子之後，對國家的復興前途充滿信心。假使他們二公當年期望我的不過是如此，則我算是不負這兩位良友的期望了。

不久，共軍徐向前部流竄山西，晉南告緊，山西部隊獨力難當其鋒想向中央請求軍援，可是山西地瘠民貧，不能多負軍隊給養之責，深恐中央部隊進來了，一時不會撤離。王靖國、李服膺幾位師長，就往返與有關各方洽商，得了一個懇定的結果後，便直接向中央指明請二十五師關麟徵部北上援晉。我因是關、王諸公的好友，事前對此亦曾參加意見。

二十五年春關部自潼關經同蒲鐵路北上入晉，在洪洞、陽曲、汾陽、靈石、介休之線，會同晉軍對共軍分頭截擊圍剿，未經多久，即行敉平。關在行將離晉南返前，特邀我全家大小去遊太原。我由平漢路轉正太路經娘子關乘車入晉，同關（麟徵）、王（靖國）、李（服膺）諸先生暢遊晉祠，回程時又到大同雲崗去看石佛。留住一個星期後始經晉北出雁門關，乘平綏鐵路火車返平。

山西剿匪軍事算是告一段落，二十五師復經綏遠、寧夏再轉入甘肅，迎擊由四川竄至蘭州附近之共軍。當場擊斃共軍領袖劉子丹（他陣亡後，陝、甘地區共黨才由高崗掌握。），旋朱、毛殘餘由蕭克部護衛進入陝境，又碰上二十五師迎頭痛擊。這兩次共軍損失人數上萬，被俘者也不少，另一股竄入蒙境，關又率所部追擊一直追到定遠營，使共軍無法立足。

這是二十五師於古北口戰役後的事。

問題又得說回去，古北口之戰，不但使華北人民認識了中央軍的戰鬥力，同時第二師和第二十五師在北平一帶所表現的良好紀律，尤其使華北人民加深一層印象。而二十四年以後，全國普遍實施軍訓，又以二十五師北平寒假學生軍訓為嚆矢。這一段往事，是值得黃、關二將軍咀嚼回味的。

二十五師當七七抗戰開始，為求軍事作戰的需要，已經擴編為五十二軍，軍長即為關麟徵將軍。它們除了參加北戰場、華中戰場的戰鬥外，值得稱述的，便是參加湘北會戰那一戰役了。

湘北會戰，亦即第一次長沙會戰，在湘北第一線的部隊，都稱之為湘北會戰。這一仗打勝了，也就名之曰湘北大捷。但當時的九戰區司令長官薛岳將軍，則認為這一仗是九戰區的部隊克敵致果的，湘北作戰地區，亦即長沙外圍，故又稱之為第一次長沙會戰。這和台兒莊大戰，又稱徐州會戰是同一道理。我國這一次歷史空前的大戰爭，是因勝利後一直在進行戡亂，沒有偃武修文的暇裕，軍事當局，對史料整理，本也就不大注意，始終沒有編好一部系統詳明的抗戰史，故每一戰役的名稱，也就混亂不清。孔子曰：必也正名乎？這個工作的確是很重要的。不過在目前這個動盪局勢下，當然是談不到這些事，吾人只有寄望於未來的史家了。提起湘北這一大勝仗，無可否認，關徵麟將軍的功勳，應該是數一數二的。因為當時的第十五集團軍總司令，名義上是薛岳兼任，而實際上統馭指揮的皆是由代總司令關麟徵負之。薛岳那時是九戰區司令長官，兼湖南省主席，兼十五集團軍總司令，軍政要職，集於一長官部及省府均設在長沙，而十五集團軍總司令部則在湘北第一線。他的工作重點既然擺在長沙，十五集團軍指揮身，部隊的實際責任，當然非全權委託代總司令關麟徵將軍不可了。

關麟徵將軍之勇敢善戰，在古北口戰役時已經是遐邇知名，後來第五軍的戰績輝煌，也是早年由關部二十五師一系脈絡相傳下來的。第五軍的訓練優良，乃是承繼二十五師那一優良傳統而來，杜聿明將軍和張耀明、戴安瀾、劉玉璋這班將領，都是關的部屬。關氏的統御、訓練、作戰等方法，對於上述這些將領，當然有著同化的作用。因之，湘北大捷和崑崙關大捷，也可以說是古北口戰役的發揚光大。

湘北大戰是二十八年十月二日開始，敵人的企圖是想拿下長沙，然後循粵漢鐵路南下，以横截華南，俾華東與華南兩處侵佔地區溝通一線。即或此項計劃不成，亦可掃蕩武漢外圍的我方作戰部隊，確保武漢。

長沙外圍的水道障阻是包括四條河流，即湘河、撈刀河、新牆河、汨羅江，敵人到達岳陽後，我軍惟有固定湘陰，中間所隔就靠那一道新牆河了。

進侵湘北之敵，為華中派遣軍司令阿南，指揮下的部隊，是第九及第四十兩師團。

這時，關已經是代理薛岳的十五集團軍總司令職，這集團所屬共七個軍，即是負担湘北會戰的全盤戰鬥任務。五十二軍則在新牆河與敵人正面對峙，這是守禦的重點所在，首當其衝的張耀明部五十二軍官兵，奮全力以迎戰來犯之敵，戰果固是輝煌，但傷亡也極為慘重。

敵人一貫的施用迂迴戰術，當時是繞至汨羅江岸我第二線的營田登陸，守營田的部隊，乃陳沛的三十七軍九十五師羅奇部，當時該師因正面過大，以致顯露薄弱，予敵以隙，敵人才得渡過汨羅江。

這時，敵人的兩個師團，分頭向長沙外圍進擊，於是長沙為之震動。

守在新牆河的張耀明部張漢楚、覃異之等三個師，遂奉命轉移陣地側擊竄入長沙外圍之敵，該軍原守之新牆河防禦陣地，交由李覺之七十軍接替。

關總司令當時指揮所部五十二軍與敵人決戰的地點是在福林鋪一帶。那次為了解除長沙外圍的威脅，張軍用生死搏鬥的精神，與敵人廝殺，敵人強烈的火力，也擋不住五十二軍的哀兵。這一血戰，雙方的死傷都是很慘重，結果，敵人全部戰線終於動搖了。渡河之敵，以陣地難支紛紛遂向北潰退，福林鋪近撈刀河，相傳該河是三國時關羽大戰曾在此處磨刀，現關麟徵所統率部隊，又在此地殲敵。這一巧合，一時傳為佳話。

福林鋪之勝，是第一次長沙會戰大捷的契機，接著九戰區各線部隊紛紛出擊，形成反包圍，來犯之敵的兩個師團，遂陷入我叢擊的箭頭之中。

最後敵人只有死力突圍，但其傷亡已經在萬人以上，再度渡河回竄，已經所剩無幾，這是阿田受到的一次大打擊。是役，起於十二月二日，終結於二十三日，一共打了二十二天。我軍把原有陣地一一恢復，在抗戰第一期中，我各戰區都是節節轉進，能打出這樣一個硬仗來，自然對後方人心的安定是很大的。

在第一期抗戰中，以台兒莊、湘北、衡陽、上海、崑崙關等五個戰役，打得最精彩。這五次戰役，是迫使敵人由狂妄的速戰速決戰略，改為「速決速和」策略之關鍵。告訴了敵人，中國是不可侮的。而我國軍民，相反的，由對日的恐懼心理，更而樹立了最後勝利必屬我的信心。所以，蔣委員長自湘北與崑崙關兩役以後，就認定敵人在湘北的潰退證明他攻則必敗；我軍的克復崑崙關證明他守則必滅。這使最高統帥的長期抗戰策略，更博得全國上下的擁護，敗北主義的思想意識至此一掃而空。一戰可以定國家之安危，信不誣矣！

關麟徵自湘北大捷後，擢升為第九集團軍總司令，於三十年由湖南長沙調往廣西百色，以後國際形勢日緊，復又移防滇南，鎮守南疆。日寇發動太平洋戰爭，海陸軍稱霸逞強於西太平洋，但佔領越南後，始終未能從越北渡過紅河以攻滇南者，這就得歸功於關的滇南守衛週密之功。第九集團軍總部是駐在滇南的文山，當地人民把關麟徵的徵字，用拆字格解釋為文山主人，可以證明人民對其以視為當地安全所寄了。

九、故都影剪

（一）文化城之文化

北平最使我懷念的，主要是由於它的文化氣息的濃厚。不要說北伐以前，就是首都南遷以後，北平仍然是中國文化的搖籃，遷走的是政治大人物和那些政治機構，而故都文化與端莊卻是生了根拔不去的。所以，後來有人對故都與南京有個比喻，說是：南京富麗堂皇，似暴發之小姐；故都樸素端莊，有如名門閨秀。這個比喻，是十分恰切的。無可否認，北平所以成為中國的文化城，是因為它是幾朝建都，人文薈萃的首善之區。正因為首善之區，自然全國的精華都會匯合到這裡去，經過幾百年來的培養，前人辛勤播種，到後來才開花結實，這不是一朝一夕的事。我在這裡，介紹自軍閥當政至抗戰勝利後，這個階段的北平文化輪廓，就可見其被稱為文化城，一點也不誇飾了。現在我們先談談教育情形吧！自從來到香港這個教育商業化的都市之後，更使人想起北平教育之完善，那裡大中小學，可以說是林林總總，觸目皆是，但每一學校都是滿額，而每一個家庭子女到了學齡時候，不怕沒有學校讀書。各級學校，散處九城，使每一個角落的男女學童，都有求學的機會，不像港九學生這樣辛苦奔波，新界地區的學生要趕到港九來進學校，港九市區要老遠的搭巴士電車去上學。這種情形，在北平是聞所未聞的。

那些辦學校的人，真是為教育而辦學校，十之八九都是教育專象，極少有外行或為著解決個人生活去以辦學斂財的。教育主管機關，對學校的立案審查是非常嚴格，所以，撈家們縱使會動腦筋，卻也不會夢想到鑽進這個辦學的圈子裡去打主意。一個學校的主持人，他為甚麼要來辦學校？他一定能說得出一套辦學的原理原則，寫得出一篇教育理論與教育方案來。

他們那種從事教育的精神，尤其是令人欽佩。不辦則已，既辦了，那就是以教育為終身事業，一肩挑起這百年樹人的責任，決不以辦學為發財升官的跳板。

私立學校，雖然也收學雜費用，但那實在少得可憐。因此，辦學校就要準備貼錢的，他們的經費來源，必定是有他們辦學的專款，或能取得社會知名之士的支持和固定捐助，否則，就不敢貿然開辦了。那裡聽到有說，開學就開學，要關門就關門，這種誤人子弟的怪現象，在北平是很少見的事情。

因為學校當局既以培植人才為主旨，從事教育者又以盡瘁教育為天職，因之，學生也就自然而然的尊師重道，師生間的感情，有如父兄與子弟一般。所以一個學生進了某一家學校，一定是從入學之日讀起，直到畢業之日出校為止，絕少有中途轉學的。先生視學生如子弟，學生自視學校為家庭，這一個觀念，是教育成功的最大要素。

無論公私立學校，設備都好，一個學校，一定有操場、圖書館、儀器室、康樂室等設備，學生的課外活動空間是很廣大的。

北平學生不只努力求學，生活也極端樸素，在三十多年前，除了少數紈絝子弟是例外，一般的男學生都是穿著一件藍布校服，或藍布長衫。女學生穿的都是淺藍竹布旗袍或藍布上衣，青布裙子。上學放學都是挾著一個書包步行往來，大家認為坐包車，乘汽車去上學，是件可恥的事情，即便家裡有現成的汽車，家長亦不給子弟們乘坐。女學生絕對不准熨髮，塗粉抹脂，這已成為一個鐵定風氣，就是那些富家子弟，他們也要隨著崇尚節儉。

學生的課餘生活，頂多是花個三毫五毫錢去看看電影、遊遊公園、或去到天橋、勸業場、首善第一樓、東安市場這些娛樂場所，聽聽說書，或是欣賞欣賞梨花大鼓、河南墜子、京音大鼓、唐山落子之類。再高一點的享受，也不過是吃吃小館子，聽聽京戲，如此而已。比較浪漫一點的大專學生，也有去前門外八大胡同的清音小班、茶室，打打茶圍，這些是少之又少的事，但已經受到別人的鄙視了。至於跳舞、賭博、學亞飛等等，那可以說絕對沒有的。

東北籍的學生，生活過得比較優裕，每年約用四五百元；西北和西南區域的學生，每年用一二百元。更有節省的，每年只用百數十塊錢，真是節衣縮食，刻苦自勵。大凡這種苦學生，都是專心讀書而成績優良，功課十之八九是好的。一般家庭教育，也都良好，家長既知督促子弟，而北平那種幽嫻靜恬的環境，深寬大院的建築，又適宜於讀書。如果碰上星期天，父母不免對兒女獎勵獎勵，那也不過略為加點菜或全家去看看戲，遊遊公園而已。至於帶兒女出來大吃大喝，狂歡大樂的情形，這就很少見了。

一般學校，很少有宿舍設備，有家的學生自然是在家裡住，外地來的學生多半是住在各省、縣會館或小公寓裡。會館是遜清遺制，那是為了利便晉京應試的生員下榻而設，有些窮京官也有住會館的。至於會館各省府縣都有，那是公眾的產業，所以某一省府縣的學生，便住在某一省的會館裡，非常方便。住房是不要花錢的，伙食大多是自己去做，也有大眾合起來找個人來做的，但每個人每月總是攤三四塊錢就夠了。小公寓房租大約每月二三元，包伙食月約五六元，每日三餐，午晚二餐還有一菜一湯，吃的甚為可口。富裕一點的學生，則到附近小飯館去吃，一餐也不過三四毫錢。因為這樣，所以做生意的，都揀學校較多、人數較眾的區域去開設。比方小飯店、公寓、電影院、西裝店、洗衣店、文具店等等，大都是以學生為大顧客。學校既多，文風又盛，當然就沒有那種大學年齡，小學程度的中學生的滑稽事情了。

那時候從事教育的人，待遇是很好的，大學專任教授每月可以拿到三四百元，系主任以上可以拿到六百元，中學教員至少的七八十元，至多的可以拿到二百多元，小學教師三十元至五十元不等。小學校長大約每月有八十元至百零元的。那時候是用現洋，物價又低，三塊錢可買白麵一袋，一元可買五斤豬肉，或八九斤白米，三五十元就可以養活一大家。至若大學教授，更就等於特任官的薪俸了。

大專學校兼課教授，以小時計薪，多則八元十元。少則三元至六元不等，這是以教授的地位與學校的歷史、經濟能力而定的。

以上是一般的情形，以下再談談幾個有名的大、中、小學校的情形吧！說到北平大學的教育，自然就會想到北京大學。北大的前身，是京師大學堂，它是光緒年間設立的，為中國歷史上最悠久的一間大學，初辦時還不過百人，中國的文化，是五四運動為新舊分水嶺，這個運動，就是北大所領導的。近代的中國政治人物，很多出身北大，如羅家倫、段錫朋等以及大漢奸陳公博也是這裡出來的。因此，它不但是中國的著名學府，即在世界各國的大學校當中，也是有地位的。校長以蔡元培先生做得最久，以後是蔣孟麟先生，北大本身是分一二三院，分文、理、法等各系，以文科辦得最有聲譽。校舍在東城沙灘，在他最盛的時候，有學生千餘人，因為是國立大學，所以不收學費的。

清華大學，設在西直門外清華園，是用各國退還的庚子賠款興辦的，最先退還的是美國，其次是英、法、德、義、奧諸國，日本是最後退款的一個國家。至於俄國的退款，後來另辦了一所俄文法學院，專門培養外交人才的。清華比北大洋氣得多，設備也好，每屆畢業生的前二十名學生，大多是官費保送留美，所以近代中國文化的溝通，清華的學生是做得不少。從事政治、經濟、外交各方面有名的人，清華出身的也很多。例如曾任中央銀行總裁的劉攻芸，便是由該校出來的學生。另有一個例外，就是孫立人和賈幼慧，這些國軍名將，雖是清華大學畢業，但到美國便改習軍事，這是清華同學錄上一個有趣的插曲。師範大學和女子師範大學，是中國養成師資的最高學府，前者在和平門外廠甸路東，後者在宣武門內石駙馬大街。

師大的前身，是北京高等師範，到民十三年張作霖入關主政，劉哲任教育部長時，以各省都有個高等師範，不必疊床架屋，因是把北京高師，改為國立北京師範大學，用示全國唯一的師資養成學府之意。

讀師範大學的學生，大都是家境比較清貧或有志獻身教育的人，所以有「窮師大」的外號。該校學生係由各省考進而來，不但不收各項費用，而且每人還津貼伙食，另每月給大洋六元，規定的伙食費是吃不完的，每到月底，大家還可分點伙食尾子，作為各人月終的娛樂費。每屆畢業的學生，十之八九都回到各地去任教師，今日我自由中國的外交部長黃少谷先生，便是這個學校畢業的，但這是例外的事。

原先北平有工、農、法、醫等專門學校，法政為大學，以及女子文學院，民十三年，劉哲任教育部長時，合併而成為北平大學。首任校長是當時醫科專門學校校長徐誦明，他將各專校改稱為學院，在這個大學中規模比較完善的，是以工、醫兩院為最好。

教會辦的大學，以基督教的燕京大學和天主教的輔仁大學最為馳名。

燕大最早是在東城哈德門裡盔甲廠，它的前身係由滙文書院和通州協和學校兩處合併組成，改為燕京大學後，與美國哈佛大學訂有連繫關係，猶之乎以前長沙的雅禮大學與美國的耶魯大學然。燕大在盔甲廠時，規模很小，而且其名不彰，後遷西郊海甸，建成華麗堂皇的校舍，就大非昔比了。可說是為北京各大學之冠。尤其是教職員之宿舍，盡極美奐美輪之能事。這個學校開辦的時候，便由前美駐華大使司徒雷登充任校長，他是在中國浙江生長的，說得一口流利的杭州話，他的父親是個牧師，一直在東南地區傳教甚久，與我國人——尤其浙江人感情攪得很好，一對老夫婦終老杭州，葬於西湖之畔。當年司徒雷登，每逢清明佳節，多要回到杭州去掃墓。

司徒雷登在未辦燕京大學以前，即任美國基督教幾家學校基金委員會主席，因此，與美國各教會淵源甚深，燕京大學得以順利開辦，以及發展到後來那樣的聲望，這並非偶然的事。

同時在該校籌備期間，江蘇督軍李純，以與司徒兩代交好，看到司徒雷登興辦學校，作育人才，曾撥現金五萬充作該校經費。

燕大有些不同其他大學者，它設有一個製革科，研究製造皮革，這是在中國一般大學中別樹一幟的，該科一年畢業，因為完全是技術研究，故學年甚短。

同時，協和醫科大學的預科，也附設該校，攻讀一年，即便升入協大本科。

燕大有研究院的設備，列有碩士學校，今日台灣的外交要員如沈昌煥、胡育慶，新聞界有名的魏景蒙，均為該校或研究院畢業。就是中共方面派往國外任偽大使的如黃華等，亦係該校畢業。不過這些人，對學校或司徒個人，就半點人情味也沒有了。據說，一九四九年五月南京淪陷，共軍搜查司徒住宇時，曾由司徒私人秘書傅勁波去找黃華，那時黃任共軍政委，黃不但不予照料，並且避而不見，即此也可見共產黨對人之冷酷！

這個學校不但洋化而且貴族化，學生大多為富家子弟，記得當時財政部長宋子文的女兒在該校讀書時，每月要用七八千元。她屋子裡陳列著各國各樣的香水與各式化裝品堆集成山，他一個月的用度，那簡直是等於一百個貧苦學生的開支。學校一切設備與日常生活，都仿照美國大學式的，連美國學生那種惡作劇的風氣都搬來了。例如每年新生入學，行完開學典禮，便要實行「拖屍制」。所謂「拖屍」，是老學生把新同學推到水裡，拖來拖去，弄得新生滿身水淋淋的，然後相與鼓掌為樂。這種洋化的動作好不好？那就不敢說了。總之，學得不走樣，也就難能可貴了。一笑！

輔仁大學（天主教主辦者）在私立大學中辦得不錯，一般說比上海的震旦大學更有成績，校址設在西直門內定府大街，它那升斗式的宮殿建築，尤為北平九城生色不少。

校長陳垣是名教育家，同時是反對白話文的健將。儘管別人「呀哪呢嗎」，但他還是「之乎也者」。所以早兩年中共清算胡適思想，發表陳垣致胡適的一封公開信，滿紙時髦的白話文，胡適一看，就說這信假得太滑稽了，完全是左派仁兄的大手筆呢！

陳垣的兒子仲益。畢業於中國大學，他也是一個做教育事業的人，翊教女子中學就是由他主辦的，在北平那是個比較有名的女子中學。

從輔大出身的學生，無論在政治、教育、宗教各方面，有許多是成功的人物。

協和醫科大學，是六年畢業，一年實習，每期男女學生不過數十人。它是設在北平東城一個東亞規模最完善的協和醫院裡。這個醫院的經費來源，主要捐助人是美國煤油大王——洛克斐勒，經費十分充足，它的醫藥設備，無所不有，平民診病只費一二毫錢，可享受最新式最良好醫藥治療，貧苦的人還可免費。有這樣一個偉大的醫院，學生在裡面自然容易求得臨床經驗。所以它訓練出來的學生個個是醫學經驗宏富的。久負中國衛生行政責任的劉瑞恆，便是該校校長亦即協和醫院院長。他離職後，才由王正延博士的姪兒王恭寅接替。

燕京、輔仁等私立大學，因係教會主辦關係，經費充足，設備完善，請得起第一流的名教授，所以它的成就就比人不同了。此外的私立大學，雖然不能與這些學校比，但也辦得不錯。朝陽大學是完全注重法科的，以往全國各地法院的推事、檢察官、律師等法學人才，大多是出身該校，創辦人為汪大燮，他是研究法律的，夏勤擔任教務長，校址設在東城海運倉。

中國大學的創辦人是護法之役，雲南首義的革命先烈蔡鍔將軍，王正廷博士任該校校長甚久，校址起先在前門裡順承街，後遷西城二龍坑六爺府。說六爺府這個名詞或者未去過北平的人還不知道，要說清朝宗室載濤庚子之亂的禍首的王府，就知道了。大家知道載濤當年是熱河扈駕有功的人物，文宗（咸豐）在熱河「賓天」，他保護慈安慈禧兩位太后回北京，打倒了肅順一派，使后黨掌握清朝末代的大權，這位載漪六爺是簡在帝心的。莫說私立大學不出人才，據我知道的，中國大學就有一文一武在中國很出色的，文是名作家王統照，武的是東北系名將郭松齡。其他如今日在自由中國婦女界的領導者皮以書先生，便是該校學生。

中法大學是李石曾、吳稚暉幾位研究無政府主義的人物所創辦，雖沒有特色的地方，但這些人辦學校的精神是了不起的，留法勤工儉學也是他們所舉辦的。總之，他們的確是想把這個貧而愚弱的中國，從教育方面著手去挽救過來，李石曾先生在北方教育界幾乎是泰山北斗，反對他的人，罵他是學閥，我們不問為譽為毀，但總認為李先生是教育界上不可多得的人物。

民國大學的校譽與中國大學是在仲伯之間，可惜被北大、清華、燕大、女師大這些第一流學府掩蓋了。要是在別的省區，就會覺得了不起。周震麟、魯蕩平諸先生先後充任過民國大學的校長，周、魯皆是國民黨籍，周氏曾任國府委員，魯係中委，又當過豫省教育廳長。該校校址是在西城太平湖七爺府，即光緒皇帝父親醇親王奕譞的府第，光緒就在這府第裡誕生的。

因經費缺乏固定來源，而中途關門的只有江亢虎的南方大學。江亢虎本人就是一個奇物，他是最早把社會主義介紹到中國來的元始天尊，可是他並不是為了達成一種政治理想而推崇社會主義，只是標奇立異，驚世駭俗的嚇唬人，想由此踏入作官的途徑而已。所以，他組織了中國社會黨之後，並未引起國內外的注意，此後在汪精衛偽組織中，才做了一個偽考試院長，這才使他過了一次大偽官癮。可惜好景不常，勝利的砲聲，把他一切的美夢都打散了。

林風眠主持的美術專科學校，在北平要算是個很有名的專門學校，從該校培養出來的藝術人才的確不少，各省市的圖畫、手工教員，大多是由該校畢業出來的。另外一個較為特別的專門學校，便是名中醫施今墨主辦的華北國醫學院，國醫之專門教育機關，恐怕以施今墨之華北國醫學院為嚆矢。以前研究「望聞問切」的中醫先生，都是私人教授的，施今墨可謂開風氣之先了。

北平交通大學，唐山工業學校，這兩個交通系的學校，是譽滿全國的。前者因校址在北平，交通部可以直接監督，故人事管理最稱完善；後者在唐山，為北寧鐵路機廠所在地，見習的機會多，故學生功課最優異。由這兩個學校造就出來的鐵路、交通和工業管理、工程、會計等人才非常之多，革命軍北伐成功後，唐山工專改為唐山交大，以後遷往上海，即後來的上海交大。唐山北寧鐵路機廠，本來就可以自造機車的，現在中共說他們能造火車頭了，只可說中共會宣傳而已！

財政部辦的有稅務專門學校和鹽務專門學校，這兩個學校的學生，是由各省遴優保送，津貼豐厚，考進了這兩個學校的學生，不但不要家庭負擔學費，而且有錢剩餘。這兩個學校，因為是造就稅務和鹽務兩項專門人才，而當時關稅尚未自主，海關稅務司是英國人充任，而鹽務因外債關係，必須與外人接觸，故兩校一切皆洋化，英文列為必修科門，所以這兩個學校的英文程度特別高。畢業後，馬上可以分派稅務鹽稅等機關去工作，絕對沒有畢業後尚悉找出路的問題，這是比一般大學生佔便宜的地方。因為學校注重英文，而又是專門研習稅務、鹽務，所以濱海地區省份的學生，保送易於合格，學生以江、浙、粵、閩四省為多。

參謀本部主管在陸軍大學，原前也是設在北平西直門內航空署街，東北軍進關之後，張學良曾一度任該校校長，至第九期始遷至南京。這時候是黃慕松當校長，以後即由蔣總統自兼校長，而以教育長負實際管理教育之責。中國第一流的兵學家或軍事教育家如楊杰、萬耀煌、王澤民、阮肇昌、徐培根諸位，均先後為該校教育長。馳譽國際兵學界的軍事哲學家蔣百里先生，一度代理校長。國軍高級的將領和幕僚長都有這樣一個觀念，穿了黃馬褂（黃埔軍校）還得戴頂綠帽子（陸軍大學）。本來黃埔軍校只是個陸軍中學，剛剛完成了中級軍官的學術，要想把大軍統師以及戰術思想養成，就非進陸大不可，這都不可視為鍍金鑲銀的虛榮心理。校風最壞的莫過於高等警官學校，學生是由各省保送入學的，這些少爺公子大都調兒郎當，有的居然穿長袍子出操，光怪陸離，令人啼笑不得，因此他們不但不懂得尊師重道，甚至有時把教育長也綑起來，這簡直不成事體。學生多係紈　子弟，家裡有了錢，就希望子弟能做無災無難的官，唯一捷徑，是進高等警官學校，一年或三年畢業，就可以奉派各縣充當公安局長，最差的起碼為一個獨立巡官。好在那時中國的警政人員，其責任不在維護公眾安寧，而是專門草裡尋蛇，敲敲老百姓的竹槓。因此，警官學校的學風壞，不但無害，正所以養成一班雞雜鴨雜人才搗蛋技術也！

這個學校的學生，既是有錢子弟，所以就要收學費、雜費、制服費，反正一切自備。在前清時代這個學校叫巡警學堂，以後改稱高等警官學校，內分正科，規定三年畢業；指紋專科，一年畢業。歸內政部警政司管理。北洋時代由北平公安局長鮑毓麟當校長，民國二十三年底遷南京清涼山，首任校長為陳又新，是軍政部特務團團長調任，到杭州警官學校時代，這可說是澈頭澈腦的改善了，成了一個良好的警官訓練學校，學生也就變成優秀份子，真正成為培養警官的教育機構。

其他私立大專學校還有很多，如曾擴情、何其鞏所辦之鐵路學院與及郁文大學、平民大學、財商專門學校，都有三數百人不等，成績尚屬不惡。

另外有個學校，是值得一提的，那就是商震當河北省主席時，辦了一個縣政人員訓練班。顧名思義，當然是訓練縣級政治人員。中國最先創辦縣政人員訓練，要算河北省；全國第一個女子出任縣長的是福建省，而那位郭鳳鳴女縣長，就是河北省北平縣政人員訓練班的學生。

九一八以後，東北唯一的高等學府東北大學也遷來北平，這個大學辦得很好，雖不是北平原有的，但搬到北平來，也可說是文化城的錦上添花。

北平的中學真多，省市立的有三十八個，私立的我沒有統計過，但也總在數十個之多。其中最有成績的，自然首推師大的附屬中學和女師大的附屬中學，這是純粹的教育實驗學校，以大學教授程度，教中等學校，又是訓練師資的實驗機關，其成績優良，自是意中事。故師大附中的畢業生，其程度與一般的大學預科相等。

其餘為教會主辦的育英中學，貝滿女中，慕貞女中，崇德中學，都是教學並優，可說是完善的中等學校。其中貝滿比較特色，女學生能跳舞，但不是牛仔舞，而是標準的交際舞。英文程度高，功課也好，不過，這個學校是大人物的太太養成所，漂亮而出風頭的學生，不用問，遲早是達官顯貴的太太。

私立中學當中，有一個四存中學，也非常特色。它注意文武合一教育，學生的國文程度特別高，對軍訓也特別重視。平時用實槍實彈訓練，這在文化城中可以說另樹一幟的。它為甚麼會注重軍訓呢？說起來是有它的來因的。

原來這個學校是山西將領張蔭梧所創辦，張是河北博野人，保定軍官學校第五期畢業，在晉軍中是起領導作用的人物，北伐完成後，首任北平市長，不事應酬崇尚篤實節儉。這時四存中學已設在府右街市府的背後，他可就近指揮監督。抗戰時，張蔭梧任華北游擊總指揮，他一面打日本軍，一面還要抗拒共軍的襲擊，在華北敵後轉戰，頗建功績。到三十八年二月傅作義投共，他正在北平，不久共軍就把他抓住了，因為他是能起領導作用的人物，所以不能饒過他，便做了共產黨祭壇上的犧牲品。

市立一中和河北省立第十七中學，雖不及師大附中那樣蜚聲國內，但在全國中等學校中，還是站在最前列的。第十七中在西什庫，它那運動場之宏大，全國無出其右者。這個廣場上可以容納觀眾三四萬人之多，北平全市春秋季運多在此舉行。他如志成中學、藝文中學、聖心中學、匯文中學、求實中學、崇實中學、弘達中學、黎明中學，成達中學，光華中學、豫章中學、鏡湖中學、知行中學、燕冀中學、西蜀中學、文治中學、北方中學、今是中學、五三中學、東北中學、春明女子中學、兩級女子中學、廣安高級職業中學等，都辦得不差。這些學校每年畢業的學生，考入有名的國立大學者也是不少。

至於小學，多得不可勝數，辦得最好的，還是要算師大第一第二兩附小。

說起師大附小，就不能忘了宣武門內師大第一附小，主任孫世慶，他別號惠卿，河北高陽人，遜清秀才，留學日本，習心理及教育。回國後，以從事小學教育為終身事業，大學聘他為教授，拒絕不就，他的全副精神，完全貫注在小孩子身上，最多只是在情不可卻的情形下，到某大學去作一次學術演講。他講心理學及教育行政學，是最使人動聽的，由他所造就出來的學生總計在五萬人以上，真可說是桃李滿天下了。想不到這樣一個為國育材的聰明傻子，活到近七十歲的時候，經過了多少世變，都沒有人侵犯他，這次大陸赤化，中共卻恐他起反共領導作用，予以槍斃，真正是「豈有此理」的一件事。不過，志士是不死的，他的精神永遠存在，他的靈魂永遠深印在人們的腦海裡。

北平不但學校多，而課外自修的圖書館也多，每個學校裡，都有它自己的圖書館，此外還有國立北平圖書館，館址是在府後街北海的前面，館長為圖書學專家同敦禮先生，該館藏書之豐，在東亞算是數一數二的。

另外在北海公園，蔡松坡也捐資創辦了一個北海圖書館；地安門內鼓樹有個通俗圖書館，兩者規模都極宏大。此外又有北平市立的閱書報處，遍佈九城，裡面有各種大小報紙及小學叢書等，社會教育是普及而深入的。此外還有許多藏書家的私人圖書館，也可以任人閱覽。

北平這個文化城，一方面是地靈人傑，一方又是人傑地靈。這兩者是互為因果，相得而益彰。大教育家、名教授、才華卓絕的文化人，差不多都集中在北平。已故的北大校長蔡元培，也是中國新文化的褓姆，餘如蔣夢麟（北大校長）、李石曾（中法大學校長）、陳垣（輔仁大學校長）、徐誦明（北平大學校長）、章士釗（女子文學院院長），這些人都是馳譽國際的大教育家，其他如燕大校長司徒雷登，儘管他在美國駐華大使任內做得不大高明，但其為名教育家，誰也不能否認的。

名教授如胡適，那時是「北大教授兼文學院長」，勝利後才任北大校長，錢玄同、陳獨秀、林語堂、周鯁生、王世杰、周作人、周樹人、朱家驊、劉半農、陳啟天、辜鴻銘、馬寅初、張君勱、張東蓀、陶希聖、傅斯年、黎錦熙，以及三沈：「尹默、兼士、士遠」，三馬：「敘倫、裕藻、馬鑒」等，這些人不但學有專長，而且都是對中國文化思想上有不可磨滅的功績。以上所列，我只不過是略舉這幾位而已。其實北平城是個容納人才的大海，濟濟多士，美不勝收。我寫到這裡，不免感慨叢生，回憶當年我在北平（那時是北洋時代，還稱北京）讀書的時候，那一段清苦的生活，真是值得回憶與留戀。我吃的包飯，每月一元五角，因為那是白飯，下飯的菜，得自己去買一枚銅子的黃蘿蔔或醃菜，真是粗茶淡飯，聊以充飢而已。至於身上一件藍布棉袍，一穿便是三年，到第四年，因為已踏進社會做事，又快要畢業了，才製了一件新的布棉袍。我的鞋襪補充的地方，是在天橋市場，這裡的東西，是人家穿過了的再事補洗出來出賣，這樣我每年所用的錢多則百零元，少則八九十元也就行了。一般人看來，好像這樣的生活物質上是太苦了一點，但就我個人來說，我是以求學為目的，所以精神上時常是愉快的。

我的父親，是個小商人，他老人家深知稼穡艱難，辛酸苦辣，那項沒嘗夠？他給我的信沒別事，總是教我努力向學，要撙節，要勞動。吃得好，穿得好，不是好；要學問好，人格好，道德好，那才是真正的好。老人家的每一句話，每一個字，都在我耳朵裡響，眼前跳。想到他老人家那種辛苦掙扎的情形，我就只有咬緊牙來吃苦。我父親這樣教過我，後來我在事業上凡一次變好，我便一次想起老人家那時的教訓，我認定老人家教育了弟的方法已算是成功之路，所以我現在教育我的兒女輩，尤其對現在幾個在外面讀大學的兒女，也是用那幾句話，要他們吃苦耐勞，學業應與人競爭，物質上不要同人較長短。「書中自有黃金屋，書中自有千鍾粟」，不是要升官發財，而是有了學問，就有光明前途，能刻苦，人才才有真意義。

我走出學校，初到社會上工作的時候，便將父母兄弟都接到北平，那時生活上雖不怎樣富裕，可是一家團聚了，這種快樂就非言語所能形容。我這個窮學生竟能盡到「仰事俯蓄」的責任，也是可以慰藉而自慰了。

我還記得我畢業之後，由交通部派至北平電話局任秘書（我在大學三年時，便在交通部鐵路職工教育委員會任編輯），新任局長是後來任遼寧省主席的徐箴。我隨徐局長到職第一次，照例是要接見各主管人員，最後進來一位職員，他報了他的大名，我覺得此君面貌很熟似曾相識，便招呼他坐。不料他竟侷促不安，嘴裡只說：請秘書栽培！我老半天才想起來了，記得他原來是同班的李同學，他是東北的富家子弟，在學校時每年用上千兒八百的滿不在乎，他畢業以後，家道中落，不得不出來找生活，又因為個人能力不佳，而當時又人浮於事，勉強託人，才能在一個國家交通機關找到一個書記職務，但已經很不容易了。那時候一個書記，每月拿到二三十元的薄薪，一天寫到晚，真辛苦極了。我那苦讀書的窮學生終是比他收穫得多。

在北平像我們這樣的學生，觸目皆是，而最難得的，一般人並不視我們窮為可恥，學校裡也沒有看不起窮學生的情形。這種良好的風氣和精神環境，是千金難買的。同時我後來在社會上做事，能得到大多數人的同情，事事得心應手，也是因為我是從困苦中磨練出來的人，能瞭解同情互助的重要，能參透這點人生哲學，自然是受用不盡的。

我到了香港，看見那些與麻雀學校、跳舞學校比隣而處的教育機關，是那麼融洽的各自經營，又看見經常出入舞場的二世祖亞飛學生，是那麼有恃無恐的終日嬉戲，社會上也毫不怪異而熟視無睹，我只好自個兒發點頑固酸腐的嘆息。世變日極，人心不古，時代真是變化了。這教我怎不懷念故都呢？可是話又說回來，今天的北平，也不是往日的北平，則香港又要差勝一籌哩！

（二）古城新聞業

前面說過北平教育界的情形，現再把新聞界的輪廓來描述一下。

如果要作新聞歷史探源，則中國可以說得上是世界上報學先進國。我國在商、周時代，朝廷就設有專官，到諸侯之國去採風問俗，回來呈給太史。那時太史所掌，就是這些官員們採訪而來的地方的詩歌民謠，今天流傳下來的那些古詩歌，也就是古時的新聞資料。到隋、唐兩代，已經正式有所謂「京報」。京報的內容分為三部：第一部為「宮門抄」，專載宮廷的消息，如官吏的升遷調補等，都詳見於此；第二部是「上諭」，專載皇上的聖旨；第三次是「奏摺」，就是官吏對朝廷的呈文。民國以後，才衍變為「政府公報」。

自清室遜位後，北京仍然是民國的首都。雖則中國民營報紙以上海創行為最早，但北京為政治中心，也自然是新聞事業的重鎮，以前我國的那些名報人那一個不是在北京磨鍊出來的呢？

北京的確是一個文化的大海，無所不包。北京大學裡有胡適、錢玄同、陳獨秀等一派倡導新文化的人物，也有辜鴻銘留著辮子大談「中國文化第一」的頑固份子。北京社會上，有行文明鞠躬禮的時髦人物，也有依舊叩頭打扦的聖代遺老。各行其是，構成一種不同旋律的文化交響曲，使我們覺得不但不衝突，反而顯得出乎意外的和諧。

話又談回當年了，從民國肇造到抗戰發生一段時間，北平新聞界也是同一情形，有跟著時代前進的報紙，也有我行我素無視時代的報紙。譬如薛大可主辦的《黃報》，你可以在這張報紙上嗅到五十年以上的舊文學氣息，那張用四號字刊印的對開報紙，永遠供給那些戴著二百度以上加光眼鏡的老夫子們一種精神糧食，讀得搖頭幌腦，發思古之幽情。《黃報》報社在順治門外大街江西會館對面，可惜它於民國十五年便停刊了。

薛氏的出名，不是因為辦《黃報》，而是辦《亞細亞報》。這個報是為袁世凱鼓吹帝制的喉舌，由那時的準皇太子袁克定所支持，上海有分版。該報創刊之初，倒是確有過一陣子「皇恩浩蕩，文治光華」的氣象。上海雖是造反的革命黨人集結地，但《亞細亞報》的上海分版是很技巧的避免對民間的刺激，它每天只印一張，寄到北京給袁「大皇帝」個人看，而滿篇所載都是殷望帝治的群眾之聲。這一版在上海只要不發行，就不會招來人民和革命黨的怨毒，袁世凱看到上海《亞細亞報》辦得有聲有色，反映民心是如此贊成帝制，自然津貼按月照發，這是《亞細亞報》的如意算盤。那曉得那班革命黨人完全不了解時勢，死硬地反帝派，並且遷怒《亞細亞報》，投了該社一顆炸彈，把薛先生嚇個半死。至於該報北京總社，是隨袁世凱帝制失敗而收場的。

我決不是故意弄幽默，其實，這種鼓吹帝制的報紙，應該讓它存在的。只有這樣，才顯得民主政治下的言論自由。我們看看法國，它是世界上推翻帝制的民主先進國，可是，至今巴黎的大學生當中，照樣有參加保皇的，政府和學校當局並不引為驚異而予干涉。中國人想學到這樣的政治風度，恐怕要在三五十年之後，因之，《亞細亞報》要復刊的話，也當推遲半個世紀，咱們等著吧！

此外，更有些滑稽可笑的報紙和通訊社，光怪陸離，不可方物。其內幕情形約如下述：他們搭上外省甚至邊疆省份的軍政首長，如督軍、省長或龐大獨立如鐵路局、統稅局等機構的關係，讓這些人逐月拿個千兒八百的銀元，本來算不了一回事情，承辦者既按月有了固定的收入，便設立一個專門對外的報館，僱上一二個編輯，時時在報上選擇那方有關的消息，用大字從新編排一下，另將其他印完報紙，換上自己報頭，將上項新聞拚排去印上十張二十張，寄到那逐月津貼的地區去，如此便算功果圓滿，目的達到。這個玩法，同時可與若干機構發生關係。

辦通訊社也是一樣，從社長到工役，只要一個人，用一副鋼版，一枝鋼筆，東抄西襲，就寄出去領津貼。他們在北京照樣掛著某報社或某通訊社的版子，而北京城內卻讀不到他們的報紙，報館收不到他的新聞稿，他們的生活過得怪安舒的。

等他們的後台老闆晉京述職，他們也活靈活現地以新聞界同業界的姿態，為之迎送奔走。就像這樣一類新聞界的混混兒，也養活了不少人。不過，這種旁門左道，只能說是古城百態的另一典型，我們還是談那幾家對古城文化有代表性的報紙吧！

在中國新聞界三十年來所一直流傳的兩個悲劇人物，一個是林白水，一個是邵飄萍。那時我已經從大學出來，踏進了北京新聞界，故對他們兩人遭遇的情形，耳聞目睹，知道的較為詳確，這裡先說林白水。

林日水字少泉，原籍福建，民國十年創辦北京《社會日報》，日出對開紙一張。他是一個善於補捉新聞的人，肯在版面上用功夫，使讀者每天《社會日報》上讀到與眾不同的消息。憑這一手，《社會日報》的銷路就打開了。那時候報紙上是沒有社論一欄的，只把頭條新聞做成一篇論文性的新聞報道，夾敘夾議的登在上面，《社會日報》就用這條新聞來吸引讀者。

當民國十三年直系被奉系打敗，張宗昌的部隊配合奉軍進駐北京，林白水在《社會口報》上面大罵當時的國務總理潘復。潘在張宗昌左右，向有「智囊」之稱，林白水譏笑他不夠稱為「智囊」，只可說是隨張宗昌下部擺動的「腎囊」。前乎此時，潘復當過財政次長代理部務，又兼過永定河堤防督辦，林白水說他只知道挖泥，水利工程可談不上。他那篇文字當中有「腎囊總長」「挖泥督辦」這八個字，一時傳為佳話。這種刻毒文字，本來就有傷忠厚，只會使讀者一時發發笑而已，林白水做夢也想不到因此而招致殺身之禍！

這篇文字一刊出，潘復可恨透了。因潘復在私交上對林白水是很好的，他主持「南北統一善後委員會」的時候，曾任林白水為該會秘書，並不是視其為部屬，而待以客卿之禮，每月照送薪水，極盡拉攏之能事。《社會日報》之創辦，潘復是投資不少的，胡政之也是《社會日報》的發起人，其後胡政之和林白水合不來，即退出該報，另創「國聞通訊社」，從這些地方，也就說明林的為人，修養還是不夠的。

張宗昌進入北京，潘復便請求張宗昌槍殺林白水，以洩私憤，張宗昌對此自然是依從的，於是就手令憲兵司令部往拿。憲兵司令是王琦，王以前是潘公館的賬房先生，由潘一手提拔出來的，所以潘復示意王琦非把林白水置之死地不可，王當然奉命惟謹。馬上親自帶著衛隊到社會日報去捉拿，可巧那時林白水正躺在床上抽鴉片，王琦走進去對林很恭敬的打招呼道：「社長，你好！」林白水帶著瞧不起他的意思笑道：「大司令怎麼肯屈尊到小報社來走走呢！」王琦說：「我們督辦（指張宗昌）想請社長去談談。」林白水不屑地說：「啊，你們那位督辦要請我去談談，好吧！等我抽足了再去。」林白水過足了癮，大搖大擺地跟王琦走出去，門外停了兩部汽車，王琦伸手讓著說：「社長請上車」，林白水就上了第一部汽車，兩個便衣便跟上去，押著開往憲兵司令部，王琦則坐上另一部車子了。

薛大可和林白水是要好的朋友，得到這個消息知道事情很嚴重，馬上跑到張宗昌那裡去碰頭求情，張宗昌答應了，下了個條子給王琦，要他從緩執行。

王琦可難了，不殺林白水，對不起老東家潘復；殺吧，督辦又已經改變了批示。這怎麼辦呢？抓了一陣頭皮，想出來一個缺德的主意，把張宗昌第二次的手令壓在辦公室桌上，當作沒有看見，帶起第一次手令，躲著不露面，當晚就把林白水槍殺了。

這是當年軍閥官僚無法無紀草菅人命的醜惡行為。林白水為人固然有缺點，用文字侮辱他人人格與名譽，潘復儘可訴諸法律，其罪尚不致死呀。所以，當時社會輿論譁然，群起反對潘復之違法。那時候雖說軍閥政府不講理，究竟還有幾分畏懼輿論的指摘，像前年中共在廣州慘殺新聞記者，一殺就是一大群，好像切西瓜似的，這種駭人聽聞的事，在軍閥時代也不會有的，時代的確是「前進」了。

這裡順便說到現任駐伊朗大使吳南如，他就是那時《社會日報》的記者。因為潘復很賞識他，給他一個財部諮議的名義，華盛頓會議時，潘復推薦他以特派員名義參加出國，吳就是這樣轉入了外交界，一帆風順的爬了起來。

至於邵飄萍和林白水的情形又不一樣，邵飄萍的確是一個令人想念的人。他是浙江嘉興人，日本留學，完全一派風流才子型。而其眼光、文筆，與乎對新聞的分析力，雖不及民國初年的黃遠生，但求之後來的記者群中，還是不數見的人才呢！民國七年創辦《京報》，他一直是支持馮玉祥、反對奉系的。馮玉祥慫恿奉系的郭松齡倒戈，邵飄萍很幫郭說話，大事替他鼓吹，因而張作霖恨之刺骨。

張作霖俘殺郭松齡之後，必得邵飄萍而後快。及直奉聯合打擊馮玉祥時，直軍前敵總司令田維勤帶著少數部隊，深入北京城與馮部將領鹿鍾麟面商和平解決戰爭辦法，那時，適邵飄萍亦在鹿的房子裡，鹿氏還特別給田維勤介紹，請田多多照顧他。

爾後吳佩孚堅決要馮的部隊繳械投降，馮部遂退出北平向西北撤走，北京便成了奉系的天下，田維勤也無法幫邵飄萍的忙了。

張作霖到了北京，邵的耳目也是多的，聽見張作霖不能放過他，就馬上進入東交民巷使館區，以避其鋒。他在六國飯店開了一個房間作幌子，德國醫院也住，另外俄國駐華公使加納罕又掩護他住在俄國商務代辦處，可以說是狡兔三窟，很夠安全的了。

然而邵飄萍又何以遭逢意外呢？說起來就是擁有妻妾壞了事。原來邵飄萍有一妻二妾，大太太湯修慧，二太太是北平名女伶小桃紅，另外一位三太太記不得是叫什麼名字。一個槽栓不了三匹叫驢，妻妾之間，勃豀時起，他躲在德國醫院的時候，大太太和二太太又鬧得不可開交，邵想要親自回家調解，又怕出不得東交民巷。

恰巧那時有一個新聞界的同業張漢舉，此人綽號「夜壺張三」，在直奉聯軍總司令張宗昌面前很吃得開。當時對邵拍胸說，他可以保鑣，決無問題。邵飄萍信了夜壺張三的話，一個旁晚，從東交民巷走出來，想回家去一趟。剛踏進騾馬市大街魏染胡同《京報》館，就被警方的眼線知道，許多軍警馬上便來了，當時把《京報》館包圍，邵遂被捕。第二天就被張作霖加以「赤色間諜」的帽子，在天橋公開槍斃了。

說起來毛澤東和邵飄萍都有過一段淵源，因為邵氏在北京好幾個大學任新聞學教授，他的新聞學講得很好，那個當北大圖書館館員的毛澤東，常常去旁聽他的講課，因此，搭上了邵的關係。後來毛澤東在北京待不住了，想回湖南轉到廣東去，沒有旅費，邵飄萍還送了他二十塊大洋才能成行。毛澤東當時是感激零涕的，到民國三十八年，毛澤東在北平沐猴而冠後，想起當年的恩公邵飄萍，就到處尋邵的後人，住在南京的邵夫人湯修慧，聽到這個喜訊，就趕到北平去見毛澤東，現在湯氏是否健在？不得而知了。

另外有一和林白水同樣是以文字構禍的，那就是費覺天。他是北大學生，此人行為很不檢點，又愛信口雌黃，造謠生事，他不是正式新聞記者，只在北京各小報投投稿，寫些酒後茶餘消遣品的小品文字，談不上文章，而且他那些玩意，又多半無中生有，暗箭傷人。即或有那麼一點影子，他一定添枝加葉的渲染一下，聳人聽聞。從文人品德方面說，這是要不得的。那時國民第二軍正在北京，馮部下的平漢路護路司令龐炳勳，是個跛子，不知何時得罪了費覺天，費的筆下專門挖苦老龐，有時說，跛子將軍日昨挾妓遊北海，時而又虛構一些故事，反正以損貶龐炳勳的名舉為能事。

在北京城內，龐炳勳奈何他不得，只好憋著一肚皮悶氣，忍下去了事。後來龐炳勳部在平漢路中段駐防很久，又兼任平漢路南段護路司令，恰巧費覺天因事回湖北原籍，消息給龐部的駐京辦事處知道了，當即電告龐炳勳，費覺天坐車到了鄭州龐的防地，護路部隊上車檢查，把費捕獲，也以赤色間諜罪名，就地槍決。

北洋時代的記者不好幹，動不動就吃官司，喪性命，而記者不尊重自己的人格與職務，也是有的。胡說八道，言論自由，超越了法律範圍，一班當道者，視新聞記者為洪水猛獸，一舉一動，都在提防著，兩方面都犯了絕大錯誤，社會又怎麼不糟呢？

等而下之的新聞界敗類，藉報紙敲竹槓，或顛倒是非，抹煞事實，為了幾個錢，什麼傷天害理的話都寫出來。此等人也是有的，不過究竟是少之又少。

《晨報》在北京，可說是第一流的報紙，由大律師劉崇祐所創辦，以後落入研究系之手，報館在順治門外（即宣武門）江西會館南邊，現在投靠中共的羅隆基，曾任該報主筆。陳博生當過社長，陳離開《晨報》之後，就跳進了中央通訊社，擔任東京分社主任。

這個報的副刊最精彩，在學術界很有地位。那時該報的態度是反共的，民國二十四年曾被共特投過炸彈，接陳博生手的是林仲益，現在北平當中共《光明日報》社社長。君子豹變，大人虎變，凡是識時務的「俊傑」，他的祕訣就是善變，林仲益可以算是一個善變的代表人物了。

現在該談談我和管翼賢合辦的《實報》。這個報我們確實花了一片心血，也確實在中國新聞界圈裡留下了不可磨滅的印象，事業對人的安慰，是沒有什麼可以比擬的。

我先介紹管翼賢這個人。

管氏是湖北蘄春人，他進過憲兵學校，陸軍測量學校，日本早稻田大學，他有多方面的研究興趣，轉入新聞界之後，又一躍而成為北國新聞界的泰斗。他的學識能力，不下於邵飄萍、林白水，而品德勝於林，交際與組織能力又勝於邵。儀表風度，談吐應付，具有一種攝人的力量。我平生很少逢到像他這樣的一個人，他於民國七八年間，就開始踏進新聞圈，那時有個不大不小的政客陳班侯，想以新聞事業作政治敲門磚，就辦了一個「神州通訊社」，請管翼賢當記者兼編輯。管氏正愁長才莫展，現在既有用武之地，就把他全身解數使出來，誠心誠意來搞這個通訊社。那時，中國辦通訊社的並不多，國際消息有外國通訊社供給電訊，國內的政治、經濟、社會、文化等新聞，各報館有自用訪員，通訊社是一個比較冷門的事業，問津者不多。可是神州通訊社自從有了管翼賢，他的辦法多，交際廣，肯用腦筋，擅鑽門路，加上文筆敏捷，別具新聞眼光，不但把神州通訊社社務辦得蒸蒸日上，且將該社重心也轉移到他的身上了。同時，外國人辦的報紙和通訊社，聘他為通訊員或特派員者，又不下十餘處。

這個形勢既已造成，陳班侯之辦通訊社，又本來「醉翁之意不在酒」，於是就索興把通訊社交由管氏去主持。

按當時發展的情形，這個通訊社遲早要執首都新聞發佈之牛耳，可是到了民國十三年，張作霖入關，就全盤失敗。因為神州通訊社和直系建立了相當的關係，直奉戰爭，奉系把直系打得大敗，張作霖是以勝利者姿態入據北京的，形勢一變，他自然不讓一個接近直系的新聞機構繼續存在，當時就命令警憲逮捕管翼賢。

管氏在北京城內無論那一機關和社團，都是兜得轉的地頭鬼，耳目是很長的，當大元帥府在電話中傳達口頭命令時，電話局同時把這消息通知了管翼賢，所以他能及時走避，一溜烟的便逃到使館保衛界的東交民巷，再轉往大連去了。這種外交連絡的功夫與機警性，又是邵飄萍和林白水所不能及的。

管翼賢既交遊廣，腳踏寬，不怕沒人代他向奉軍疏通，張大帥事過境遷，也不願過事追究，於是，他復由大連轉到天津，在英國人辦的《泰晤士報》當編輯。

到次年，他和張作霖三四方面軍團部的關係接上了，所謂三四方面，即是張學良的三方面軍和韓麟春的四方面軍，由這兩個部隊統一構成的一個番號，天津的《益世報》，由該軍團部祕書霍戟一擔任總編輯，管氏通過少帥（那時咸稱張學良為少帥）的關係，又兼了《益世報》的編輯。

像他這樣一個才華洋溢，又具有事業心的人，豈甘屈人下永遠當一個編輯嗎？這時他就動腦筋要辦一個通訊社，作為自己事業的據點。

我和他合作，應該從這時候算起，彼時我剛從大學畢業不久，但我已經在《益世報》當了戰地外勤記者。

奉軍和晉軍開釁，那一場有名的傅作義死守涿州的爭奪戰，就由我擔任採訪。那時涿州城外奉軍的兩個指揮官，我都搭上了關係。第八軍軍長萬福麟，他的司令部設在涿州南之松林店車站；砲兵司令鄒作華，司令部則在涿州北之永樂村車站。

說起來傅作義、鄒作華、萬福麟三位將軍和我都是很要好的。但涿州城進不去，我的採訪重點只好就擺在奉軍這方面。平漢北段的交通，白天是無法通車的，我總要在天未亮就得趕上前線，到夜晚九十點鐘，才搭車回北京。回到了北京，又要馬上把當天所得的戰況，用長途電話打到天津，由管翼賢筆錄下來，斟酌使用。可是到第二天的報紙上，不但對這些消息報道得鉅細不遺，而且他更詳述來龍去脈，加以客觀而正確的推斷，就成了一篇精彩詳盡的「本報特訊」頭條新聞，這種天才，實在使我可敬可佩的。

可是天津雖說是一個北方的經濟中心，但辦文化事業，還是要到北京這個政治中心去才有發展。所以管冀賢在得到當局諒解後，就捲土重來回到北京再顯身手。

他和我因為《益世報》那段關係，彼此都覺得有共同合作建立事業之必要，於是就創辦一個「時聞通訊社」，社址設在宣武門內嘎里胡同。我倆本來都是會鑽新聞的，每天為天津報館寫通訊，用不完的新聞資料有的是，如果自己有了通訊社，便不愁新聞的來源與去處。

就這樣我們便正式幹起來了。他任社長，我任副社長。我在外面採訪新聞，他在內面主持社務，另外找了兩個寫鋼板的練習生，兩名騎車送稿子的工友，這樣的就把一個通訊社開辦起來了。

我們的新聞來源，有如長江大河滔滔不絕，只看我們能不能全數容納它。我們跑社會新聞稿尤其賣力，隨它什麼無頭無尾的事，隨它封鎖得如何緊密的消息，我們也要找尋一點裂縫，便從這裂縫中可以原原本本把新聞找出來，時聞通訊社是這樣的闖出了天下。

平津各報社不止是要用時聞通訊社的稿子，而且每天晚上非等到時聞通訊社的稿子送到，編輯部是不開工的。因為等待時聞通訊社的稿子到來便可作最後的決定。

我們不在待遇上去打算，大家不拿薪金，最多每月由社裡買些麵粉，按家庭人口多寡拿回去。可是我們另有財源，原因是我們的新聞採訪的路子濶，消息的來源快而正確，上面我說過，各地報館請我們兼任駐京通訊員或特派員的工作，那時，每一處拿個七八十元現大洋，憑這些收入，已經夠一家子過著富裕的生活了，連那兩個寫鋼板的小職員，都抖起來了，何必要在社裡再來支薪呢！

時聞通訊社的基礎打穩了之後，我們就想另辦一個日報，因為我們的消息太多，就是再辦一張報紙，內容也比人家的報紙充實。

我們商量之下認為辦一個大報，北京城裡的大報，已有了《京報》、《晨報》、《世界日報》，以及每日能由天津運到的《大公報》、《益世報》、《庸報》等，報紙供應，已經達到它的飽和量。我們只有別創一格，另出一種小型報，而又不落入一般所謂小報的窠臼，這樣就能別樹一幟，吸引讀者。北京已有的小型報如《小小日報》、《實事白話報》、《群強報》，這些都是四開小報，完全是迎合低級趣味的讀物。我們要辦的是小報的型式，大報的內容，高級的趣味，是一個麻雀雖小，五臟俱全的獨特報紙。於是我們決定創辦一個四開小型的《實報》，並確定「博採精編」主義，凡是大報有的消息，我們都有，而我們獨家的新聞，大報又沒有。

這句話說來容易，但當編輯的人做起來那就難了。我們採用各外籍通訊社的新聞稿，予以重新編寫，成為短小精幹的電訊，再把本市新聞一一搜集，並採訪得比別家更詳盡。而我們時聞通訊社的發稿時間，是每晚十時截稿，所以十時以後的新聞，就留作《實報》去專用。那時北京的新聞從業者分為兩派：一派是坐治派，他們的社長是永不與外間接觸，一切新聞，全靠外勤記者來供給；一派是苦幹派，就是社長階層的人都親自出來跑新聞，回來自寫自編，等於內外「一腳踢」。我們就屬於後者。我們的報紙既是後起的，也惟有向這方面去發展才能取勝，這一著，可就讓《實報》領了先，每天我們都有獨家新聞和讀者見面，我們的苦心，算是有了收穫。

同時《實報》的副刊，也以後來居上的姿態，擁有大量的讀者。因為我們文稿取材的對象，是中下層的小市民階級，比如第一版右角宣永光的「老宣諷話」，是無所不談的上乘小品；王柱宇筆名無賴子的「每日叢話」，專門為低級社會仗義直言，因此，《實報》就向社會大眾展開了銷路。第四版的短評，又能把每一社會問題，針針見血的道了出來。所以，知識高的，每日也必以先睹《實報》為快，《實報》就在這種雅俗共賞的情形下，擁有廣大的讀者。

這一個新風格的小型報，想不到在中國開了先河，以後南京的《朝報》、《人報》，上海的《立報》、《社會日報》，都以《實報》為藍本，其中以《立報》辦得比較成功。

這樣一來，管翼賢和我都忙得不可開交，於是我們分工合作，《實報》由他當社長，我任副社長；時聞通訊社由我任社長。各以六與四的精神比例，同時負起這兩處的責任。今天在海外仍舊從事新聞工作者，如檳榔嶼《光華日報》的主筆劉問渠，香港《新聞天地》總經理黃綿齡，即是舊日與我在故都時聞新聞社從事新聞業務的鬥士，其他現散在各地者尚不知多少。

若要我們辦《實報》的資本額，那個數字就少得令人難以置信。管氏找鄂籍軍人徐源泉一次送給大洋五百元，前陝西督辦寇霞將軍拿了四百元，方振武二百元，我通過第四集團軍前敵總指揮部參謀長王澤民將軍的關係，向白崇禧總指揮每月領到津貼三百元。七併八湊，一共集到一二千大洋，就大鑼大鼓的辦出那個四開一張的《實報》，這真是一個傳奇故事。

我們那時跑新聞，確實是以戰鬥精神去幹的，譬如到第四集團軍總指揮部去採訪新聞吧，我是熟門熟路，人事關係多，白健生將軍主持紀念週，每在講話中有許多新的消息，便等於發佈軍訊一樣，他講完了，就把若干可以發表的消息順手交給我。可是，天津《庸報》駐北平的記者金達志，也是一位採訪好手，他在四集團軍總部的人事關係沒有我熟，不免吃虧一點，如果當時沒有拿到總部的新聞稿，他就在禮堂外候著，等我一出來，不放我走，否則，就爭奪，只有最後大家講條件，謀妥協，把新聞內容透露給他才算了事。

我們是這樣的競爭，這鏡頭可夠緊張刺激的了。

我們每天跑新聞，照例一早吃了點心就出門，身上常常帶著乾糧——燒餅，到了新聞目的地，大家忙著找材料，連吃飯的工夫都抽不出來，找杯白開水，來吃幾個燒餅，塞飽了肚皮就行了。我們的興趣乃是在爭先找到新聞。

電報局和電話局，我們一年四季買了人情，上上下下都是通的，什麼消息都會及時通知我們，有些社會新聞，公安局還在封鎖中，我們都已經老早得到很詳盡正確的消息了。

因為我們有了電話局作耳報社，可是，公安局卻莫明奇妙，不知道我們的消息從何處得來，反轉求我們報社和通訊社幫忙，因為我們的消息靈通，使他們不得不買賬。

北伐剛完成的時候，北方社會秩序尚未恢復，平市四郊簡直萑苻遍地，天天到處鬧著劫殺案，治安當局本著「治亂世用重典」的辦法，只有採用刑殺手段，因此，槍斃土匪的事，無日無之。

當時城防是由晉軍擔任，警備司令李服膺，和我的私交至厚，所以，這些懲辦匪類的消息，我可以優先獲得。每逢槍斃匪犯，我們頭一天就有匪犯的照片與全部案情準備著，第二天執行時，我們的報上就有詳細消息及各匪照片刊出，這使同業中都為之眼紅的。

民國十六年以後，中國的新聞業，長足邁進，北平有好幾所大學都有新聞學課程，顏旨微、邵飄萍、成舍我、管翼賢和我都在一些有新聞學系的大學裡兼了課。我們的講義，固然也借重外國參考書，但仍以我們的實際工作經驗與心得為主要教材，聽課的學生，就以《實報》及時聞通訊社為實習場所，這樣的教育，是最切實而收效的。

正因為《實報》以新聞勝，所以凡到過北平的，都要看看《實報》，而看了就會被吸引住，以後離開了北平，還是一個長期定戶呢！我們和山西、陝西、東北、西北、南洋，以及中央各方面都建立了關係，這關係並不是普通的敷衍，乃是密切深厚的友誼，因此，我們就運用這一有利形勢，把《實報》做輻射性的推廣。後來，我們有了捲筒機，增加到了十五萬份的銷路，但決不是奇蹟，而是辛苦耕耘，一點一滴累積起來的成就。

北方的軍政方面，不用談是近水樓台，我們一定能建立起來報紙和他們的關係，就是十七年首先進入北京的國民革命軍以及二十一年北上抗日的國軍，沒有那一個部隊，不和《實報》、時聞通訊社發生關係的。而我們私人間與部隊長都交流著至誠的友誼，因之，隨軍採訪，就沒人能和我們爭一日之短長了。

管翼賢和我約定，我們要把報紙辦好，除了報紙本身求進步之外，還得在我們做人方面下功夫，這真是一種參透了人情世故的老大學問，因此，我們抱定，誠信與助人兩個信條，我們的社會關係，就是這樣打開來的。

他也的確肯幫助人，尤其是對於同業的朋友，只要人家有困難，不待別人開口，就會為之奔走解決。

北平記者公會理事長，長期的落在他的肩上，我們這些《實報》苦幹的青年記者們，則分任理事或常務理事，我們大家把青年記者團結得「融洽無間」。

那時我們在北平，不要說業務忙，社交應酬更是忙得不可開交，平均來說，每天總有三處五處的宴會，每到一處，只吃一兩道菜敷衍一下，就得告辭去趕往另一處約會，這不能算是吃飯，這是道道地地的在應酬。

無論政府機關招待記者，或新聞界發生任何事件，都得先問管翼賢，他在古城中，可以說紅得發了紫了，後來秦德純任北平市長，發表他任市政府祕書長，他竟堅辭不就，這也就說明了管翼賢在北平社會上的地位。

一直到七七事變發生，古城快要淪陷了，他才離開了北平，這時由我在一個短短時間中，支持著報社和通訊社的責任。

這個時期，我一面把報社的存紙遷移，一面逐日陸續把機器拆卸，分別寄存在一家素有往來的德國洋行及管的太太的娘家，和同事黃綿齡的家裡。

這些事，我做得很祕密，外面一點看不出來痕跡，此時，日軍還沒有到達，北平市是維持會負責填補那一段政治真空時間。

公安局長潘毓桂，是日本留學生，他已決定了作漢奸的如意算盤，很想把《實報》拿去作政治資本，時時防範我逃亡。偵緝隊長馬玉麟和他下面那些爪牙，像貓子捕老鼠般的在監視我的行動，我把應辦的事都辦妥貼了，就同劉問渠、黃綿齡兩位老弟一同開溜，其他善後問題，我就交給當時《實報》總編輯及後來我辦昆明《掃蕩報》社代理社長的江肇基去應付。

我離開北平的時候，不敢在北平前門車站上車，因我與軍警界上下官兵員警認識的人太多，保不住沒有敵偽的眼線。於我一人在開車前一個鐘頭便由住地徒步向豐台車站走去，預定等到由北平開出的火車到達豐台站時，再由這裡上車。登車之後，假裝有病的樣子，伏在茶椅上打瞌睡，可是那時已有日本憲兵隨同中國軍警巡查著，如果他們以為我真是生病，那又不行，他們是不許可病人登車，所以這一路真是提心吊胆。

等我到了天津，剛過了法租界的大鐵橋，劉問渠老弟把我一拉，說：「社長，馬玉麟追過來了」，我心裡一怔，連忙回頭一看，可正是他帶著便衣偵探趕來了，我們坐的是火車，他是乘汽車追來的，天幸那時我已經踏進了法租界，只是向他揚手道別，發出了脫險後的大笑，他們也只好徒喚奈何了。

我在天津會到管太太之後，把報社一切經手事件交代清楚，就搭船到青島轉濟南，和管兄在途中碰了頭。他預備在濟南把《實報》復刊，可是我在此時身心俱疲，決定要回江西去，看看久別了的故鄉湖山。

這以後的旅次，到處順利，膠濟鐵路局長葛光庭先生，為我掛了一個車廂，到了鄭州，又見到平漢鐵路局長何競武先生，承他又特別為我掛了一輛車，直送我全家大小到了漢口，從此便順流而下，回到故鄉，這次休息了一二個月，大劫大驚之後的靜恬，是人生最高的享受，可是，不久我又投入軍旅了。

我至今寢食難忘的，就是管翼賢與我在北平奮鬥了十三年的一點的新聞事業，竟如春夢了無痕，讓抗戰的砲火把它徹底摧殘了，想起來實在可惜。然而勝利後我在北平所復刊的《新生報》，何嘗不是為赤魔劫持以去？個人事業是如此的多難多災，轉而想到自大陸陷於中共後，公私事業被它吞沒的又何止千千萬萬，然而我們那點點成就，豈不是滄海一粟，渺不足道？想到這些地方，我又一點遺憾也沒有了。

北平很有幾個外國人主辦的報紙，資格最老的，當推日本人辦的《順天時報》，這份報紙在庚子以後就在北京創刊，報社在順治門內，也就是後來馮玉祥班師回京新開的那個和平門門口，它和東北的《盛京時報》，是遙相呼應的。民國十三年在北平發行的《東方時報》，以及大連的《遠東日報》，天津的《京津日日新聞》，這些都是日本人辦的報紙，說穿了，這些都是配合日本侵華政策的駐華特務機關，談不上中日文化的推進與交流。

另外還有個《英文正報》，是由英國人辛博森擔任主筆，再有一個《英文導報》。

至於北平另一成功的報紙，當推成舍我先生主辦的《世界日報》和晚報，尤其日報，那也可以算是華北報界之權威。可以說《世界日報》的成功，亦即是主持人成舍我先生的成功，我先介紹成舍我先生這個人，他原籍是湖南湘潭，因為他的祖上宦遊安徽，他生長在安慶，長成之後，又一直在北平讀書做事，所以，他是一個說北平話帶安徽腔調的湖南人，而其做事的精神，則道道地地的保存著「湖南騾子」那股堅韌的幹勁。

他在十餘歲的時候，也就喜歡和一班思想前進青年接近，讀中學是在安徽，那時候他已參加皖省一些青年革命組織，這些組織的名稱，我忘記了，只曉得是一個側重軍訓的學生革命團體。他曾在這個團體裡擔任中心工作，那大概是受了當時所謂革命青年——前進青年的影響，並且因此曾遭受當時主政之軍閥拘捕入獄。

他到北京後，與劉半農、陳獨秀，李大釗這輩前進的人物相交，他的思想自然比一般同學更積極，對於新時代的事物，更有興趣。

他是與上述那些人從事文化新聞等工作的，五四時代，劉半農在北大教書，陳獨秀是北大的文學科長，同時又是發動五四運動的領導人物之一，李大釗是北大圖書館的館長，成舍我在五四後到了北平，這些老朋友，很想要他進北大去做事，李大釗亦曾要他去北大圖書館當館員，如果不是他當時斷然的辭謝，他和他那位同鄉好漢毛澤東還有著同事之誼了？

他那時不進北大圖書館，是有理由的，他覺得自己只是一個中學畢業生，一切學問資格還不夠，應先要完成大學教育再說，所以，他婉謝了李大釗的好意，於民國十四年考入了北京大學。

他一面在北大讀書，並主編學生刊物，一面開始和新聞事業結了緣，那時，便在北平益世報兼任編輯。

他的思想是激進的，胆子又大，敢作敢為，那時，正是安福系當國，一般人對安福系那一套親日政策表示不滿，他在報上寫了一篇「安福與強盜」的文章，對安福系的批評是極盡口誅筆伐之能事，因此，段祺瑞大為震怒，北平《益世報》因而一度被查封。

民國十二年他把求學時代半工的薪水積蓄拿出來，開始創辦《世界晚報》，次年又出版《世界日報》。說起來真是奇蹟，他的開辦費，比我和管翼賢辦實報的錢還要少得可憐，只是二百元資本起家。那時候賺錢不是容易的事，一個剛出學校大門的學生，能拿得出二百元銀元，這數目可是不少啊！

《世界日報》所爭取的讀者對象，大部分是文化教育界，刊物內容，的確是相當精彩而豐富，最高銷數，到了三萬多份，以中國社會文化水準之低，光是在文化教育圈子裡求發展，能達到這麼一個銷數已經很了不起啦！《世界日報》能在中國新聞界異軍突起，決不是僥倖的事。

《世界日報》出來的人物，也很不少，現在自由中國行政院副院長黃少谷先生就是在該報工作過的，當時黃氏在國立北平師範大學畢業後，便考入《世界日報》，先當外勤記者，以後調任編輯，不半年即升為總編輯。名報人羅敦偉也在《世界日報》任過編輯職務，雷嗣尚和龔德柏及現在紅朝任偽北平市副市長的張友漁，偽出版署副署長薩空了，都在《世界日報》任過主筆或編輯。

《世界日報》在北方的政治圈子裡，比較和馮玉祥接近些，因為成舍我是一個站在時代面前的人，當然對北洋軍閥政府是不滿意的。所謂直系、奉系、皖系，原都是一丘之貉，同樣是以禍國殃民為職志的。而當時北方的政局，總不出這三系之外，你爭我奪，此起彼落的玩著走馬燈，因之，馮玉祥那一套矯揉造作的奸雄手段，卻能抓住一般知識份子不滿現狀的心理，因而要求對政局革新的人士，莫不寄望於馮玉祥的勢力。——在政權建立於槍尖的時代，這也是無可奈何之事，所以，《世界日報》之接近馮系，就是出於這種心理。

直奉聯合討馮以後，馮失勢，率部走西北，由於《世界日報》和馮的淵源，所以黃少谷和雷嗣尚先後都當過西北軍總部的祕書長，而黃少谷更從此踏入中國的政治舞台。馮氏失敗後，他到英國留學，學成歸來，任軍事委員會政治部第三廳長，嗣升為副部長，現在則為行政副揆，也算為書生「揚眉吐氣」了。

說到黃少谷先生，順便在這裡把他的經歷簡單的介紹一下。

當時中央主辦下的有兩家大報：一個是黨報，即《中央日報》，那是屬於中央黨部的；一個是軍報，即《掃蕩報》，那是屬於軍委會政治部的。黃氏既長理政治部第三廳，該廳主管宣傳與文化，所以後來《掃蕩報》也由他來主辦。

這個報最早是在南昌創刊，那是江西剿共的時期，由軍委會政訓處辦的一張四開小型報，後來在漢口出版對開報，抗戰期間，總社設重慶，桂林和昆明兩處設分社，勝利前夕，中央召開政治協商會議，為了避免中共的挑剔，認為《掃蕩報》的火藥氣味太大，遂改名為《和平日報》，這樣就把《掃蕩報》的正裝解除了。不過這是張治中的傑作，與黃氏無干。勝利後，桂林版停刊，昆明版保留，增設上海、漢口、蘭州、瀋陽四地分版，《和平日報》成為擁有五個分版的大報——軍報在中國形成一個突出的文化系統了。

《中央日報》和《掃蕩報》，是蔣總統每日必讀的刊物，侍從室還把當天該兩報的重要消息與社論，用紅筆勾出，讓總統注意。所以，少谷先生更是不敢忽略，就是他因為有事不能到報館的時候，總編輯黃作球（現在港經理新世界影戲院）也得在電話中把社論念給他聽，偶有問題時，必親自看過，方才放心。

《掃蕩報》是他事業的基點，他的謹慎、穩重和清廉，是成功的主要條件，所以，他的政治任務，雖隨時更動，但中央的文化事業，卻長久地是由他來負責主持的。

他是講求實事求是的人，態度雖然沉默，但充滿熱情，對人也藹然可親，與他曾經久共辰夕者，都瞭解他這種個性。

把少谷先生生平簡單介紹完畢之後，這裡再說到成舍我先生。當時北伐完成，國都南遷，北平已失去政治重心所在，北平《世界日報》雖然繼續出版，但不足以發展成氏之長才，所以成氏又到南京去創辦《民生報》，在上海創辦《立報》。後者雖然受抗戰影響，發刊不足兩年，但其成就之大，在我國新聞史上卻留下了最輝煌之一頁。

為了南京《民生報》，舍我先生還曾經和改組派的大將彭學沛打了一場很有名的官司，這是成舍我不能和改組派妥協的原因之一，這以後，汪精衛和成舍我，彼此間的印象都是很壞的。直到大前年，徐訏在香港出版《幽默》雜誌，第一期就登載著成舍我一篇回憶錄式的文章，他還說他平生所憎恨的就是汪精衛那種奸偽的笑貌呢！

除了《世界日報》，它的姊妹刊《世界晚報》，在北平也執報界之牛耳，該報在北洋軍閥時代，曾經出過一個很好笑的亂子，那是民國十四年，吳佩孚與張作霖聯合打馮玉祥，即所謂奉國戰爭，馮的國民軍已退往張家口，直系又重據了北京城，成舍我因為與馮玉祥接近，深恐稍一不慎，引起直系的挑剔，所以他對每天的報紙編排，總是小心翼翼的要親自看過大樣才付印的，字裡行間，不敢有半點刺激直系的意味，可是有一天成舍我要出去開會，但大樣還沒有印出來，正要焦急的時候，龔德柏就說：「你忙，讓我替你看大樣好了」。成舍我就離開了報館。

開了會歸來的途中，認識他的報販，就把一張當日的《世界晚報》送給他，翻開一看，天哪！大標題把直軍前敵總司令張福來的「福」字，誤植為「禍」字，赫然成為「張禍來赴前線督師」，你看糟不糟？成舍我知道這個亂子闖很不小，馬上開溜，後來《世界日報》只受封閉的處分，總算是萬幸了。龔大砲一時大意，為成舍我招來這麼一次麻煩與虛驚，可也夠受的了。

另外，成氏在報社裡附設一個新聞專科學校，造就出來中下級新聞的人才也不少。

抗戰前，李石曾主持北平大學區，他曾任該機構的祕書長，所謂北平大學區，其職掌是包括冀、魯、豫、察、綏等若干省的高等教育，範圍職權都是很大的。

北平《世界日報》到抗戰發生，就自動停版，以後隨戰事轉進，本來想在漢口出版的，但沒有成功，到了重慶才正式復刊，香港未淪陷前，上海《立報》曾在港復刊，香港陷落後，《立報》也停了。勝利以後，北平《世界日報》返回古城，再和讀者見面，重慶版依然繼續發行著，大陸陷共後，他的事業，也就暫告一段落，這種損失，精神的比諸物質的更為重大。

現在成舍我在香港方面，是《自由人》三日刊的主持人之一，同時，他又是新聞界選出的立法委員，今年又在台北辦了一個新聞學校，他是一個始終不放棄新聞事業的文化鬥士。

他今年已逾花甲之年，頭髮也斑白了，可是精神很好，他的蓬勃新聞事業，只要機會一到，大有恢復舊日河山的可能。

他的女兒成之凡女士是名音樂家，在德國、法國、義大利都蜚聲藝壇，在香港也表演過，聽過的人，一致給予以好評。

在那時北方報界，他與胡政之、張季鸞、邵飄萍、管翼賢、陳博生、羅隆基、龔德柏等都是相等的地位，後來，龔德柏自己辦了一個《大同晚報》，內容也很夠水準。

《益世報》是天主教的刊物，但北平《益世報》，比天津《益世報》要遜色一點，北平《益世報》的主持人是杜竹喧，後來交由馬在天去負責。

前面所述的《晨報》，可惜始終沒有建立它的獨立性。永遠在政治風濤中盪來盪去，成了政治場上的一個文化皮球，這是很遺憾的一回事，它的前身是《晨鐘報》。

另外，還有《鐵道時報》，內容平平，是側重交通界新聞的報紙，《民言報》辦的比較不錯，這是一張對張報，很擁有一些讀者，它是閻錫山任平津衛戍總司令時主辦的，在小型報當中，能夠步實報後塵的，只有《新北平報》和《時言報》，《時言報》是常振春辦的，提起常振春這個人，也可說是一時奇人，他是拉黃包車出身，一個大字也不識，後來他改當報販，憑這點關係認識了許多新聞界的朋友，他就籌資辦了這個《時言報》。

他對人誠懇和氣，善能用人，公然把這個報辦得很像樣，至於發行，那是他的本行，更沒有問題，所以，《時言報》在北平小型報紙中也算得二流的刊物，比那些什麼《群強報》，《實事白話報》就好得多了。

寫到這裡，我就想到辦報這回事，說起來是輕而容易的，真做起來可就非常之難了。報紙是白老虎，每天在印刷機器上轉動著，那是要鈔票的，這不是隨便可以嘗試的事，沒有充份的資金，賠上三五年的本錢滿不在乎，那簡直是不能辦，此其一。

同時，不只是把白紙印成黑字就行了，必須要有內容，要能掌握讀者，又要能有良好的管理與發行，這些都是關係到人的問題。

文化事業是有遠功而無近利的事，從事這一行職業的，可以說是一種苦生涯，沒有卓越、堅忍、弘毅的精神，一定會半途而廢的。

所以說，辦報要有有貝之才，也要有無貝之才，這兩項缺一不可。光是有資本，不一定能辦好報，即令說他的錢是大把大把不在乎，辦報等於把鈔票投向水裡去玩玩，可是這一投，應該投起一個浪花，發出一個聲響，否則，那又有什麼意義呢！

報紙的任務，既是報導消息，發揮輿論，促進政治、文化、社會的進步，增進人群的福祉，是有著批評，建議，教育多種力量，但這力量要用得恰當。如果辦報的人，別有用心，去利用報紙造成社會混亂，顛倒是非黑白，正如過去軍閥手中的那一枝槍，能保國衛民，也能禍國殃民，可不慎哉，可不慎哉！

當然，報紙是要暴露社會黑暗，也應該歌頌光明，即使是批評某一人物，應該是批評他對某一事件的錯誤，決不是專門揭發別人的隱私，以求發洩私憤。英、美、法等民主先進國家的敵對黨間，彼此儘管互相批評責難，但決不涉及私情，徒逞漫罵，這種民主精神與政治道德，我國新聞工作者，似應首先學習的。以往由文字不慎而賈禍者，雖則是軍閥與酷吏之違法可惡，然受害的記者，自己也要負一部分責任。退一萬步來說，對方就是對你揭發私隱，採取「犯而不較」的態度，可是，新聞記者本身在道德上也還是有損失的。所以，新聞記者應該恪守新聞道德，就說捧人吧，那也要捧得恰當，要捧得有分際，把壞人說成一個好人，固然大不應該，就是對好人也不能捧得過火肉麻，那也是最愚蠢的，所以說，捧得不好，比罵他還難受。

消息報導，不但要迅速，爭取時間，而且應力求其正確，如果一時只圖搶先爭快，不顧其正確性，讀者將因先入為主的關係，受了不正確報導的愚惑，對社會個人的影響均甚重大。如果一旦證明其消息為不正確，別人對這報紙的信譽就從此降低了。我們看到許多想以誇張喧染來爭取讀者的報紙，只能逞一時之快，日子一多，就一點作用也沒有了。

以辦報發財的，幾乎例外的例外，報人的生活享受是取償於一個為文化而文化的精神領域之中，所以，他的目的只有一個，即是為辦報而辦報。立言必須公正，報導必須正確，只有確定為人群福利服務為宗旨，然後才能獲得社會的尊重，報紙受到社會的尊重，辦報的人的聲譽，自然聯帶增高了。同時，報紙與人事要分得開，報紙即使辦垮了，但辦報的人依然為社會所器重，這才是報人的成功。

我常常想到，報紙是一個社會大學裡一門主要功課，它所包括的各項基本知識，比任何課本要廣泛高深得多，作為這個大學的教師——報人，應該是要不斷的進德修業，從各方面去充實自己的知識，砥礪個人的操行，不但要追得上時代，更要站在時代的前面，去從事超越時代的工作。

三代以上，惟恐好名，三代以下，惟恐不好名，今天是一個從人到物同時進到了廣告時代，報紙是具有這種廣告效力的工具。新聞記者之所以受人歡迎，即是他能予人以一字之褒，人家的身價就高了；一字之貶，人家的名譽就毀了。因之，一個在職的記者，就不免有人來拉攏，甚至可還有貴重的饋贈，可是，這也就是一個最危險的階段，如果一個新聞記者自以為從此了不起了，胡天胡帝的瞎混下去，可是，到你離開了崗位，失去了憑藉，你就要碰到往日對你鞠躬如也的人，一變而為對你冰冷陌生了，於是，人情冷暖，世態炎涼的滋味，便淒然而至。

其實，這種沒趣是自己招來的，這種感慨更是多餘的，何必呢？這話又說回去了，前面講過，記者在職的時候，只有力求充實自己，兢兢然進德修業，不問其他，言其所當言，行其所應行，盡到一個做記者的天職，那就心安理得了。假使是利用一時的職權來漫罵，以逞一時之快，或瞎捧以冀些許之利，無形中就變成了為人利用的工具，凡是工具，其利用價值是有時效性的，失去了這價值的時效性，權威沒有了，朋友也沒有了，這是一點也不稀奇的。

可是，有一個例外，就是凡有學問有道德的記者，則其進亦泰然，退亦泰然，決不會有患德患失那種無謂的人情干擾的。

這是一段老生常談，然而卻是我從事三十餘年新聞工作體念出來的，得意人視若雞肋，可是，許多散閒了的同業朋友，卻正在咀嚼著這現實世界的人情味哩！

十、投筆從戎

（一）北戰場之行

「聽罷笙歌樵唱好，看完花卉稻芒香。」我剛回到故里的閭門，心裡就浮上了這兩句詩的韻味。

在北平住了近二十年，物質享受，燈紅酒綠，過後味同嚼蠟，尤其是那種趕場式的應酬，更覺麻煩。隔別了一二十年的故鄉，往往在夢裡出現，如今這個夢進入了現實的境界，更覺故鄉的一草一木，片石粒土，都是香的。

我是二十六年舊曆十一月到家，親戚故舊，自然免不了有一番洗塵接風的宴樂，這種宴會，是真誠情感的交流，而敘濶話舊中，有的重提童年往事，有的說及人事滄桑，或云某尚健在，情況日佳；或出某己物故，身後蕭條。凡此種種，莫不令人又歡欣又感喟，滿座相對，七情併至，然而這正是人生一種最高的精神享受。杜工部有句云：「訪舊半為鬼，驚呼熱中腸。」真是一種實際體驗出來的描寫。

把家事安頓好，心情也安靜下來了，本可多領略一下故鄉田園風味，然而對外的民族神聖戰爭，又不容許我閒下來，一種對國家民族的責任感，莊嚴地走進了我那恬淡的生活中來，「到前線去！」我把這腹案決定了。

當然，這事是我經過一再考慮後才決定的。我覺得到後方去從事新聞事業，可是際此戰事正在急劇轉進的階段，所謂後方也者，有如湍流推舟，看看是在這一灘，轉眼又到那一灘，今天的後方，明天說不定就成了前方，政府的最大決策是「長期抗戰」，戰略的原則，是空間換取時間，到後方去辦報，不但一時難生根，就是把事業基礎打定了，難保不來一個戰爭的大顛簸，而損失殆盡，私人那有這個力量來支持？若說西南大後方，老實講，那時在京、滬、平、津辦報的朋友，除了有雄厚的資本可以作長遠事業投資者外，誰也不能作此打算。所以有許多朋友，都是跟著政府重心在推移，個個是站起來又跌倒，跌倒後又站起。這不是他們沒有眼光，沒有辦法，乃是資本與政治環境的限制。

因此，我決定到前線去工作。說到軍隊方面，我的關係是夠用的，所以，決定把文化列車開到第一線去。我覺得那是當務之急，大家蝟集在後方，使作戰第一線的精神糧食偏枯，那是頂遺憾的事。

我把這個意思對同我從北平一同逃難出來的黃綿齡老弟講出，他十分喜歡，因之我一股子青年的勇氣湧上來了。於是，我們兩人離開我的家鄉，先到九江，然後溯江西上到了漢口，再轉平漢鐵路，由鄭州渡河到第一戰區去。

這時是「北地冰封」的季節，平漢鐵路像一條冬眠的長蛇，躺在白雪皚皚的原野荒漠上，沿途的村莊，是淒淒涼涼的。

火車只忙於軍運，黃河北岸正在砲火連天呢！

第一戰區司令長官部設在黃河以北之新鄉，我留下黃老弟住在鄭州，一個人獨自渡河北上，一逕到達新鄉戰區長官部，見到戰區參謀長兼警備司令王澤民將軍。我因與他有鄉誼關係，交情亦深，異地重逢，大家見面都覺得格外親切。我以此行主要目的是欲見到老友關麟徵軍長（那時他是五十二軍軍長），不打算在戰區方面停下來找工作。不過，雖經王將軍告訴我關軍的防區所在，但因作戰地區的變動性很大，一時不易查得確實，所以尚不能貿然起行。我在新鄉住了三天，最後才確知五十二軍是在漳河北岸一個村莊裡，我乃辭別王將軍，好不容易一個人繼續步行北進。

我懷著一片自我勾畫出的理想遠景，衝寒踏雪，找到了這個村子，和關將軍見了面，他是既驚奇又高興的招待我。驚奇的是我能脫離北平那個令人依戀的環境，毅然走上抗戰第一線；高興的是在砲火連天中，故人能不避艱險冒然前來。他所指揮張耀明等三個師長，都是昔在古北口抗戰時候的老朋友，對我之來，自然有如空谷足音般的興奮。

古人有「最難風雨故人來」的句子，然而他們之視我，也就有「最難前線故人來」之感了。這種味道，是使人回味不盡的。

最初一兩天，我們都談著戰爭前途可能的演變，以及這一持久抗戰應該怎樣打下去。我也把從後方看到、聽到的國際新聞講給他們聽。那時的國際局勢，也還是個悶葫蘆，我國當時所處的環境，好像今日的匈牙利，國際間也只是精神援助而已。

我每次與關將軍談話，總是圍繞著用樹枝燒著的火，火燄熊熊，照著我們的臉色更加紅了。每次談話，一談便是一兩個鐘頭，漸漸的，就談到我這次來到前線的目的。

他對於我的事，經過一再考慮，認為在步兵部隊裡，恐難習慣。他說：「光庭（即杜聿明）現在南京任裝甲兵團團長，這是一個新興的部隊，今後機械化部隊，將為國防武力上的支柱，一定要大大擴充，他那裡經費充足，自然有建立軍中文化之可能，到那裡，你才有可以施展所長的機會，我希望你到他那裡去。」我接受關將軍的意見，決心不在北戰場留下來了。

不過，既是到了前線，我得看看前線軍隊的作戰情形。聽說宋哲元的二十九軍在黃河北岸的大名、南樂、清風、濮陽、道口之線與敵交戰，我想先去那裡巡視一番，同時，這個部隊的老朋友亦不在少，既已來到北方，也得去看看他們。

所以我會見關將軍後，仍然渡河南下回到鄭州，再約黃弟由道清路北進，經道口而達濮陽，到冀省府所在地之壩頭。二十九軍軍部設在黃河北岸的重鎮大名，軍長宋哲元那時不在前方，部隊交由參謀長張維藩指揮。

我到冀省府會見祕書長魏書香老先生，此時省政由他代拆代行，住下三天，我們再北進向大名走。

這時候是年殘急景，而且又是月尾，壩頭離大名相當遠，我們走著夜路，憑著雪光前進，一步高一步低的趕著，朔風怒號，吹來如割面裂膚，曠野像死般的沉寂，戰地寒冬旅行的滋味，只有過後在文字上故意把它美化，當時實在是不大好受的！

我們到大名已經是晚上八點多鐘了，滿眼是戰亂的情形，心弦頓時扣得緊張起來，這時城門也關了，司令部設在那方面也摸不清楚，僅僅聽到在城內一個女子師範學校裡。我們後來找到一個駐在城外的部隊，說明來意後，借他們的電話打到城內去找張維藩參謀長，可是，這時他又到前線視察防務去了。當一個人冒著千辛萬苦到了目的地而還沒找到落處，是另外有種說不出來的苦惱滋味的。

好容易等到張參謀長回來了，通上了電話，他第一句就是：「你怎樣跑來的？」這是驚異、欣喜、焦急的綜合表現，他要我馬上到城內的司令部去見他。

他派兵把我們接到司令部，坐下來還沒有寒暄到幾句話，就說：「你們今晚得趕快向後走出距離大名五十里以外去，因為，據情報說，明天拂曉敵機就要大肆轟炸大名，我不留你們，你們現在就動身好了。」

這才真是戲台上的戲詞：「將軍不下馬，各自奔前程」，我們別的也不談了，掉頭就走。在軍情緊張的時候，他也不客氣，就這樣匆匆分手了。

因為是大名城的緊急疏散，人如潮水一般的向城外湧出，一路上此喊彼叫，爭先恐後的往人縫裡鑽，只希望趕緊逃到安全的地方去！

寒天子夜，四野低沉，鄉村道路凸凹不平，大家急於奔命，慌不擇路，滑倒的，撞翻的，兄呼弟喚的，妻啼兒號的，這是亂世大悲劇一個最緊張的鏡頭！

說也奇怪，在這樣黑幕迷茫的夜裡，我的前面總覺得有一團光在那裡照路，凡是路上的陷坑或障礙，我都看得清清楚楚的因此專走平坦的地方，而且知道向人潮的空隙處爭先趕前走。綿齡老弟跟在我後面，也為了詫異不置。我迄今還想不出那究竟是怎麼一回事？這種突然生出的能力，大約就是所謂潛伏的第六感起了作用吧！

我雖則一心趕程前往，但時而昂頭向黑暗的原野看看，廣漠茫茫，一片漆黑。我這時的心境，有如敗軍之將落荒而逃，既緊張，又愴涼。

凜冽的朔風，從領口貫入全身，牙齒冷得格格響，只有加快步伐，讓血液循環加劇，才可以抵抗。可是，熱汗沁出後，一放慢速度，又成為澈骨的冷水了。

一口氣，走了六十里，天已蘇蘇發亮，這時，腳有點感到酸軟，飢餓隨著寒風在示威，肚子裡空洞洞地發慌，身上愈戰抖得厲害。

好在此時走進了一個村莊，找到一個人家買到了一點掛麵，白湯白水的煮好，可是又沒有筷子，只得在那家人家床舖上抽了兩根墊床的蘆管，狼吞虎嚥地扒進口裡去。這個麵的滋味之好，真是鐘鼎珍饈也比不上，我覺得《芋老人傳》寫得還不夠深刻，作者可能還沒餓過肚皮，領略過這種「飢不擇食」的風味呢！

天大亮了，日軍機的機群，果然在北面天空發現，向大名城方面進襲，這時，我們一方面暫停前進，略為躲避；一方面我為張參謀長和二十九軍國軍將士的安全祈禱和祝福。

敵機過去之後，我們又登上歸程，走到新鄉了，略事休息，過後仍搭乘平漢鐵路火車南下，這時我決心到南京找裝甲兵團去。

我的子女幾個，在我從北平逃難出來後，曾經送他們到安慶親戚家裡去住，等我此次由前線回來，我就要綿齡老弟代我去接他們，我一人留在九江江邊一個旅館裡等待著。此時長江下游告緊，敵人隨時可驅兵西上的，長江的輪船，正在搶運，我在九江等到最後一次上行的班船，才看到綿齡帶我的眷屬們來了，這才鬆了一口氣。

我先是把家眷送到高安一個親戚家裡，在那裡住了不到一個月，我們這大隊人馬，又浩浩蕩蕩的回到奉新老家，高安離奉新只有四十里，半天就可到達。

到了老家，正是舊曆年底，農村裡正醞釀著新春氣氛，家家忙著準備過新年。我們這一批人回來了，少不得又鬧得熱烘烘的，我家這年的年貨，也特別辦得多。內人和孩子們，個個都是在都市裡長大的，對於鄉下風俗、物品，樣樣都覺得稀奇可愛，我也忙著為他們做翻譯並事事說明。

在我當時的計劃，以為「大亂居鄉，小亂居城」，乃是以往的避難原則，現在這一場對外民族戰爭，是長久艱鉅的，敵人兵力的兇猛，侵略範圍的廣泛，無所謂前方後方，因之居鄉還不夠安全，打算把他們送到距家百餘里的那座百丈山裡去住。入山惟恐不深，那個地方是崇山峻嶺，戰火不驚的世外桃源。

我正在作移眷避亂的腹案，準備把家中一切事務安頓後，個人好獨自行動，這時鄉裡人來告訴我說，浙贛公路上，從東向西開過去，好多奇怪的汽車，路面都被壓得稀爛。我說：「這正是裝甲車。」有人接腔說：「對了，是裝甲車，城內到處貼著裝甲兵團的招生廣告。」我問：「你看見廣告上的團長姓名嗎？」那個鄉下人抬頭傻笑容：「我不去當兵，也懶得詳細去看。」我想，這一定是杜聿明將軍的裝甲兵團，可是，既向西開，則裝甲兵團一定離開了南京呀！正在納悶的時候，又有人來告訴我，裝甲兵團招考地點，佈告上印著是在湖南湘潭，於是我便打了一個電報至湘潭探投杜團長，這是民國二十六年舊曆年尾十二月二十八日離開高安回到奉新前夕的事。我心裡想著，年終歲暮，大家在這個時候都要休息一下，橫直電報已經打出去了，等待這個電報的消息如何，再定我今後的行止吧！

（二）新興的機械化部隊

在天倫樂聚中，度過了民國二十七年的農曆新年，大人們在圍爐享樂，小孩子穿著新衣在村前村後追逐著，我於正月初五過後帶著小兒女到縣城去，向親友拜年。雖說是戰時，小縣裡還是鞭砲喧天的慶祝新年，家家是貼的新門神和春聯，好一片新春氣象也！記得那天正是正月初七，江西的風俗，上七是很熱鬧的，街上熙熙攘攘，人人都穿長衫長褂，戴著紅頂瓜皮帽，不論識與不識，見面就作揖打拱，互賀新年。禮失而求諸野，中國古老的傳統，只有在小縣裡還沒有走樣。

我走過縣政府的衙門口，看見大堂前面停著兩部軍用大卡車，司機在車子裡翹著腿打瞌睡。這裡還有什麼部隊開來駐防麼？我心裡這樣想著，也就走近前去，看見司機剛好伸個懶腰坐起來了。我就張口問他：「同志，你們是那一部分的？」「二〇一師。」他答。「開到這裡來駐防嗎？」「不，我們是駐在湖南湘潭，奉師長的命令到這裡來接一位李先生的。」「李什麼」？我奇怪的問。「我不知道，要問副官呢！」一會兒，那個副官來了，我上前跟他打個招呼，談起來才知道他要找的人正是我，我說明自己的身分，他高興得什麼似的說道：「李先生，我們來了兩天，正在打聽去府上的路呢，現在正在這裡碰見了，那好極了，我們師長派我們開車來接你的。」

說著，就把他師長的信拿出來，原來裝甲兵團已經擴充為二〇一師，杜將軍已晉升師長了，部隊現駐湘潭，他接到了我的電報，馬上便派兩部車子來接我和我的眷屬。

信上大約是說：「戰爭是長期的，不是一年半載所能結束，要我棄文就武，到軍中去服務，並把家眷一起帶去，恐怕今後部隊移動，離家愈遠，要接便困難了。」又說：「吾人須共同努力的事業太多，一切要我去當面計議。」

他想得這樣週到，我為此感奮不已。於是我連忙回家收拾了行裝，正月初十日便急急地帶著全家老小，搭著兩部大軍車，離開我可愛的故鄉向西進發。

湘潭以前有小漢口之稱，水陸交通便利，商業甚為發達，是湖南僅次於長沙、衡陽最大的商埠。但後來因為粵漢鐵路修通，到湘西的公路也築成了，它的經濟地位，就被衡陽和常德奪去了。

我到湘潭，正是二十七年的農曆新年，戰爭還在長江下游，這裡仍然烽火不驚的過著新年。大街小巷的行人，彼此打拱作揖，一片恭喜發財的聲音，和我家鄉過年的風俗差不多。只是湘潭人有一項最奇特的地方，每一個人口裡都在咀嚼著，好像美國人吃香口糖那樣，而神經時時抽動著。起先我莫明其妙，後來才知道，湘潭人愛嚼檳榔，每家都以檳榔敬客，客人進門嚼一片，出門又嚼一片，吐得到處是檳榔渣子，有如肺癆病者吐出的一口鮮血一樣，看著怪惡心的。外縣人挖苦他們說：「湘潭人是隻寶，口裡嚼著一把草。」這種奇怪的嗜好，不知何年，何月，何處，何人傳去的，這可把湘潭人害苦了。

我乘的軍用大卡車，一直沿湘贛公路西馳，開到湘潭杜公館門前落車。當時我就見到我那個心目中所要見的二〇一師杜聿明師長，他高興極了，一方面要副官處立時去把我住家的地方找好，一方面趕著為我接風洗塵。這種熱情，真使我感動萬狀。

在酒會席上，他介紹我和司令部各位主官見面，其中一小部分係第二十五師的老人，古北口抗戰時的老朋友，故人無恙，舊雨重逢，這一席酒，大家是盡歡盡興的飲到天黑才散。

晚上，杜將軍再和我傾談衷曲，他說：「在北平的時候，就想拉你到一起工作，大家共同來努力建立一番事業。可是那個時候，我只當個副師長兼旅長，旅部範圍太小，而你在故都的事業已經是很有規模，我不好要你丟了現有的基礎，而來同我闖天下。

「難得這次戰爭，把我們結合起來，二〇一師，又是中國唯一新興的機械化部隊，這個師的編制比一個普通師大得多，士兵都是初中的程度，軍中文化工作，亟須展開，請你先行擔任師部中校祕書的名義，然後向軍政部請求把司令部編制擴大，另外添設一個編譯處，由你來主持。一方面發行報紙，一方面編輯軍事刊物與兵學著作，並翻譯、介紹歐美現代軍事科學與機構化有關各種著作，介紹於全師的官兵。」這一番軍中文化偉大計劃的話，一直談到三更半夜。

這個軍中文化計劃確實是非常偉大，我雖然恐怕力有未逮，但也不能不滿口答應下來，照他指定的意思去辦。於是積極籌備，四處網羅人才，不到三個月，竟一一照他的意思實現了。杜師長處事之週密與做事之氣魄，貫徹計劃的決心，在近代將領中，真是絕無僅有的，至於我個人的感恩知己，那又另當別論了。

我看見二〇一師編制之龐大，覺得這裡是有我用武之地的，師轄一個步兵團，一個裝甲兵團（即戰車團），一個汽車兵團，一個戰防砲營，一個機械化騎兵營、通訊營，還有個野戰醫院及師直屬消防連、特務連、衛生隊等。

師司令部內有參、副、需、軍法、軍醫、軍械、機械和購料委員會八大處，後來增加我這個編譯處，成為九大處。

各處主管人員，十之八九是國外留學回來的專門人才，參謀處的各科科長，清一色是陸大畢業的，各部隊長也多半是英、美、德、法學習軍事回來的，或陸大與其他軍校畢業的優秀青年，這個人事部署的陣容，可以說是集人才之精美了，我濫竽其間，心裡不無「珠玉在側」之感。

杜聿明將軍這個人，其長處太多了，他有旺盛的事業心，有蓬勃的朝氣，平常對部隊的訓練，特別注重，每天一早就到各部隊督訓，無間晴雨。他說戰場的勝利，是取決於操場的訓練，以後他的部隊作戰成績輝煌，就是他這兩句話的最好證明。

他不爭功，不諉過，更能為部下負担過失的責任，能設身處地為部屬做事先的考慮。所以，部下也樂於接受他交賦的任務。

他不但信賞必罰，而且能真誠來感動部屬。他說用金錢與官階，不是鼓勵部屬的辦法，金錢有時而盡，官階升到不能升時，示恩的工具就完了。只是以誠才能收盡駕馭之能事。因此，他絕不預先許諾部屬一個未來官階與職位。

岳武穆說，「文官不愛錢，武官不怕死，則天下太平矣。」其實武官又何嘗不是有患著愛鈔票的毛病呢？我平生接觸過若干將領，發現他們竟缺乏那點豪放揮霍的軍人特質，這真是大煞風景。他們找錢的時候，都有勇士之風；到了要為事業花錢的時候，可就變成酸秀才的寒傖了。

杜將軍的氣魄可就不同了，他要計劃舉辦任何一件事，只要下了決心，他就不問預算大小，用多少錢，費多少加，他是在所不惜的。只要他權力所及，總是要把事情辦好的。可是，他自奉卻非常儉樸，這點尤其難得。他算是叱咤一時的風雲人物，發財的機會應該是太多的，然而他現在台北的家屬，生活過得非常清苦，他的太太曹秀清女士，為了補助家用，前些時才在台北烟酒公賣機構裡找到一個小小的僱員，杜將軍自己雖然在北平俘虜營裡受盡折磨，而這一點他是最對得住國家，最安心理得的。

他本來是習步科的，讓他來統率著機械化部隊，可以說一切都外行，可是他事事留心，遇事不恥下問，不管是下級的機械幹部或技術士兵，他都是很虛心的見一件問一件，總要弄得清清楚楚，才肯罷休。所以，他後來成為中國有數的能靈活指揮機械化部隊的將領，真正懂得機械的修理、保養、管理、運用，這不是偶然的，他自有他的一套。

回想民國十三年，國父在北平逝世，停靈西山碧雲寺，杜將軍那時只是陝軍高桂滋部下一個小小的連長，他帶著一連人馬守靈北平西山，我們那時候訂下交情。後來他當了中國僅有機械化師的師長，這是他過去所想像不到的，我亦不曾預料到後來更因他的關係，而於役軍旅了。

二〇一師後來改為二百師，它是一個新興的唯一機械化部隊，就得羅致一般專門人才，這正是杜將軍之所長。他只要聽說某人有一技之長，就非設法延攬到不可，如果其人的環境，須要金錢嗎？他不惜重幣相聘，如果其人是要求地位，才肯為他所用嗎？他盡其所能，不惜給以最高級的官位；如果其人是懷有一種人才的優越感，因而故示高傲嗎？他會恭敬有禮，不惜三顧茅廬。

總之，他不讓人才失之交臂，一旦此人被他羅致到了，他會以至誠相待，使這班人因永遠願意依戀他而不忍離去，情誼久而彌篤。我和他相處這麼多年了，覺得他這些真正樣樣做到了。二百師人才濟濟，而且人事關係，搞得非常和諧協調，這就是一個很好的證明。

記得我第一次參加全師擴大紀念週，由師屬一個裝甲兵團團長講話，他開場先講　段孟子的話，引今證古，別有見地，竟不落朱熹那種備旨註解的道學窠臼。同時，他又參證西歐的哲學，講來頭頭是道。我就很驚奇，今天中國的軍人的確是進步了，我從北洋政治時代起，就和軍人往來作朋友，那時候的軍人風氣，是嫖、賭、抽，盡情過著靡爛的享受生活，北伐成功以後，所接觸的軍事人物，可就不同了，許多高級將領，能武也能文，比如黃杰將軍字寫得那樣好，尤其對於中國的線裝書，讀得融會貫通，他做的詩和詞，深得唐宋人意境，差不多的文人，還不敢在他的面前賣弄。而這個在紀念週講話的團長，竟是學貫中西，我就覺得軍人的風氣變了，他們知道走進學問知識的領域中去尋找人生快樂，這是一個天大的進步。

我當時不知道他的姓名，紀念週散了，回到司令部，我便問師長：「今天講話的是誰？」他告訴我：「這是本師裝甲兵團的胡獻群團長，軍校第七期畢業，再到英國皇家空軍習航空學，後又研究機械化部隊專門的學識。」師長又告訴我：「他和你還是同鄉哩！」我才恍然大悟，我說：「他不但和我同鄉，而且是我中學時代的同學哩！」師長說：「啊，那就更難得呀，等會他就要來的，你們可以暢敘契濶！」

一會兒，胡團長果真來了，他肅然地對師長敬禮，又回頭對我敬禮。我緊緊地握著他的手問：「團長還認識我嗎？」他只茫然地答：「是的，李祕書。」我說：「你再看看我是誰呀？」

他又是一個四十五度的鞠躬：「是的，李祕書。」他完全是一套軍人的禮節，嗣經我說明我們昔日同學的關係後，彼此才哈哈大笑！

其實，我們彼此是認不出了，中學時代大家都是小孩子，事隔二十多年，現在面型身格都變了樣，看了半天，才從眉宇間找回那點記憶呢！現在他已是陸軍總部的參謀長了。我相信他今後事業之輝煌，正未可限量也。

我這是舉一個例，其實二百師的專門人才，真是多得可怕，我不得不佩服杜將軍，對人才延納的廣濶。

我到湘潭的第二天，杜師長和他夫人，還有一位軍需處主任，三人同我一塊到長沙去丈量軍服，他還對我說：「大哥，你快要穿上軍服了，你今後就把身體交給了國家，我們大家一齊來努力報國。」他這幾句話，好比對一個正式軍人行授槍禮的勗勉詞一樣，我當時是敬謹接受。

(三) 軍中文化工作

杜將軍把一套建立軍中文化工作的大計劃、原則，和我談過後，他不再過問了，一切都交給我去辦。

我不是介紹過嗎：杜的性情，大凡一件事，他只要下了決心，就不吝嗇金錢的。部屬接受了他所賦予的任務，便放心去幹好了，他不會瑣瑣細細的來和你麻煩的，或頤指氣使的發洩支配慾，他從來是抱著「疑人不用，用人不疑」的原則。

捨得花錢，又能信任人。我算是拿著了兩把牛刀，自然游刃有餘，一切問題可以砉然立解了。

第一步我按照他的計劃，先成立編印處，我以師部中校祕書兼任編印處主任。處的編制是分：編譯、印刷、總務、書報四科，我擬訂本處的編制、工作計劃、辦事細則及各部負責人員，併同呈報師部，自然是一切「如擬」「照辦」。那時抗日戰事已經蔓延到長江中部地區來了，湖南人心也開始浮動，有錢的人，紛紛向西南之川黔省區遷徙，湘潭富有的人不少，大都陸陸續續机先逃亡，空下來的大房子有的是，於是，編印處駐地也就容易解決了。

編印處是在湘潭市外一個名叫沈家大屋成立，這個屋，真不愧為「大」，內有花園、塘池、寬大運動場（即湘贛地方所謂禾埸，農家用作曬穀之處），我那個處擺在裡面，說起來機器人員不少，可是屋大，而顯得人稀，竟有空曠落寞之感！

接著，就計劃出版報紙，作為官兵讀物。這事，首先要解決的問題是印刷。本來當裝甲兵團駐紮在南京的時候，就有一個印刷所，這個上尉所長，還是軍校學生。所內印刷器材，如對開、四開，圓盤機，石印機，裝訂機，照相器具等應有盡有，但這些機件，原來是承印各部隊公事文件，已經夠忙的，再來辦一個報及大量生產，當然是不夠的。所以在未辦報之先，非擴大印刷工廠不可。

我原擬到長沙去採辦，但後來打聽一下，印刷器材，是以到漢口選購便宜。於是我便派員至漢口去採辦，添製兩部對開機、切紙機、紙型機、紮條機、鑄字機並各號字模、劃線機、石印機等，這個印刷工廠，至此就算粗具規模了。

要使報紙報得夠一般水準，自然各部門要找熟手內行，甚至於再去約我在北平《實報》那些老同事來幫忙。而那時候《實報》的同人，自北平淪陷後大部四散，留在北平的不去談，只好就已經到達西北或西南地區的去想辦法，那時，交通極為困難，雖然我把「集合號」吹了起來，但到他們歸隊時，已經是夏天了。雖然如此，但當工作人員尚未到齊時，在我一人唱獨腳戲的情況下，已經把報紙先行出版，報的名稱，擬過好幾個，先想用中興日報或復興日報等名字，這些，無非是要它含有「抗戰必勝中興復國」之意，最後決定用《新生命日報》，報頭五個字，還是電請于右任先生寫的。新生命的報名，是指中國這個新興的機械化部隊，象徵中國新生命的開始。

新聞來源，一方面是調用本師通訊營官兵一班攜帶器材，到處工作，除接收各地廣播新聞外，更與中央通訊社長沙分社聯絡，必要時，隨時電話供給新聞。此外並由報社派員至各地採訪軍事、政治、教育及地方新聞。

《新生命報》組成後，編印處工作者擴大至二百餘人，日夜開飯四次，這是中國空前未有的偉大軍中文化組織。

編印處那時還是個額外編制，這樣多的人員，經常開銷怎麼辦？這裡就看得出杜將軍做事的精神、氣魄與不自私了。他把這些名額，分別寄名在全師各單位，而作編印處的工作。他說：他不吃空缺，他不要截留節餘公積金，那末，就甚麼偉大計劃都可以實現。這種犧牲為公，敢作敢為的精神，是值得大書特書的。

這裡我得說明，就是二〇一師番號，在我到湘潭不吹，便改成二百師了。所以編印處是屬二百師的編印處，一般以為那個官兵佩帶著彩色中國地圖臂章的二百師，是中國機械化部隊，其實二〇一師的番號，才是我國真正機械部隊的始祖呢！

《新生命報》雖則是個小小一個師的單位報紙，可是這個師的士兵皆有閱讀書報的能力，所以杜將軍規定每班須供給一份報紙，這樣差不多每團就得要二百份，所有發到師部單位，各直屬部隊，以及寄給中央機關和各戰區及友軍的報紙，每天要印五千份才夠分配。

這是一份四開附帶一張八開副張的報紙，四開那一張，和普通報紙大致差不多，是專門報導國內外的重要電訊；另外一張八開「軍訊」的副頁，是專載軍中一切動態，如會議、會報、官長演講，以及訓令、日令（包括人事法規）等等，這些都刊載在上面，但註明「軍情不得外洩」的字樣。

《新生命報》上所載消息，因為新聞來源多而快捷，所以比長沙的一般報紙，還精彩詳實。「特訊」又多，長沙的報，要每天早飯後才能運到湘潭，而《新生命報》在黎明就出版了，這使湘潭民眾想慕極了，市商會及各機關，推舉代表向師部要求，請將該報普遍供給市民購閱，這當然辦不到的。因《新生命報》是軍中讀物，但又未便過份拒絕民眾善意之要求，事後，便與他們商定，再出一版《甦報》，《甦報》與《新生命報》，是同一意義，而且又表示是《新生命報》的姊妹刊物。這張報紙，也是四開的，是印過《新生命報》後，把若干不能外傳的消息抽出來，再填補地方新聞，另外澆板再印，一早分發市面出售，價錢非常低廉，因之銷路一下子就打開了。

編印處每天從下午五時起到第二天上午二時報社編輯部齊稿止（中央社電台關閉後），都是緊張工作的時間。因為除了出紙而外，還要收集敵偽情報，用油印印好，送至團長以上人員作參考資料。所以這個處，是比任何一個文化機關還要忙碌。各部工作人員，有日、夜班之規定，我則以職責所在，那裡有甚麼叫做日、夜班之分別？睡眠的時間，只要有機會，在不妨礙有關工作的情形下，隨時抽暇來休息一會而已！

二百師因為是一個新興部隊，各地的機關、團體或個人，時時會光臨參觀。這些貴賓，固然是來看那些新武器（坦克車）及新軍訓練情形，但編印處是這個部隊裡的特殊機構，所以凡是來參觀人員，必要本處作為附帶參觀的對象，故無論那一次參觀團體來到，我不是主持其事，便要陪同參觀。同時，中國的軍事科學書藉，本就缺乏，機械化部隊所需要的書，尤感購買困難，因此，便只有向歐美各國去搜購原本書籍來從事譯印，作為部隊訓練參考之用。因此，編印處工廠的機器和人員，是在日夜工作不停中。

二百師既為全國唯一新興機械化部隊，中央對派來這個師主持政治訓練的人選，也是極端慎重。因此，政治部遲遲未即成立，然而有關政治部方面的工作，也只好由本處先行兼辦。嗣後等到政治部正式成立，我們已將它們所管屬的業務辦得差不多了。所以後來政治部一切工作進行，是隨時與我商討，並撥調很多該部幹事到我這裡來，協同工作。杜將軍平時對部隊演講詞及師部對內外的宣傳文告，乃至祕書處部分業務，都交由本處來擬辦，至此編印處業務是感到十分繁重了。而且杜將軍每天去看部隊，多半是約我同去，他的意思，一方面是要我隨時就地考察軍中文化推進情形，另一方面，要我便把所看到情形，筆記下來，交到報上發表。而我們兩人間，也可趁此機會，計議許多其他應該推行的工作。

到這時，編印處是擁有《新生命日報》、《軍訊副頁》、《甦報》，三種報紙了。不但編輯、印刷、發行忙得不可開交，就是廣告業務也忙得不亦樂乎。《新生命報》廣告規定，除了屬於公事性的不收刊費外，其餘屬於個人的啟事及湘潭地方商民的廣告，一律照規定收取刊費，因此生意隆盛極了。

因為湘潭開埠早，交通利便，商人也懂得廣告招徠這一套生意經，於是編印處一天到晚都是鬧烘烘的。天一早，就用五部電單車將捲好各單位的報紙，分頭馳向各部隊派送，湘潭市上發行的《甦報》，則由十部自行車（即單車）趕送，這樣爭取時間，使長沙的報紙，對湘潭望而卻步，無法推銷到我們這個讀者圈內來。

杜將軍看見他的計劃已在逐步展開，他內心是愉快的，他每天一早的要公，就是先讀《新生命報》。他從編排到內容，每一處都在留意。他常常半夜三更打電話給我，不是說某版某行有錯字，便說某一文句不甚妥當或某個標題還得斟酌。這就說明了他對這份報紙寄望的殷切。

我呢，離開北平才不過半年的時間，又常兵慌馬亂，流離載道的時候，竟能回到本行，且為軍中文化開一新紀元，當時那種自負的欣慰，雖則強自抑制，而在我的精神方面，還是要不時流露出來的。但我決沒忘記，這種成就，是全體官兵辛勤所換來的，我不過是帶個頭，我的所謂自負的欣慰，是說這個「頭」帶得還不錯罷了。

我對辦報紙，而是以一種兢兢業業的態度去幹，我知道報紙銷路愈廣，地位便愈高，愈會招人吹毛求疵的。因此，我每晨總要在工廠機器房裡，等到第一張報紙印出，親自看過併簽過字，才離開工廠，回到辦公室去休息。那時師部的規定，官長是每週三，六才准外宿，其餘的日子都必須在師部住宿。主管人員，尤須貫徹這個命令。杜將軍本人同樣是不離開崗位，我在杜將軍處一半是客卿性質，同時又是以一個文人參加軍隊工作，不要讓人家看出我是特殊，所以我更要作全處官佐的表率。我那個「事業生命，生命事業」的幹勁，當時有許多同人吃不消的。可是那時候我不知甚麼叫做酬勞，我唯一的目的，是把杜將軍交給我的任務，要做到超理想的實施。

這幾個報紙，也的確做到了：灌施軍人知識、提高部隊文化水準、堅定抗戰信念、溝通軍中感情、協助軍民合作，這幾項宗旨。同時，《新生命報》副刊「軍訊」，也闢出專欄來號召下級幹部和士兵投稿，除了發表慫使他們歡欣鼓舞以外，每月結算下來的一筆稿費，也提高了他們寫作的興趣，所以他們寫作的興趣非常濃厚，而與編印處的感情也日臻密切。可見二百師裡面那種讀書、閱報、寫作、研究的良好風氣，是國軍中不可多睹的。我看到這許多意想不到的成就，只有用努力工作來表示內心的興奮與愉快。

從杜將軍興辦這個龐大的軍中文化機構，其決心之堅強，毅力之偉大，與夫用人之專，用錢之爽種種情形來看，他以後能叱咤風雲，成就那麼一番偉大的事業，決不是僥倖得來的。

（四）新穎軍人生活

我過去二十年來大都穿長袍馬褂，要脫下長衫，穿上二尺半的軍服了，心理上自有一種微妙的欣慰和驕傲在交織著，時時都感覺顧盼自雄的樣子。據說，年羹堯僭製帝服，在私室裡照著鏡子，自我端詳氣度威儀，手為之舞，足為之蹈，這是不稀奇的。我穿上軍服的頭一天，就曾照過幾次鏡子，看看今日之我，是不是還像昨日之我？

我對著鏡子，學習行軍禮，說話要講軍語，生怕平常那套老百姓的語句態度，引起他人的哄笑。

起初早五六點鐘到操場上早操，總覺得不大習慣，似乎我隨著教練者的口號而動作，有失尊嚴，這是知識份子的優越感在作祟。杜將軍想要我把身體鍛鍊好好的，將來還要我共同馳驅戰場上呢，我只好從不習慣中做成習慣了。

還有每星期一的紀念週及小組會議和會報等等，起先都是不太順眼。因為軍中會議談不上民主方式，其實就是報告與聽候派遣，當然也可以提出意見，但沒有普通社會上開會那樣自由的可以大放厥詞，爭得面紅耳赤。部隊的會議、會報，必得顧到軍隊的體制，軍人的禮節與階級服從的天職，不能與通常的一切事件來比呢！

過去的生活，不管是學生時代也好，教書、做事、辦報時代也好，總是自由自在，無拘無束的。尤其後者，我可以不賣任何人的賬，別人或者還得拉攏拉攏我，因之，我要怎麼樣，就怎麼樣。可是到了軍隊裡，那一套生活方式就格格不入了。

比方說吃飯吧，從前是細嚼慢嚥，那是充份的一種生活上的享受；而且以為非如此，不但有礙衛生，且不足以顯示身分。一個文人吃起東西來，如果狼吞虎嚥的，那不教人笑掉大牙嗎？

軍隊裡的生活情形剛剛與此相反，吃飯要快，坐的姿勢也得端直，還要不講話。高級司令部，因為都是官長，雖說也有規律，但吃時的表情，還比較輕鬆。部隊裡的士兵吃飯，就比較嚴格得多，那是先要等值日班長的口令喊過「立正」，大家站起來，班長向帶隊官敬過禮，這才大吼一聲「開動」！於是，全體蹲下，低頭無聲地趕快嚥吞。班長看看時間，大約一刻鐘左右，又喊一聲「起立」的口令，便全體放下碗筷。這時，沒有吃飽的算是活該。因為生活條件，必須與戰鬥條件一致，作戰是要爭取時間的，在戰場上那裡由得我們慢條斯理的細細咀嚼呢？

當然，這種情形是當時仿照德國、日本的軍訓方法，其實平常吃飯，不必那樣「如臨大敵」

似的囫圇吞，聽說現在部隊中，已經略為改進了。

軍人的衣服，講求整齊清潔，尤其風紀扣（即領扣）要扣好。我從前有時間是不太注意這些的，間或有忘了扣的情形。殊不知軍隊裡的審美觀，就剛好注意那兩個風紀扣，如果不扣好，就要受長官的申斥。平素還要用綁腿，打緊了腿又痛，打鬆了又不成樣子，依我的地位，官長雖不便說什麼，可是，免不了被人嗤為「老百姓」。這名詞含有幾分輕蔑性，即是包括「不明軍紀，生活散慢，動作可笑」等等的統稱，聽來怪刺耳。因此，我為藏拙起見，成天多是穿上一雙長統馬靴。

講到住吧，軍隊裡也怪蹩扭的，房子要收拾得整整齊齊，這一項我就不十分習慣。從前在教書及做記者的時候，整天忙著編講義，跑新聞，回到報館，又搶著要編稿子，晚上事情辦妥了，三更半夜才回家，便往床上一鑽，倒頭便睡，第二天一早，掀了被子就下床，房子和床鋪的整理，那是太太的事，用不著我管。現在到了軍隊裡，生活上便得脫胎換骨，房子要力求整潔，被子不但要摺好，還要褶成方方正正，四個角還要做成稜形，床毯要平平整整，雖說照編制上我個人是有勤務兵，但一切還要我親自督促他去做。每日息燈就寢，聞號起床，起初是不習慣，真是張皇萬狀，顧此失彼；以後才漸漸養成了一種紀律的習慣，懂得這個情形，就有條不紊了。

軍人連行路都不同，老百姓要走快，不妨撞頭撞腦向前衝，只要你不撞倒別人，誰也不能說你不對。要走慢，大可邁其方步，悠哉遊哉蹀躞著。軍人就不行了，軍人走路路來，要昂頭挺胸邁大步，兩人同行，講究步伐一致，若是一個行列行動，更須整齊劃一。階級高的，必須走前頭，階級低的不能超越前進。這些，在從前做文化工作時代，那管這一套繁文縟節呢！

軍隊裡最重禮節，講階級，說來容易做來難。當你沒有把那點知識份子的優越感除去之前，這一舉手之勞你也會覺得有損自己的尊嚴似的，而十分勉強。至於階級觀念，又正是新聞記者所沒有的，無冕皇帝，跟誰不一般大？現在見到比你官階大的，室外便要立正，行舉手禮，遇到同級的要相互敬禮，對低級的回禮。室內見長官要脫帽，行鞠躬禮，而且要按照陸軍禮節規定的姿勢去做。假令舉手而叉開五指或撮成一堆，鞠躬的角度，超過了四十五度，那姿勢就非常不順眼。

去見長官，走到室外，先要叫報告，必須長官回答：「進來」，你這才能進去。到了長官室裡，儘管長官旁邊擺著凳子，他不叫你坐，你是不能坐的，只能立正報告你曾見的事件。說時要「言簡意賅」，不能如王媽媽的裹腳布那樣絮絮叨叨，因為長官沒有時間來欣賞你的辭令，他對你的報告同樣是三言兩語就解決了。你對長官報告你要報告的事件時，要以立正姿勢，挺起胸膛，逐條分別扼要說出；長官回答你的時候，你要注目相視，表示會精聚神的在聽著。這些都是一個新役軍旅的文人，所引為最麻煩不習慣的事。所以，不徹底除去知識份子的優越感，的確是搞不來的。不過在事後想想，這些是有它的道理在。就以一個常人來說罷，假令一個人對你講話，你以上述那些姿態去聽他講，那個說話的人，必定會留心的來同你說，講的人說的有條有理，聽的人自然更會起勁，這樣，當然較歪著一個腰，兩隻眼東張西望的去同人講話或聽講，情緒自然不同了。

軍人要耐勞，要生活嚴肅，任由夏天多熱，在辦公室內還得服裝整齊。晴天行軍，要硬晒太陽，雨天最多只能穿雨衣，打雨傘是不行的。記得從前日本人把北洋軍閥部隊在雨天行軍時打著各形各式雨傘的怪現象，攝成照片，像日本軍人因此對中國的部隊發生卑視，這關係以後的中日作戰，對日本軍因錯覺而提高士氣甚大。

冬天，廣西雖比華北暖，但老百姓家裡還是要生火爐的，軍隊裡則不然。集體上班，室內是不能發著爐火，非如此從平日生活上予以訓練，一旦寒風作戰，那怎麼煞得住呢？這是大概說說，總之，衣、食、住、行、視、聽、言、笑，無一樁不要從頭學起的。

我那個編印處，是部隊中的文化部門，工作人員，十之八九文人，而又得文武合一。我對大家只有取一套折中而逐次推行的生活訓練，這決不能「言教」，而必須「身教」，從自己做起。在那個軍人待遇菲薄，飲食衣著，異乎常人的情勢下，工作人員，行動禮節又須齊整講求，若無超越一般愛國意志決心之人士，實亦難長久蹲下去。我對全體官兵管理訓練上，真比其他各處困難若干倍。後來日久天長，一切大家也就習慣了，並覺得軍隊裡一套生活方式與禮貌，確是有它一套道理。蔣百里先生有幾句話：「生活條件與戰鬥條件一致者強，相離則弱，相反則亡！」我在當時曾有這樣一個願望，日後離開了部隊，我還要把軍隊中若干良好生活習慣保留著，能夠因此造成社會上一種良好風氣與精神，那麼中國人那個「東亞病夫」的恥辱，就湔雪了。

（五）湘水甘棠

民國二十七年十一月，正當我們在湘潭把一切工作都做得上了軌道，軍中文化工作，已漸漸展開了，對民眾宣傳也正在開始普遍而深入的時候，不圖長江方面戰事逆轉，敵人挾其優勢兵力，溯江而上，我方武漢外圍抗拒不利，武昌，漢口先後棄守，旋敵騎竄入湘北，長沙形勢吃緊，湘潭也就人心惶惶了。按機械化部隊的性能，是不宜放在第一線方面的，而中央對於這個僅有的機械化部隊，也特別重視，非到重要戰役的決鬥階段，不肯輕易使用。照當時情況，眼看長沙就要接近戰火邊緣，而湘潭也將是作戰的預備陣地，中央就命令本師開往桂北的全縣去訓練。

真不湊巧，我恰於此時竟病倒在床，這一場病，並不偶然。因為編印處草創伊始，我又是新投軍旅，工作本來煩重，而求好之心又切，幾個月籌備工作，心力交瘁，工作展開，更日以繼夜的領導著幹。別人可以休息，而我自己是一點也不能偷閒，漸漸的精神就有點支持不住了。初時只有一點外感，嗣後就寒熱交作，這一下子就病下來，由感冒變成傷寒，病勢還相當嚴重。

我剛在床上計劃著，編印處的人員二三百，這一遷移，指揮調度，是很費周章的，尤其困難是印刷廠那些笨重的印刷機器，加上全處官兵的大批文化，行李，沒有十多二十個卡車，怎麼能搬？這個新成立的機構，在行軍計劃上運輸工具的分配，可能還沒有這個項目，要解決這個大問題，非師長親自設法不可。而此時杜師長又同一個軍事考察團去緬甸考察英軍軍事去了，誰能作此重大的決定呢？想到這些，我心裡只是乾著急。

那天，參謀長召集師部各單位主管官舉行移防會議，討論部隊開拔事宜，我的病雖然還沒有大好，但這樣一個重大的會議，不能不親自出席，於是我只好勉強爬起來，穿起整齊的軍服扶著一根手杖到師部去參加會議。

在會議席上，我把編印處需要的運輸裝載量報告了，參謀長和汽車兵團團長聽了之後，相顧失色，半天想不出主意來，這件事當時可以說是毫無結果。汽車調不出，的確是事實，我回到處裡只有蚤首抓耳，無計可施。

陳琳一檄，治好了曹孟德的頭風。我因為一急，病就忘記了，大約刺激是生理治療良法之一。

事情算是有了解救，杜將軍得到全師移防的電訊後，急急忙忙便趕回來了，他不但把我全處的運輸問題解決了，而且還撥了一輛交通車，這輛車等同香港的巴士那樣大，給我的家屬乘坐。這樣，我全家老少歡天喜地的坐著軍車向寶慶開去。

這一開拔的路線，是由湘潭開寶慶，轉衡寶公路至衡陽，再循湘桂公路，開往桂北的全縣。這一「之」字形的途徑，卻是相當辛苦了。

各部隊開拔以後，杜師長帶著直屬部隊還在湘潭，我是隨同師長行動的，我的眷屬跟師部各處的行列走了。那知道他們到了寶慶，我那第二個孩子（現在自由中國海軍服務，第一個在空軍工作）又病下來，症象也是傷寒。行軍中途，沒法子停下來診治，只好把他睡在車上，用被子嚴密地包著，讓他的白血球去單獨和傷寒菌戰鬥，戰勝是天幸，如果白血球殺光了，這孩子也就完了。亂時人命，賤於草芥，或者正惟其賤視人命，生命力反而更強。這孩子熬過了高熱期，竟慢慢的好了，可是身體卻損虧得很，不用說別的，他睡在被窩裡，頭上發癢，拚命的用手抓，竟在頭頂抓出一個洞來，要在平時，那還了得？但在兵慌馬亂的時候，可就管不得那許多了。

當我和師長留在湘潭未走的時候，那位湖南省主席張治中，竟在長沙放了一把火，把長沙燒得鬼哭神號。

一般說，因為那天情報失實，才造成這樣的惡果。敵人剛剛到達岳陽以南的新牆河，便誤為長沙城北的新河，慌慌忙忙的把長江付之一炬，這當然是驚惶失措。但是張治中決計要燒長沙，以率先躬行「焦土抗戰」的策略，也是當時的既定方案。這把火遲早是要點燃的，長沙這一場浩劫，總是注定了要在張治中手中造成。

糊糊塗塗燒了長沙不打緊，妙就妙在三天後，又派人去補燒，因為恐怕燒得不徹底，還留一些來資敵，那可不是玩的。同時，那時還有一種謠傳，說是武漢撤退，沒有燒掉，讓敵人完全佔領，中央對指揮撤退的人員，表示不滿。張治中有鑒及此，很想把長沙燒成一個榜樣，像項羽燒阿房宮一般，豈不是名垂青史嗎？可是執行放火的人，也就滑稽，長沙什麼地方都燒到了，單單留下日本人的日清公司不燒，你說這話是從何說起？

我那時，名義上雖說是離開了新聞工作者的崗位，但事實上我當時的實際工作，大部分仍是新聞業務。因此，我得到長沙中央通訊社來人的請求，便立即親自押著兩部大卡車，帶著十多個弟兄馳赴長沙火場搶救該社人員和器材。我還記得那天是在大火發生後的次日下午一點多鐘到達長沙的，先一天晚上放的火，到此時大約燒了十多個小時，長沙早已成了一片火海，烏烟障天，數十里外就看見了，我把該社能移動的通訊器材全部搶上了車，連同工作人員一併衝出火場。他們一行到了湘潭，當晚在我處休息了一晚，次日我再用車子送他們去衡山。那時中央通訊社社長蕭同茲先生正在南嶽，我於該社人員器材到達湘潭後，立即用長途電話向蕭三爺報告，他得到這個喜訊，十分高興，連聲向我道謝。

後來大火熄了，中央社長沙分社的房子竟得以全保，乃是得力一個工役哀求放火隊「火」下留情，總算沒有汽油潑進去，那真是奇數了。

為了平息湖南人民的哀憤，長沙警備司令酆悌和憲兵團長文重孚，作了張治中的替死鬼。湖南人因此送了張治中一副嵌名聯，那聯是：「治績如斯，三大方案一把火（張治中蒞湘之初，即訂有治湘三大方案）；中心何忍，兩個人頭萬古寃。橫扁是：張皇失措。」匾聯之妙，不是作者的靈感，乃是作者用淚和血寫成的。

張治中離湘後，調任軍事委員會委員長侍從室主任，侍從室裡也大有人才，偷偷地在辦公室內貼了一張小條：「小心火燭」，可謂虐而謔矣！

這些都是題外的話，我還是說湘潭好了，在湖南保安團長徐焜統率下的放火隊，把長沙燒了還不過癮，又浩浩蕩蕩馳奔湘潭來放火。

這消息給湘潭知道了，市民馬上派出代表向杜兼警備司令告急，懇求作有效之制止。杜將軍這一下子可氣極了，覺得張治中這種搞法，真是荒謬絕倫。連敵人的影子還沒有看見，自己便忙著亂燒一頓，就叫焦土抗戰嗎？真是豈有此理！所以他當機立斷，當時派出警備部隊，保衛湘潭市面，並且傳佈命令，凡有胆敢放火者，格殺勿論。同時派巡查隊到各旅社搜查，把長沙來的那些放火隊，都一一逮捕起來。可是這些人還振振有詞，說是奉命行事，事非得已。要是別個，這頂大帽子可就給人嚇住了。但杜將軍卻不買這個賬，他心目中只求保存湘潭，其他一切他不問。他說：「就是徐焜來了，他想燒湘潭，我同樣的把他軍法從事。」於是，這批放火英雄，再也不敢倔強，由二百師軍法處按律法辦。

這樣一個處置，保全了湘潭人民的生命財產，是不能以數字計的，這種功績，比打了一次大勝仗還要偉大得多！

湘潭市民對杜氏的感激，更是無法形容，因為我們接著就要移防了，湘潭市民連夜趕製萬民傘，綴著「萬家生佛」四個大字，又把湘潭市後面那一條馬路，命名為「聿明路」，以垂永久。

杜將軍離開湘潭那一天，雖說是個微風細雨的日子，但家家戶戶為感謝他，沿著湘潭河那條大街，門前都擺著酒案香花，男女老幼立在門前恭送，爆竹喧天，聲震屋瓦。我跟杜將軍一塊兒走著，他要接受每一家的敬酒，但又喝不了那麼多，只能到處領受一下，端端杯，握握手，表示一番接受誠意而已。這條街，少說點也有十華里長，那酒案香花和市民歡送行列，亦擺成一條十里的長龍，他的手都握痛了，在鞭砲怒放下，只見歡送者和辭行者，彼此嘴唇掀動，說話聲被爆竹與鼓掌的嘈雜聲音所掩沒。市民的笑臉上流著熱淚，我心裡真感動極了，也禁不住眼眶潤濕了，在這樣戀戀不捨的情形下，我和杜將軍登上汽車離開湘潭，向寶慶方面疾馳而去。

（六）反攻力量長成

二百師從湘潭移防桂北全縣，進入第五軍時代，這也是中國機械化部隊壯大期間的開始。

一般人知道第五軍是由二百師擴充而成，其實，由二百師演變為第五軍，中間還經過突擊軍與新編第十一軍兩個階段，不過為時甚暫，突擊軍只有一個半月的時間就奉命改為新編第十一軍，而新十一軍更是曇花一現，只是印好部隊的符號、臂章，公文箱上剛寫好這個番號，等到部隊移防全縣後，就正式改為第五軍了。

突擊軍於二十七年八月一日成立，那是適應當時湘贛兩戰區情況上的需要，司令部設在贛西的上高，而二百師的司令部卻仍駐湘潭，只配撥一部分機械化部隊，去參加與步兵的聯合演習。湘潭與上高間，每日有交通車連絡，因此《新生命報》方面，除派出若干隨軍記者，隨軍採訪各項消息外，又因為部隊擴編的關係，突如其來的增加兩倍多出的人數，每日報紙因此加印二千多份（步兵師較機械化部隊配額少）。真是忙上加忙，並須逐日黎明趕上交通車帶去前方。

突擊軍係二百師與湯恩伯部混合組成，由三十一集團軍總司令湯恩伯兼軍長，杜聿明師長任副軍長。所轄為湯部之第一師、第四師及杜部之二百師。更以二百師內之戰車部隊，分配於其他各師，編成第一、第二、第三，三個支隊。第一師師長李正先兼第一支隊司令，二百師副師長邱清泉副之；第四師師長陳大慶兼第二支隊司令，前任二百師副師長彭璧生副之；第一一〇師長吳紹周兼第三支隊司令，二百師參謀長廖耀湘副之。

其餘該軍的直屬部隊，完全由二百師撥配部隊組成，

又以二百師搜索營，配合戰防砲連與工兵排，編為搜索支隊，另外，配屬砲兵第三旅及砲兵第十五團，一總編成為突擊軍。

軍司令部的幕僚人員，則清一色由二百師調兼。

這個軍的第一期任務，著重於步兵部隊與機械化部隊的協同作戰訓練，由機械化學校徐教育長庭瑤督練。

依照預定計劃，第一支隊在陝西渭南附近；第二、第三兩支隊在江西上高附近，同時舉行聯合演習。各部隊於開抵指定地點後，即行開始。嗣於八月末，第一師、第四師、第二百師各部均另有任務，突擊軍軍部則率原配第二百師部分部隊移駐湖南醴陵附近待命。

當突擊軍第二、第三兩支隊在江西演習完竣後，由機械化學校徐教育長總講評。我還記得那天是個時晴時雨的天氣，我們聽訓官兵，站在上高郊區廣場上，足足聽了五個鐘頭的講評。一陣雨灑過，接著是一陣太陽晒著，一會兒又陣雨如注的落下了。身上的衣服，濕了又乾，乾了又

濕。其後，我在湘潭出發時，發一場大病，這也是原因之一。

突擊軍於是年九月十五日奉命結束，除二百師原駐西北之郭彥戰車營仍回防陝西渭南，歸三十四集團軍指揮外，其餘師屬各機械部隊，則均於九月底開回湘潭，歸還建制。到十月一日，二百師奉命擴編為新編第十一軍，以原二百師戰車四營，合編為軍屬裝甲兵團，以原有各汽車營合編為軍屬汽車兵團，原有之搜索營，增設重兵器騎兵各一連，擴充為軍屬騎兵團，原有之通訊、輜重、步兵砲、特務等五個營，及原有消防連、修理工廠、野戰醫院、水上運輸排、兵站、均改屬軍部。如上編制，則所有機械化兵種概編入軍直屬部隊，從此，二百師改為普通步兵師了，並又新成立新編第二十三師（邱清泉任師長）及撥配之七十七師，第新第十一軍建制下的三個師。

合編成軍後，以機械化學校徐教育長庭瑤兼軍長，杜聿明師長晉升為副軍長，仍兼二百師師長。

徐教育長之兼軍長，完全是過渡性質，因為杜師長資歷淺，必須經過這一副軍長階段，才能晉升為軍長。徐教育長資深望重，是中國機械部的褓姆，也是杜聿明將軍的提攜者。

二十七年十一月，部隊開到了全縣，第七十七師奉命撥出，改撥榮譽第一師編入軍屬建制，由鄭洞國任師長，增設兩位軍屬野戰補充團，每師增補一個野補團。十二月，杜聿明奉命專任副軍長，以湯恩伯屬之八十九師副師長戴安瀾調升為二百師師長。到二十八年一月徐庭瑤將軍力辭兼軍長，杜副軍長遂正式升任軍長，榮譽第一師師長鄭洞國升兼副軍長。

這是杜部黃金時代的開始，而全縣也人傑地靈，成為抗戰中期全國馳名的要鎮。

全縣在前清為全州府治區地，扼湘桂鐵路之要衝，從這裡到桂林約五小時的火車行程，每日慢快車往來多，到衡陽八小時可達，湘桂公路也經由此處，交通是很便利的。同時，此地是湘桂兩省的咽喉，滿清時代洪秀全太平軍由金田起義，第一次硬仗就在這裡展開的。

全縣因為毗鄰湖南東安，這兩縣人的感情特別接近。唐生智是湖南東安人，他的部隊裡就用了不少全縣人。不過，全縣以往雖則是湘桂兩省的交通孔道（中間以一道黃沙河為界），但仍舊是山城小縣的舊面目，直到第五軍進駐之後，縣城的繁榮改觀，幾乎是不崇朝而躍進了一個新時代。

第五軍司令部是駐在全縣汽車站，軍直屬部隊及二百師駐全縣城廂及四郊，新二十二師邱清泉部駐湖南東安，榮譽第一師駐湖南零陵，這三縣連成一線，脈絡相通了。

原來的師屬各處，到全縣後，隨著師的擴編成軍，人員機構均行擴張。各處主任，改稱處長，均分住全縣市區。我本來係師部中校祕書兼任編印處中校主任，至此，專任編印處上校處長。處址為避免空襲起見，設在市區外鎮江祠。此處倚山面水，風景絕佳，房屋雖寬大，但僅夠一個印刷工廠之用，為著配合工作起見，登時又趕造新房近十間，作本處各科組辦公之用。更以軍屬單位增添，報紙印行也隨之加多，報社工作人員，僅採訪部方面就增至十多人。這些人，就平素各部隊投稿學兵中，擇其優秀程度較高者，抽調到處予以短期訓練，再派充工作。軍屬修理工廠，又名軍工廠，駐在距縣城十數里的一個大石洞內，這個洞是在山下面，乃是天造地設的防空大隧道，像這樣天然的大隧道，全國只有在廣西才找得到。該廠員工近千人，加上了許多龐大呆重的機器，擺在這裡面，竟綽綽有餘。

這個廠在二百師時代，只能擔任機械修理；到了第五軍時代，可以翻沙，製輪胎，製配槍砲，各種車輛零件了。

抗戰期間，軍人子弟讀書是個大問題，兒子跟隨父母轉徙不定，往往荒廢學業。杜氏有見於此，就要我會同政治部籌設軍人子弟學校，第一次籌備會是在本處召開的，我記得是在二十八年春夏之交開始籌備，延聘師資，購製教材，修建校舍等等，同年秋季正式成立，招收學生。

這是一所從幼稚園到高中部的完全中學學校，不但要廣事收容全軍子弟，更因為師資、設備比普通中小學良好完善，鄰近各縣民間子弟，亦紛紛負笈而來。全縣本來有一個縣立初級中學，此時學生多相將轉學而來到第五軍事人子弟學校讀書，弄得全縣中學的先生們空執教鞭，而長嘆寂寞了。

軍醫處附設一個門診部，專門為老百姓看病。全縣雖然有衛生院之設立，但縣立的衛生機關，醫藥經費設備都是有限，不足以應付事實上的需要，所以老百姓都要到軍屬醫院來就診。全縣夏季爛熱，我國民間公共衛生又素來不講求，故夏秋之季病疫叢生，每天全縣城鄉各地人民至軍部門診所求醫者，不下數百人。那條長龍，雖然不能和港九公立醫院門首擺著的相比，但在一個小小的縣城看起來，這條龍也就長得可以了。

第五軍的編制，既如是之大，而附屬的額外機關，又如是之多，因此，所有軍政幹部、科學人才、技術工人、普通員工，乃至中小學的教師等，幾於無不延攬容納。加之，抗戰期間謀事不易，各方面都認為第五軍是全國最有發展有希望的一個部隊，紛紛前來投效，杜軍長本來就是求才若渴的人，凡有一技之長者，就來者不拒。這樣一來，全縣就更形成了一片熙來攘往的熱鬧氣象，變為第二個桂林了。

原來軍部各處一向都使用電燈，這電源係由該廠供給，後來全縣市民要供給民間用電，杜將軍便允許了，於是乃改裝大發電機，竟使全縣大放光明，一夕之間，山城小縣，便成為現代化都市了。

杜將軍最愛建設地方，在湘潭時，他把湘潭市容整頓好才走；到了全縣，當然也不例外。例如修築馬路，增設公園，植樹培林，濬通溝渠，更利用碎亂石在地面或斜坡上砌成許多寬大尋丈的抗戰標語。這些工程看來是很偉大，但他並不是靡費公款去舖張的，完全是利用廢物，利用官兵操作之餘之人力，幹出那些符合時代，美化城市鄉村環境有意義的事物來。這種作風，真是難能可貴了。

一個機械化部隊所需用的液體燃料，自然數量巨大，政府所配發的油料，在那依賴空運來源的時候，當然是常常感到不足。第五軍本身為解決這個事實上的困難，便設立一個規模宏大的酒精廠，提煉酒精，使全軍車輛及機械動力得以供應。

同時，為了全軍官兵需用服裝、鞋、襪，又成立軍人眷屬工廠及製革廠。眷屬工廠，一方面是求全軍服裝原料不需外購，同時，又可使軍眷從事生產工作，以減輕幹部的家庭負担。

眷屬工廠包括紡紗、織布、染布、織襪、做鞋各部門，可說是一個完善輕工業生產機構。紡紗部門擁有大量紗綻，織布部門擁有數百部織布機、縫紉機，也有車衣機數百部。織襪部的襪子數量尤其多，工作人員每日分日夜兩班，男女工數逾千人，各部成品，除供給全軍官兵使用外，尚有剩餘。

同時，因為適應這一龐大的特種部隊之需要，中國、中央、農民、交通等銀行，均相繼到全縣設立辦事處（原有個廣西省銀行全縣分行）；原來的乙等郵局，也因業務繁忙升為甲等局；電報局也擴大了，長途電話原前只通省內各地，其後，也可以和全國各大都市通話了。

第五軍為什麼能一下子發展這樣大？這就是杜將軍魄力雄厚的表現。像修理工廠和眷屬工廠，規模之大，那裡像是一個部隊附屬工廠？簡直是個人都市裡大工業組織。然而有人要問，這些經費從何處而來呢？這很簡單，上列各機關，除大部分係請准設立有固定經費者外，少數機構，則利用部隊節餘經費來使用。大凡各部隊都有經費節餘，機械化部隊尤其多，杜將軍將節餘經費掃數用之於這些建設事業上，故能成其大。但也正因為如此，第五軍有一個不同於一般部隊的現象，在其經理部門，沒有節餘經費這一種額外油水，取之於公的，都用之於公了。

在這一個時期，軍中中上級幹部，以後事業輝煌的大有人在。杜聿明本人不必說，他援緬與英美盟軍並肩作戰，充任過出國遠征軍代司令長官。勝利後，更負東北九省保安大責，成為國內外馳名的有數將領。其餘副軍長邱清泉，當到兵團司令，戡亂期間，於徐蚌會戰壯烈殉國。繼邱清泉副軍長缺的劉嘉樹，最後也當到兵團司令；參謀長黃翔，當到軍長；黃任後的參謀長侯騰，現任自由中國的國防大學校長，參謀處長羅又倫，現在自由中國任參謀次長；榮譽第一師師長鄭洞國，當到東北保安副司令長官，副師長胡家驥，幹到軍長，並曾一度兼廣州警備司令。

該師參謀長舒適存，於政府退到台北後，任台北防衛副總司令；新二十二師師長廖耀湘，戡亂時期，任兵團司令，他的師長李幬幹到軍長，只有繼杜將軍後任的二百師師長戴安瀾，於援緬之役，在緬北陣亡。但其作戰英名，已蜚聲國際，算是求仁而得仁的一位高級軍官了。副師長彭璧生，幹到了軍長。此外團長群中，如胡獻群、鄧軍林、吳嘯亞、汪波、劉建章、劉少峯、文謨、蘇維中等，均升任軍、師長不等。桂南戰役之後，才撥入第五軍建制之九十六師師長余韶，後升軍長；副師長胡義賓，參謀長胡心愉，都是做到軍、師長職務。就是最後到第五集團軍任過短短時期的參謀長趙家驤，也升到軍長、副總司令。前陸軍總司令孫立人、現在防衛自由中國國防第一線的方先覺、劉玉章、石覺等，都係杜部軍、師團長。三十五年任東北保安長官部連長的華心權，亦成為國際馳名的馬祖防衛司令官。他的部隊發展之速，人才之多，可說是在國軍中算是數一數二的了。

只有九十六師的一個團長戴戎光，貽杜將軍之羞。他於三十八年任江陰要塞司令時，出賣要塞，使長江天塹，輕易失守。這恐怕是第五軍光榮歷史上的白圭之玷吧！

第五軍的軍中文化，在湘潭二百師時代播的那點種籽，培養出來的人才，也是實在不少。我於勝利前後，所創立的西南、北平、東北等五個對開報紙，許多員工，一部分是由前北平《實報》轉移過來，大部分還是由這幾年軍中文化工作中的優秀工作者選出來的。這個從西南而華北而東北，成為一貫通全國的文化軸心，全部人員，約有五六百人之多。

我們該不會忘記民國十五年革命軍北伐初期，人民對軍隊擁戴之熱烈吧！第五軍在全縣之得人民支持與協助，只有北伐時期的情形可以比擬。全縣的老百姓和第五軍的相處，彷彿是軍民一家，互相敬愛，互相幫助，做到融融合合成為一體的程度。

說起來，這道理很簡單，第五軍不但軍紀嚴明，而且士兵素質高，所以沒有一班爛部隊的營棍子習氣。二百師的士兵，百份之九十以上是有知識的，新二十二師的中下級幹部，又是二百師撥過去的，二百師的優良傳統也移植過去了。榮一師，是由全國各部隊在各戰場作戰受傷醫癒出院的官兵編組而成，他們訓練有素，戰鬥力尤強。就一般所知，傷兵的紀律是很壞的，但環境有時可以變化氣質，榮一師的官兵到了第五軍這一個紀律良好的集團當中，壞的也變好了。加之，杜軍長對於紀律的維持，是採取鼓勵性的競賽方法，不尚體罰，大家「有取且格」彼此都願往好處去做。

舉一個例，第五軍喜歡建設，養成了風氣，所以任何一個班排駐在民房裡，他們全自動把民房破的修好，好的加強。一旦部隊奉到命令移防，必定將住的地方打掃得乾乾淨淨，老白姓家裡駐一次兵，等於請人來修理及清潔了一次房屋，他們那得不歡迎呢？

軍部與地方機關也相處得很好，縣政府有困難問題，要請省府解決，不如就近請第五軍協助，甚且第五軍為他解決的，比省府更圓滿。因之，軍部有對民間的要求，自然也不必軍部去驚動民間，縣府自動樂意的將事辦好了。軍方與地方政府，息息相關，縣政府竟有如軍部之一個部門，縣長經常進出軍司令部，經常參加軍部召開的有關會報，地方機關，有若干會議，也多請第五軍各有關主管去列席，共同去商討研究。

全縣的保衛團和鄉鎮自衛隊，本來是力量薄弱而內容窳敗的，第五軍進駐之後，補給他們的械彈、服裝，並且派員督導訓練，竟成為一枝有力的自衛武力。

我這時候的忙，可說是日不暇給。一方面要掌管本身的業務，一方面還要跟隨杜軍將赴各部隊視察訓練。同時，各地來全縣參觀的人士、團體，以及外來採訪第五軍消息的記者先生們，都是由編印處去接待，替他們排定參觀程序，陪同到各處去參觀。地方各機關，凡有請第五軍協助的事件，或是請杜將軍去講演，像這類事件，多半是批交本處去代辦的。

那時候，范長江和孟秋江，正在桂林辦了個中國通訊社，他們時常來全縣採訪軍中消息。我知道他們與左派仁兄是同路人，但在當時國共雙方表面上合作時期中，當然還是要照例接待。以後在崑崙關會戰的時候，他們也參加桂林新聞界，常常到前方來，我也同樣給予他們採訪上的便利。我覺得在抗戰的大前提上，那時候彼此總是一致的。現在他們是紅朝二三等人物了，彼此站在兩條敵對的路線上。再是不能妥協的了。

從二十八年一月到四月為第五軍第一期整訓時期，五月就要接受軍委會的校閱，軍訓部那時是在廣西，白崇禧部是坐鎮桂林，第五軍由軍訓部督練，國家對這個軍的重視，從此可見。故而，杜軍長對軍的訓練工作，宵旰不辭，黎明即起，進入辦公廳，只看看紅卷宗內最緊急的公事，就要到各部隊去視察，指導訓練工作，到晚間才能回到軍部處理次要公事。我還記得，我同他早晚兩餐飯，總是在燈下吃的。我隨同他成天在各防地跑，每天要記錄視察所見與優劣的講評，停下來又要商量其他的有關事務，傍晚趕回全縣，他到軍部去，我則回去編印處，處理處內的日常事務。每天時間，都是在這樣的情形下忙碌著。

十一、血戰崑崙關

「敵人在湘北、粵北之潰退，證明他攻則必敗；我軍的克復崑崙關，證明他守則必滅！」這是蔣委員長在二十九年除夕第五軍克復桂南天險崑崙關時，所頒發的訓示；亦即我國自二十六年發動抗戰，三年之後轉守為攻的開始。這是抗戰史上第一次主動作戰的攻勢勝利，所以值得大書特書的！

這兒先介紹崑崙關的形勢和歷史。

崑崙關在廣西邕（南寧）賓（賓陽）公路的途中，從此地向西南，經八塘、六塘而至南寧約四十公里；向東北經思龍、蘆墟至賓陽約三十多公里。邕賓公路，全線地形像一把弓，兩端的南寧和賓陽，地勢平坦，拔海都在三百公尺以上，愈近中段，地形愈高；自五塘與蘆墟間，拔海常在六百公尺左右。此處群山疊嶂，綿延不絕，而且人烟稀疏，村落很少，高山深谷，隨處都是陷地絕境，而崑崙關更是無數險要的要隘。該關地處弓背，有高屋建瓴之勢，山澗湍急，不能行舟。至於陸路交通，也只是由數百年前的舊式驛道，加寬而改建成現在的邕賓公路。所以崑崙關是通往南寧的唯一交通要道，邕賓公路的鎖鑰。誠所謂：「一夫當關，萬人莫敵！」

廣西的山，固然是清奇入畫，但這只可供詞客詩人的領略，可是當兩軍交鋒之際，那種地形上就危機四伏了。守的方面，只須憑險固守，攻者就無法越雷池一步。那些懸崖峭壁，豈止部隊運動不靈，真個是「猿猱欲渡愁攀緣」呢！

這個地區環境所構成的險要崑崙關，從古到今都是軍事上必爭之地。歷史告訴我們，凡是桂南有事，則邕寧之間必為戰爭地帶，而崑崙關尤為攻守雙方必爭的勝利關鍵。守南寧，必守崑崙關，而後南寧始能確保；攻南寧，必守崑崙關，能取得崑崙關，則南寧之下易如反掌。

前平第五軍而使崑崙關馳名者，為宋朝名將狄青。他於上元之夜，奪取崑崙關，大破蠻首儂智高，乘勝直下邕州，儂智高一蹶不振，廣南從此蕩平，這是歷史上有名的崑崙關大戰。據宋史載：「南蠻酋長儂智高，率眾擄南寧稱叛，擁有西南險地，宋將狄青，久攻不下，乃於上元之夜，乘敵不備，一舉攻克該地，叛軍方告敉平。」我們再看宋史「狄青傳」，記載得尤為詳盡。

宋史狄青傳載：「狄青字漢臣，西河人，善騎射，折節讀書，悉通秦漢以來將帥兵法，為人縝密寡言，尤善推功將佐。仁宗皇知元年（公元一〇五〇年），廣鴻州蠻儂智高反，陷邕州，又破沿九州，圍廣州，嶺外騷動，楊略等安撫經略蠻事，師久無功，青上表請行，除宜徽南院使，宣撫荊湖南北路，經制廣南盜賊事。時智高還據邕州，青合孫沔余靖，兵次賓州。先是蔣楷張忠，皆輕敵敗恐，軍聲大沮，青戒諸將，毋妄與戰鬥。已而，中令軍中休十日，覘者還，以為軍未即進，青明乃振軍騎，一晝夜絕崑崙關，出歸仁鋪為陣。賊既失險，悉出迎戰，銳甚，青執白旗，應騎兵縱左右冀，出賊不意大敗之，追奔五十里，斬首數千級，其黨及偽眷屬死者五十七人，生擒賊五百餘人，智高夜縱火，燒城遁去，遲明，青按兵入城，邕州下，後智高死於大理，函首京師。青還至京師，拜樞密使，卒贈中書令，謚武襄。」

狄青為宋室的勳臣，而一生最出色的戰功，就是崑崙關一戰，這不但因為他用新年休假，以懈儂智高的軍心，出奇而制勝；同時崑崙關之攻克，是他平定廣南的關鍵。這以後，儂智高就一敗塗地了。假使儂智高不受其愚，而固守崑崙關，則邕州可以確保，狄青亦將與楊略相同，會師久無功的。所以崑崙關對於南寧的重要性，由此可見。

民國二十九年崑崙關之戰，是賡續湘北大捷後的一次更精彩的大勝仗。敵方其所以兇鋒南指，進侵桂南，是因為在湘北吃了一次敗仗後，經過短期的休養補充，想再來一次軍事冒險。如果僥倖成功了，就可以由桂南出柳州，而竄擾湘桂鐵路，一面遮斷了我南寧的國際交通，一面可以把我方的戰場，再度分截，則重慶亦將受震動了。當日寇向北海進攻之際，我方曾一度以大軍雲集粵桂邊境，準備予來犯之敵以迎頭痛擊。旋因形勢改變，南路無控制重兵之必要，乃以一部他調，這就使防禦兵力頓形薄弱了。

當時一般人觀察，敵人經過兩年來之戰鬥，犧牲甚大，兵員早已不敷，如欲犯桂，至少非五個師團以上兵力不可。在長沙會戰以前，敵亦無法抽調集中如許兵力，況湘北之役，敵人損失過重，一時決難發動新攻勢。同時，我們對於桂南的地形險阻，也過份信賴。以為敵人的大兵團運動，絕對要受十萬大山的限制，我憑險固守，必可予敵以重大打擊。是以，敵方大本營一定不敢作進侵廣西的夢想。等到事實發展之後，才證明這種苟且自安的設想，完成錯誤了。

民國二十九年十一月十五日，敵人從欽防登陸後，旋即向十萬大山疾進。

而其時汪精衛正準備在南京粉墨登場，沐猴而冠。為了要表現他的力量，好教日本人認為他是一個可以培植的傀儡，遂派王逆桂堂潛入桂南活動。

王逆隸籍廣東，出身土匪，鼎革前後，夤緣加入同盟會，潛匿於革命之列，這是一個十足沒有人格的投機份子。民國十六年以後，鬱鬱不得逞，蛟藏窮澤，待時為患，汪精衛叛國後，才拉他落水。

在桂南邊境，綿亙千數百里的十萬大山，原為匪類聚嘯之地。前軍閥陸榮廷舊部，散處其間，出為民患，廣西省當局，歷年兜剿，迄未肅清。王逆稔知內中情形，即乘機潛入鼓惑，以日圓為收買工具，籠絡在十萬大山中的匪眾，為敵作倀。

敵人最初的登陸地點為金沙龍門瀧，僅以少數兵力，藉海軍砲火掩護，冒險地想建一灘頭陣地。本來照地形看來，登陸之後，必須通過欽防沿海的「滄海沙原」，這是毫無隱蔽的地帶，是我軍發揚火力殲滅敵人的理想地區。那知道王逆桂堂勾引十萬大山的匪類，出而引導敵人，奪得立足點，敵人乃大胆深入，通過十萬大山。其增援部隊又源源開進，趨小董、大塘，偷渡鬱江，繞至邕賓之三塘、五塘。至此我守軍方面乃無法拒禦，南寧遂於是年十一月二十四日下午失陷。旋敵急速北進，於十二月四日，更佔領邕賓公路之鎖鑰——崑崙關。

這是關係西南整個戰局的一次生死爭奪戰。於是，中央把國軍中的一張王牌——第五軍，打出來了。

第五軍奉到命令後，星夜分頭自桂北之全縣向南開拔，於限期內，次第到達邕寧公路各陣地。

當前的爭奪點，乃是天險的崑崙關，而與我對壘的敵人，即是日寇最精銳的坂垣第五師團，這個敵人是非常狡黠的，且是最能打硬仗的勁旅。這個師團的師團長，以前是坂垣征四郎，故稱坂垣師團，亦名廣島師團。但到崑崙關會戰時，坂垣早已升調了，師團長亦換為今村均了。

這個師團參加侵華戰爭，很有它的「光榮」歷史，從北平北萬里長城之八達嶺開始，而察南而晉北，以至平型關諸戰役，都是尤其主攻的。以後又攻山西欣口，奪太原，這是侵華的第一期。到了第二期，它們曾轉戰河北，渡過黃河，侵略山東，在台兒莊和徐州兩次會戰中，被我擊敗。到了第三期，它們的行動是從廣東戰爭爆發後就開到佛山，以後便調回山東，整補了一個時期。之後，便進入它們第四期之作戰，在諾門頓吃了一次敗仗，不久，又奉命調來桂南，這次是經過整編後，重新走上戰場的生力軍。

敵人之進侵桂南，就是開始執行他們自稱的「大陸最後的攻擊」，所以決定要作一次殊死的鬥爭。

從二十九年十二月十二日起，第五軍各部隊就開始作攻奪崑崙關的戰略部署，陸續向指定的戰鬥地區馳奔，到十七日，崑崙關的爭奪戰幕正式揭開了。

我那時還在桂北全縣，十二月十三日，接到杜軍長的電報，限我在十五日前要趕到前線。我接電之後，即刻由後方軍部趕程至柳州，再星夜乘汽車馳往崑崙關以北之前方陣地。

十五日下午兩點鐘的樣子，我的車子開到了近崑崙關的一個大山下面，那裡有本軍前線指揮所，當即問軍長何在？副官處長令兵士把我的行李接過去，告訴我：「軍長已進入前方陣地了！」他招呼我吃過飯，休息片刻後，復派一名士兵將我那單簡的行李，繼續向前担去。我自己左肩掛著水壺、乾糧袋，右肩掛著圖囊、望遠鏡，腰帶上插著一枝勃朗寧手槍，一個參謀規（那是一個可判別方面，量地圖距離的小儀器），真個全身披掛，好似平劇《甘露寺》的賈華一樣，弓槍刀盾，樣樣皆有。一路同這個担了我那副行李的士兵急步前進！

我急急於會見杜軍長，穿山甲似的只往山上爬，這是我破題兒第一遭參加前線的戰鬥。一個初次上戰場的鬥士，其心理狀態是很難描述的，總之，我這時興奮、好奇、緊張，勝利來臨的喜悅等等情緒，交織在心頭。

到了那山的反斜面，我就看到軍長的衛士們沿著山坡站著，我還以為軍長的位置在那山一面，一定有一所房子住著，想不到軍長的位置，就在附近一個山腰的掩體裡。

衛士見我敬禮後，便將我引進掩蔽部，杜軍長看見我如期來到了，非常高興。我環顧這個工事的構築，十分低矮，連掩蓋都沒露出一點點來，至於掩蔽部的深度，離地面約一丈餘，走了進去，裡面左邊有一個長點的土墩，那就是杜軍長的睡處，另外一個方形小土墩，是預備作我的座位和休憩的地方，土墩的對面牆上，掛著敵我態勢圖，這是運籌決勝的把柄，其下，擺著好幾具電話機。

我敬禮坐定後，軍長約略把前方的情形講給我聽，同時告訴我，後天便開始向敵出擊了。我參看牆上的地圖，對雙方的部署及我方各部隊進擊路線以及攻擊到達線等，心裡有了一個大概。這時杜軍長笑道：「你不要忽略了我們現在站的地方，如果這一仗打得好，我們就可由這個土洞，而飛黃騰達起來；反之，這就是我倆成仁的歸宿地了。」我很同意這句話，就說：「我跟軍長同生死，共進退。」他問我：「你不胆怯嗎？」我一笑道：「我正開始領略戰場上的樂趣呢！你不怕，我還有什麼可怕的！」他拍了我肩膀一下，又一翹起拇指道：「行！看你的！」軍指揮所，置在我們後面相距約二十多華里，軍長把他自己的位置移到前方來，是為了便於掌握部隊的指揮作戰，參謀長則留在後面的指揮所裡，成為一個與後方連絡的樞紐。

次日午間（即開始攻擊前一日），陳辭修和白健生兩將軍都到指揮所來了。我們接到電話，便趕返到後方指揮所去迎接這二位長官。晤面後，白將軍比較客氣、謙虛，僅就作戰應注意事項，略加指示；陳將軍因為是與第五軍關係密切，所以態度也顯得凌厲一些。他當著杜將軍面限令各部隊必須按照預定計劃，如期攻克崑崙關，直下南寧。對於這命令，杜軍長連聲稱是。一方面是軍人以服從為天職，打仗不是可以討價還價的事；一方面，杜將軍對這場戰事，已經胸有成竹。故此，他並沒有提出任何困難，陳、白兩將軍對軍隊的部署情形，也都表示滿意，便匆匆地返回柳州去了。

我們復從指揮所轉回前方掩蔽部，一會兒，參謀長黃翔也來了，我們就一道兒出去視察陣地。我當時看到每一個戰鬥兵，頭上插著樹枝，懷裡抱著武器，精神特別旺盛，自己好像服了一顆定心丸樣的，認為這一仗絕對是有勝利希望和把握的。我想到自從抗戰以來，我們總是採取守勢，各戰場都站在被動地位，現在崑崙關會戰，乃是國軍第一次採取主動攻擊，全國甚至全世界的眼睛，都望著我們這塊地方。這一仗打得好，第五軍官兵的勳績還了得？為國家爭光，為軍人爭名譽，所以在我心裡，也寫上了「許勝不許敗」的字樣。

一行到達六零零高地的前面（這個名字是軍事攻擊的標誌），這是崑崙關北面的一個小高地，在邕賓公路的左側，馬路旁邊有一個小白廟，以這裡為基準地點，好觀測四週的地形。但這個廟，又成為敵人的顯著目標，杜軍長拿著地圖在看，同時告訴我，前面就是敵人的前哨陣地了。

他說：「你必須注意，目標不要暴露。敵人的狙擊手，很多是射擊專家，他們專門射擊指揮官，幾乎是百發百中。」此話尚未說完，就聽見空中絲絲有聲，他連聲大呼：「敵人砲，敵人砲。」於是大家連忙就地伏下，轟！一聲，砲彈便在我們後面爆炸了。這一砲在我耳邊飛過，我們趕快回馬路右邊走去，接著第二砲又來了，我們繼續伏下，那砲彈恰恰落在我們的前面。那時大家已知這是敵人的試射，隨後來的將有敵砲的效力射等第三跑打來，我們已經躍入近馬路的一條小河內的死角中去伏下。這時，敵人砲兵的效力射接著開始，但我們所處的地方，已告安全了。可是軍長的兩個衛士，當絲絲聲音發出時，他們走向那小白廟方向去，以為可躲避砲彈，殊不知那正是敵人射擊的好目標，他們都被擊傷了，倒在地下。等射擊停止，另外的衛士才奔上前去扶救他們，看時，一個傷了腹部，一個被砲片打斷了一隻腳。前者一會兒就死去了，後者，送到後方醫院去醫治，癒好，已成了一個殘廢的人。我們這時也就覺得當時真夠危險的，尤其是我這第一次上前線的人，就遇上了敵人這樣熱烈的歡迎禮砲，又有點受「驚」過於受「寵」了。我在過去常聽到有人講，戰場上的槍砲，是無情的，今觀此現場，竟偏把兩個可憐的衛士打得一死一傷，確是有點那個。

十六日晚上，黃參謀長轉回指揮所去了，我跟杜軍長仍然住在那座大山北面的一個掩蔽部內。我的本職是編印處長，而跟隨指揮官在戰鬥第一線，似乎有點不倫不類，因此，軍長臨時發表我為軍部上校參議兼編印處長。

在掩蔽部這個小天地中，只有軍長和我兩個人，可是前方二三萬官兵的行止進退，生死榮辱，都要由這個小天地中來決定。我想到這一點，就覺得孫子所謂：「兵者國之大事，生死之地，存亡之道，不可不察也。」一個指揮官乃是三軍司令，稍一疏忽，即陷官兵於死亡之境，所以那些憑藉著人事關係竊據高位的庸材，打了敗仗還升官，在他固沾沾自喜，可是在造物主的面前，已經逃不了他的罪責，而後世歷史也決不會寬恕他的。

軍長分派給我的工作，是專門接夜間電話，起初我以為是件容易事，就說：「軍長，你休息吧！我一向是很少睡眠的，一切電話，我會記錄下來的。」軍長笑道：「你莫以為接電話是件容易的事，這一根電話線，要把前方全盤的情況，都傳遞到我們這裡來，又要把我們的計劃和決心貫徹到前方去，這並不是一件隨便容易好完成的事。」我說：「那當然，否則，又何需乎要這一具電話機呢？更又何必偏偏要調我來守著呢？」他說：「好！我瞧你的吧！」軍長說完，就倒在土墩上睡了。

上半夜，前方不斷的有各種情況在電話中報告，我把它一一記錄下來。在我自以為記得很詳細，可是等軍長一覺醒來，當我把接聽的經過，詳細報告他，他卻說：「你記的情況不夠詳細，你只知注意接聽，卻沒有把當時情況的疑點，質問前方。同時，當一種情況發現時，前方部隊的判斷如何？我們的判斷又如何？兩下印證，才能知道這情況發生的所以然。譬如說，前面某個大山，發現敵方火光，其時間的久暫，由東向西或由南向北，這些情況，固然是表示敵人在移動，但我們又要判斷它是增兵前進，還是後退？必須多方想像，加以推斷，得出結論來。不能糊裡糊塗，只說發現敵方陣地有火光，僅僅這句話，不但對我們沒有什麼好處，反而會影響我們的決心！」

大約他是關心前方戰鬥情形睡不著，於是便坐起來，告訴我許多有關行軍作戰應具備的知識。說起來，從前我們知道的事物太少了。類如辨別方向邑，這是很簡單的事，我們在家鄉的習慣就不大講究方向的，出門問路時，指導者只說前、後、左、右，從不用東、南、西、北。到了北方，才聽見說：「朝東走，朝北拐，由西行，由北轉。」這些話，可是南方人對此終覺茫然。總認為不如說：「向前到某處左轉，右轉。」比較好記一些。這是習慣使然，因此，這種方向辨別力就不十分準確。那天晚上，他更告訴我夜間行軍辨別方向的各種方法，如星月之夜，可以有北極星；否則，摸樹皮也行：乾燥，粗糙的一定是南方，濕潤，細膩的一面必定是北方。又如廟門多半是向南開，蟻穴、鳥巢，都是向南的。還有許許多多對敵情判斷應注意的事項，以及槍聲遠近的分別方法等等，都是我前所未聞的事。這一晚等於上了一次軍事速成班的課，而且現買現賣，馬上就可用得著了。

第二天——十二月十七日，就是我軍開始總攻擊的日子。

彼時，敵我雙方的形勢是這樣：

邕武路相持於高峯隘南，邕賓路相持崑崙關至九塘關間，敵第五師團所轄下的四個聯隊，分配在南寧至崑崙關之線，計二十一聯隊在崑崙關至九塘，四十二聯隊在九塘至南寧，十一、四十一兩個聯隊和師團部都在南寧。

崑崙關是南寧外圍的重要據點，敵寇以一個旅的精銳重兵扼守，在崑崙關以北的仙女山、老毛嶺、四四一、六五三、六零零、羅塘南等高地，以及立別嶺、枯桃嶺、同興堡、界首等地，均築有據點式的堡壘工事，週圍以數度鐵絲網構成銅牆鐵壁的防線，並附有機械化部隊及砲兵協助防守。可以說，南寧敵人的一切安全，都寄託在崑崙關這方面。

我方以鄭洞國的榮譽第一師擔任正面攻擊，邱清泉的新二十二師向西繞出敵後的六塘、五塘，以斷絕南寧與崑崙關的交通，戴安瀾的二百師由東西繞過崑崙關，以形成前後夾攻之勢。另外，臨時組成兩個支隊，從事奇襲：一個是二百師副師長彭壁生率領的彭支隊，由兩個新兵補充團構成；一個是由熊團長笑三率領的熊支隊，由一個團和一個加強營構成。

拂曉，幾位師長都到了我們的掩蔽部那個大山上面，於是，一聲攻擊命令發出，各線一齊出動。到了高坡附近，這是接近敵人的地方了，杜軍長立在攻擊陣地後面一座高山上，砍了一棵松樹枝插在身上做偽裝，我們大家都這樣偽裝起來。依照我軍當時的判斷，敵機總要在我軍開始攻擊後的第二天才會參戰的，頭一天總是地面激烈之砲戰。但，想不到我們出擊不到一小時，便聽到微微的「嗡嗡」機聲由遠而近，由小而大，正視南方，已是烏鴉般一群一群的敵機疾馳北來，飛到我陣地上空，便瘋狂式大事轟炸，隨著「各各」的機槍掃射聲，連續不斷。這時各師長均已趕返各人陣地，杜軍長仍是滿身插著松樹枝，屹立在原來那座高山曠處，觀察敵機的行動，及我軍攻擊前進的情形。

我因初上戰場，平生以來首次嘗試這種滋味，便立即走到杜將軍側面山腰那塊獨立石旁，將它緊緊抱住作掩蔽，雙目不敢仰視，僅聽著隆隆砲聲，各各機槍聲，呼呼的敵機聲，自四方八面穿入耳鼓。當時我內心是這樣想：「如果不幸被敵機擲彈炸中或被機關槍打上，祗要眼睛看不見，便可減少死前之驚慌和恐懼。」孰知敵機這次更番轟炸，久久不去，我這時漸漸地也不感到如起初那樣的害怕。抬頭仰視，則看見敵機在我高空四面奔馳，低頭俯視，則看見萬丈深崖，就在我站立的下面。時間一久，心裡又想到：「經此敵機良久轟炸，我軍陣地是否會發生變化？

我在北平已是敵人手下的『漏網之魚』，若由此被俘解往北平，那種苦難日子，怎樣能過？」正在如此這般的想著，很自然的便由內心發出了一個呼聲：「軍長！軍長！」的大叫起來。杜將軍這時忽然聽得我狂呼大叫，不知何事，便跟隨著我的聲浪近前來看我，問道：「幹甚麼？幹甚麼？」他那樣驚慌的發問，我在恐懼之餘，忽然見到他便萬分高興，勇氣倍增，連道：「沒甚麼！沒甚麼！我恐怕你走了！」他笑了一笑，知道我沒有戰場經驗，便說：「你還是一個老百姓！」

這時雙方戰火愈來愈熾烈，槍砲之聲，喧天動地，四野瀰漫著烟硝，我方的戰車也攻擊前進了。

我軍的步兵，已經向仙女山、羅塘南的敵陣地開始攻擊，機關槍、步槍、迫擊砲、手榴彈，和擲彈筒，響成一片。當天上午，我軍即躍入敵人陣地，發生猛烈的肉搏戰。不旋踵間，仙女山即被我鄭部首先佔領，但羅塘南的攻勢卻受挫頓了。

早飯後略事休息，各攻擊部隊再度開始行動，二百師的鄭廷笈團長前來受命，進攻六零零高地。他受命後，把我拉到一邊，激昂而懇切地對我說：「大哥，我這次決心，不成功便成仁，非把這個六零零高地拿下來不可，但是，我請你隨時注意我團進展情形，記得請軍長及時支援我。」我一拍胸膛說：「老弟，你去吧，你攻擊前進後的一切需要，自然我一定遵囑一一為你辦到，祝你馬到成功！」

鄭團長那時正在發瘧疾，可是病魔並沒有使他氣餒，他還是勇往直前的去完成他的使命，而我此時也不知勇氣從何處來的，假如他邀我一塊跟同前進，我決不推辭。《飄》裡面那個衛希禮說得好：「打仗跟飲香檳一樣的，它能麻醉一個勇士，同樣也能麻醉一個懦夫。在戰場上的時候，無論是甚麼傻子都會勇敢起來的，因為不勇敢他就沒有命。」這實在是不磨之論，何況後來戡亂期間，那些聞風而遁的將領，連這淺顯的道理都忘記了。可見勇氣是由智慧和責任感而產生，沒有智慧和責任感的人，自然就拿不出勇氣來！

軍長當時和鄭團長協定，一經佔領了六零零高地那個重要敵人據點時，即行放起烟火來，支援的火力，見到烟起，即超越發射，實行火力進擊。鄭團於奉命展開攻擊後，即瘋狂地冒著彈雨躍進，破壞了敵人的各層防禦工事，滾進了鐵絲網，用剪子剪開敵人電網，前仆後繼的衝上了六零零高地。在中午十一點多鐘，山頂果然像瑞靄一般冒出烟火來了。軍長望之一躍而起歡呼著：「六零零高地佔領了！崑崙關大門打開了！」

這天，從早晨至黃昏，敵機如穿梭般在我們上空盤旋炸射，正當我們戰車向崑崙關正面攻擊時，其中一輛被敵砲擊穿，連長趙志華穿胸而亡，後面的戰車因之被阻，不能前進，直到黃昏後，才用其他戰車把這輛打壞了的戰車拖走。

此時的季節正是冬天，下午五時即行日落，故敵機活動時間甚短，因之我方所受的損失也不太大。根據以後經驗所得，飛機的殺傷破壞力，前方不如後方。這原故何在？因為後方建築物叢集，人口稠密，目標顯著，故破壞殺傷甚巨；如在前方，地濶人稀，易於掩蔽，被炸的就少之又少了。所以軍中一般人都說，在前方挨了炸，等於中了頭彩，這次算是很小的！不過，飛機對精神上的威脅卻是有效的，尤其是像我一般初上前線的人，開頭看到敵機，連頭都不敢抬起。

當晚，我軍發動夜襲，進展神速，老毛領、萬福村、六五三等高地，相繼佔領，這連二接三的捷報，使官兵勇氣百倍。這些高地，都有敵兵的強烈火力來防守，我軍是在寸土寸血的情形下才能爭奪下來的。

十八日拂曉，天剛亮，伙夫就把飯由後方指揮所担上來。菜和飯都是用臉盆盛著，鄭洞國、邱清泉兩師長，均來我們這裡吃飯。軍長對我笑著說：「今天敵機要來的，恐怕你害怕得連飯都不敢吃了！」我說：「我不但不怕，而且還要多吃一些！」果然，正在我們大家狼吞虎嚥的時候，敵機又光臨我們上空了，但久而久之，司空慣見，也就不去理它，而我們吃的，更別有滋味了。

崑崙關西南地區的制高點是四四一高地，必須同時把這制高點取得，才能與六零零高地形成攻略崑崙關的兩鉗。擔任攻擊四四一高地的是鄭洞國之榮譽第一師，該師既為久經戰陣的傷愈官兵所組成，休養數年，自然都有髒骨復生之感，現在有了大顯身手的好機會，還能把它輕易放過嗎？所以，十二月十七日的攻擊展開後，全師官兵無不冒著敵人的火海前進。據守四四一高地的敵兵確是頑強無比的，他們據守在堡壘工事裡面，任我們的砲兵如何壓制，機關槍火力如何掃射，都是前仆後繼的與陣地共存亡，誓死不退。所以這場戰事打得是非常激烈！

這樣膠著血戰了整整一天，雙方死亡都在四五千人以上，真是屍積如山，血流成渠了！真至殲滅了最後一個敵人，四四一高地才完全佔領，這是十七日最慘烈的一場血戰。擔任正面攻擊的是邱清泉的新編二十二師，戰鬥地區是崑崙關正南的石橋，這是崑崙關的大門，叩開了這個大門，才能進入崑崙關口。在這以前，杜軍長曾多次請求中樞以空軍協同攻擊，重慶方面，本也批准派飛機前來助戰的，因此，我們天天擺著對空通訊的布版。可是，左等右等總不見飛機來，為了恐怕躭誤出擊，我們不能再等了，於是由步兵單獨攻擊，幸在極端艱苦的情形下達成任務。事後我們才知道，中央覺得我們的空軍太劣勢了，如果派來不能達成任務，反而會被敵機擊落，影響我地面作戰部隊的士氣，這是中樞方面不得已的一種苦衷。

新二十二師主攻這個重要據點之部隊為劉俊生團，這是一個攻堅的任務，敵人盡全力以事固守。崑崙關的敵炮兵是以最高火力以壓迫劉團，而地形上週圍的制高點都由敵人佔領了，劉團是完全處於卑低的形勢下而仰攻，這就不免特別吃虧。所以，一次再次的攻勢受到挫頓，劉團官兵於攻到第三天，傷亡極為慘重，邱師長迭向軍部請求另派部隊去替換，在事實上，亦不能不調下來補充整理。可是敵人方面，此時也到了再衰三竭的地步，其傷亡之重，也是很不容易恢復原來的作戰力。所以，杜軍長決定將劉團撤下來整理，另把彭璧生副師長所組成的那個彭支隊開上去抵補那個攻擊任務。彭是以二百師副師長本職兼第五軍新兵訓練處長，彭支隊便以兩個新兵補充團編成。這樣的生力軍，作戰當然勇猛，所以打了兩天，就把石橋攻下來了。此役，彭支隊官兵傷亡逾千，這個部隊番號，已成名存實亡了。

當石橋攻下的那一天，我們知道崑崙關之攻下已是指顧間的事了。於是，我趕至柳州後方，去作迎接未來勝利的準備。

這天，我自己急忙駕著帶斗的摩托腳踏車，一路絕塵地向柳州駛去，才開到半路，就聽見軋軋的機聲，在那時，敵人是佔絕對空中優勢，前方很少有我機飛臨，我當時判定，毫無問題這是敵人的飛機了。而且桂南地區，層巒疊嶂，公路在萬山中蜿蜒如帶，人在公路上行走時，聽覺不會太遠，等到能聽見機聲，可能飛機已經到了山背，只一瞬就臨到當頭了。在那時我踏開油門，加足馬力向前疾馳，想駛向一個隱蔽的地方去停留一下，可是來不及了，敵機已追上來了，而且好像發現了我這個目標。飛機在我頭頂上空一掠而過，就轉了灣，接著又軋軋地繞過來了。說時遲，那時快，我趕快把車子向公路旁邊衝去，自己則一個鷂子翻身，往公路旁邊一顆大樹下撲去，靜靜地伏在那個死角上，看看敵機怎麼辦？那時，敵機又繞了兩週，大約沒有再看見我的人、車目標，就用槍槍掃射了兩匝，作為威力搜索，然後才飛走了。我雖然沒中頭彩，可是被公路上亂石塊擦傷多處，汩汩地流著很多的血，但在軍情緊急之下，那裡還顧得了這個！於是又繼續跨上車，咱家趕路要緊！

等我從柳州再回到前線，這時，崑崙關各制高點及隘，均陸續為我軍所佔有，我們四方八面的圍困敵人，就只等待拿下崑崙關了。

日寇第五師團，不愧是一個頑強的敵人。此時崑崙關至南寧的補給線，已被我軍截斷，但敵人仍然不退卻，他們的指揮官戰死後，無人統率時，其後方即以飛機運送新的指揮官來，以降落傘落在敵軍陣地，接續指揮作戰。糧食彈藥，也是由空中投擲。陣地裡的敵人，沒有水喝，便用橡皮袋載水，自飛機上投擲下來。

有一次，一大批乾糧從敵機上投擲而下，剛巧落在敵我陣地之間，於是我軍以重機槍火力封鎖敵人的出口，讓我方士兵去把乾糧奪過來。這些糧乾都做得很精緻，餅乾、肉食、蔬菜、罐頭，自不用說，就是食鹽，也是用機器壓成像太古糖一般的潔白如雪，從這些地方，可見敵人對軍隊補給的重視。我們在前線，也算承敵人推愛大方，享受過了幾次豐盛的大餐。

崑崙關的敵人，要不是精銳善戰的第五師團，恐怕老早就給我們吃光了。

當石橋佔領成功之際，敵後六塘一帶，又被我騎兵襲擊，破壞敵人運送補給的汽車四十餘輛，使敵人蒙受極大損失。敵人補給線既給我們截斷，崑崙關的敵方守軍，成了懸命絕援之勢，我們便利用這一機會展開攻擊。

二十日那天，正面惡戰開始，我戰車部隊循公路直衝崑崙關，因道路夾隘，施展為難，終被敵人的戰車防禦砲所擊退，這一攻勢略受頓挫。等到二十二日我正面攻克同興堡，敵人死亡在三百人以上，這地方是崑崙關的肘腋二十三日我實行強力側擊，圍崑崙關南十里之九塘，斷九塘與崑崙關間之道路，並以一部攻九塘南十里之八塘，敵人至此，除空中接濟外，只有「全體戰死」，或「相機突圍」或「屈服投降」三條路可走了。

死守崑崙關之敵，為第五師團之四十二及二十一兩個聯隊，這時在拉鋸戰中，死亡至重，其旅團長中村正雄，乃率部強行經公路正面向崑崙關增援，被我砲彈擊斃於九塘、崑崙關之間，敵人從此後援不繼了。

旋我軍又佔領了崑崙關西面之仙女山，然後順山衝下，直入崑崙關口，佔領敵指揮所。這方面是榮譽第一師的戰鬥地區，以榮譽第一師是首先攻進崑崙關的部隊。

但是，關外若干高地尚在敵手，而後方桂林、重慶等各大都市已傳出了崑崙關大捷的頭條新聞。其實，二十六日我軍仍佔領崑崙關的關口，不過，敵人挽大砲的騾馬，已被我軍完全殺絕，敵砲兵於是也無法動彈了。

二十七日，敵台灣守備師團之林及、渡邊兩聯隊，又向崑崙關增援，因為這是生力軍，其勢銳不可當，我已攻入關口的鄭部遂不得不暫行撤出，而轉攻東北面之界首一帶高地。二十九日，該部把界首東、北、西三面高地全部予以佔領，至此敵主要堡壘全失，陣勢大亂。三十日我繼續猛攻，正面再作入關突擊，三十一日崑崙關口南二里之六扒及六成兩山地為我佔領，而自六扒、六成間公路交通，亦完全為我掌握。崑崙關之敵，除已被消滅者外，全部成為孤軍，再給我四面夾擊，崑崙關之隘，始確實為我所有了！這是民國二十九年十二月三十一日正午的事。惟因後方新聞界迭次報捷過早，弄得那一個時期中的讀者，將信將疑，第一條新聞也不好再做了。正在為難之中千真萬確崑崙關大捷的消息又來了，這可見後方對第五軍作戰力的信任與期待，而第五軍也終不負後方同胞及最高領袖的期望。

是役也，敵軍第五師團之四十二及二十一聯隊，以及一個砲兵大隊，幾全部被殲滅。除旅團長中村正雄在崑崙關與九塘之間被我擊斃外，二十一聯隊長杉木及四十二聯隊長坂田元一皆與陣地同亡。敵官長計死亡達百分之八十五以上，士兵被殲滅著約五千人之眾。其殘存部隊，狼狽退卻，旅團及聯隊部九大箱文件，都來不及毀滅，便成了我們最有價值、最重要的俘獲品。另有砲兵觀測器及大砲附件，亦來不及毀壞，而完好的埋藏在地下，皆一一被我掘出。敵遺棄的武器，有戰車防砲彈數千發，大砲彈二三千發，步槍千餘支，輕重機槍、山砲及迫擊砲各百餘門（挺），步槍彈十餘萬發，以及戰刀、刺刀、鋼盔、毒氣罐、防毒面具等戰利品無算。

這是我軍抗戰四年來第一次打下來的大硬仗，也是空前未有的大勝利！

崑崙關既下，敵人殘餘部隊狼突豕奔地向南寧方面退卻，軍部即電告後方報捷。一向在前方督戰的軍訓部機械化兵監徐庭瑤將軍，杜聿明軍長，旋即到崑崙關去作戰場巡禮，杜軍長並囑我隨同前往視察。

這天是二十九年十二月三十一日，所謂一年將盡，大敵未除，心中感慨萬千。一行走進崑崙關，已是下午五點多鐘了，距我軍佔領時間不足五小時。只見那山地公路上足跡車轍，一片凌亂，敵人的屍體、馬匹和遺棄的軍用品，狼藉在地，其「忙忙如喪家狗，急急若漏網魚」的情形，統統都寫在這些痕跡之中。天上一輪斜西的太陽，發著軟弱無力的光芒，照在這一個創傷纍纍的戰場上，分外顯得淒涼悲慘。

公路兩旁是茂盛的森林，古樹尋丈，撐天被日。桂南是接近亞熱帶的地區，故而這些大樹都是經冬不凋，仍然是枝葉茂盛的。只有那些被砲火擊斷了，或被砲火燻黃的枯樹，如同一個陣亡的戰士那樣壯烈地倒塌在那裡。

我們在敵人的屍體上踏著前進，有些敵屍，還是尚未斷氣，在發出慘叫的悲鳴；有的已經不能發音，還在那裡輾轉抽搐，這真是一幅慘絕人寰的悲愴圖畫。任你是一個心腸多麼堅硬的人，當你的敵人在你面前倒了下去的時候，你的敵愾與仇恨都會沒有了，代之而起的是一種同情與憐憫。於是，我們把那些受傷過重奄奄一息已無法醫治的，分別再用手槍射擊，以減少其臨死前的苦痛；能救治的，就由清掃戰場的衛生擔架人員，抬到後方去趕快醫治。像這些都是基於人道主義者所應為的事。至於共產黨徒，其滅絕人性的做法，又和我們迥異其趣了。

隨後，軍部高級參謀人員及軍醫處副官處的官兵亦先後來到，他們就忙著搜索敵屍的手槍呀，手銬啊，鋼筆呀，軍官戰刀呀！一一予以登記保存，這是名貴而實用的戰利紀念品。我編印處的人員則專門搜查敵人的日記簿和文件，這當中不少使我們了解敵情的資料，其價值之珍貴，又遠非手槍、手銬、鋼筆這類東西所能比擬的。

從敵人的日記上，我們這才知道敵十二旅團長中村正雄在增援八、九塘之際，被我軍當場擊斃。十二旅團直接指揮的部隊是四十二聯隊與二十二聯隊，四十二聯隊的聯隊長（等於我軍的團長）叫坂田元一，二十二聯隊長叫杉木吉之助。杉木是陣亡了，坂田也重傷垂死。據我們推測，在當時那樣慌忙退卻中，當然也有百分之九十九作了「護國魂」。此外，大隊長陣亡了三個，中小隊長陣亡者不計其數。

談到這裡，我們這就不能不慨嘆對敵情之欠明瞭：前方的軍事情報，實在做得還不夠。官兵作戰，勇則勇矣，可惜打的是瞎子仗。就是一直到抗戰勝利，我們對於前方情報，還是沒有做到向敵方深入瞭解的程度。對敵情判斷始終是從一種疑信參半的資料中，憑指揮官的經驗與天才去下判斷。這種打法，太近於賭博了。

又從另外一些敵人的照片上、信箋上和一些塗亂的字紙上，發現許多敵兵的思家與厭戰的心理。譬如有的寫著這樣的短詩：

「離開故國已有幾月了，
跟著這匹馬有同死的氣氛，
攻過來的山和河，
手執的韁繩流著血，
在月夜的戰壕裡，
站著當哨兵，

想起了離開很久的故鄉。」

有的寫著這樣的口號：「勝利是恐，戰敗是恐，戰場是墓場，砲側是墓場！」還有寫著：「三民主義，武裝起來，打倒日本帝國主義！」

我們又在一顆小樹上，看見一句用小刀刻的日文標語：「中國的兄弟們，前進吧！」從這裡，我們看出窮兵黷武的日本軍閥，已經敲起了喪鐘，日本的士兵，和我們是站在一條戰線上了。佔領南京時，敵人那種狂妄囂張的狀態，此時不是全部消除淨盡了麼？

有一部日記上寫著：「一個很好的月夜，敵軍陣地（即指我陣地）突然以擴大器向我們廣播，甚感動！」

當時我方政治的宣傳工作，的確也做得不錯，時時將擬好的日文宣傳品，送到前方散發。有次並特請當時日本反戰作家鹿地亘到前線來廣播了一個多禮拜。他在我陣地的擴音機喊話，要日本兵放下武器，不要為軍閥作侵華犧牲品。

起先敵人聽到這些講話，還向我擴音機方向射擊，一天，鹿地亘喊到：「我在這裡，你們要開槍，就開槍吧！」但敵人竟未放槍，反而沉寂下來了。這是宣傳上打動他們的心弦了，我們對敵人的心理作戰，已經收到了極大的效果。

我們追隨徐庭瑤將軍這一行，正在興奮而感慨的繼續前進，路愈行愈遠，前面雖然有我軍追擊部隊，但已追到遠遠的前面去了，從時間上計算，前方的追擊部隊，當已通過八塘，再向南，朝敵人的潰軍尾追。所以我們巡行的地區愈深入，則愈沉寂陰森。突然，「拍拍」地從森林裡放出來的冷槍，有一顆子彈射穿了我的帽簷，險些將我做了殉葬的勇士。於是杜軍長馬上向徐將軍建議停止前進。同時我們隨行的衛士立即以手機槍向森林裡發射，作威力搜索。杜軍長說：「實在不能前進了，森林裡還有許多潛伏的敵人，我們待掃清了戰場後，再前進吧！」

於是我們回轉頭來，這時已經是夕陽西下，暮靄四合了。

我們轉到平範村軍部，軍長就當面向徐庭瑤兵監報告他預備保升崑崙關戰役有功者的腹案。並特別對我能在此次戰役中勤勞忠勇十分獎譽，當晚即手令晉升我為少將處長。

第二天，是民國三十年的元旦，前方各級官佐，在平範村軍司令部舉行新年團拜，在舉行儀式之前，杜軍長從他公文箱裡找出一副他自己用的中將領章，將梅花挖去一枚，又把另一枚移置在中間，然後親自給我嵌在衣領上。對此，我倒有點「卻之不恭，受之有愧」的尷尬像。想到「一將成名萬骨枯」的詩句，固然感喟，但又覺得自己是在砲火中鑽出來的，比之一般夤緣而得者，總要心安理得多了。

第五軍的慣例，每逢集會，將官是站在司令台上，校級以下的，均站在台下第一排。民國三十年的第一天，也就是我這台下人升為台上人的第一天，這都是名符其實的「升」了，但是，見到那些往日總是站在一起的老搭檔，我臉上由紅而發熱起來，實在有點覺得不好意思。

至於其餘調升的，如鄭洞國（榮譽第一師師長）已奉准升為第八軍軍長，邱清泉（新二十二師師長）升為本軍副軍長，廖耀湘（新二十二師副師長）遞升邱師長所遺之新二十二師長，彭璧生（二百師副師長）升為第六軍四十九師師長。不過，這都是元旦以後的事情了。

彭璧生的四十九師，是接李精一的番號。因為後來桂南會戰，有些部隊作戰不力，受了處分：李精一的四十九師和李天霞的一〇九師都被撤消番號，變為無名師了。

接著，杜軍長交給我兩個任務：一是審問俘虜，搜集敵情；一是押運戰利品到後方流動展覽，擴大宣傳，藉以鼓勵後方民心。

審問俘虜的主審官是戴戎光，他那時是在軍部參謀處當第二科（情報）科長。他是日本士官學校畢業的，說的一口流利的日語，同時並熟習日軍中一切情形。這位兄弟，那時並不出名，直到三十八年，當江陰要塞通匪叛國時，才一舉而臭名昭著。他問得俘虜的口供，由我分別紀錄整理，從這裡，我們才清楚敵人侵入南寧的前後情形，以及敵軍兵力、番號，與其未實現的種種企圖。我們從敵人俘虜口供中，更知道敵軍普遍的厭戰思家情形。我們把俘虜中的傷者治療，病者治愈後，一併由平範村前方，一車一車的送往重慶，集中管理教育。

然後，我帶著二十一輛滿載滿裝此次戰役繳獲敵人的戰利品卡車，從平範村出發，到柳州、桂林、全縣等地去公開展覽。

到柳州時，當地行政專員率領所屬各機關團體人員郊迎五里，鞭砲震天，情緒之熱烈，筆難描述。因為崑崙關的安危，直接關係柳州之存亡，他們怎不感激這次穩定桂南的作戰將士？這許多戰利品，就是他們安居樂業的保證呀！

當晚，地方機關團體聯合公宴我及隨行官兵（軍部派特務營二排官兵隨同照料），席設柳州唯一的現代化招待所之樂群社。我即席報告此次作戰的經過及勝利情形，在座者都聽得十分高興，掌聲雷動。

第二天，在樂群社的門口廣場，將戰利品一車一車的分別陳列，任人參觀。那些擄獲來的大砲、步槍、機槍，各種子彈、瓦斯筒、防毒面具、鋼盔、敵軍文件，陳列如林，參觀的民眾，人山人海，扶老携幼的湧來。我每天早、午、晚分三次登車向民眾報告作戰勝利經過及講解俘獲戰利品名稱、性能以及擄獲數量，不絕的受到觀眾的歡呼與掌聲，這是我平生最感光耀而愉快的一次。

記得我到柳州時，一面佈置陳列場所（在柳州樂群社前廣場），以便將戰利品陳列展覽。同時，我也到澡堂去陳列一下自己，我這一身的虱子，在前方近二十天的日子，風裡雨裡底濕著乾著，汗垢污穢，身上是成了虱子的培養基地，它們在我週身蠕動。前方作戰緊急，無法顧到牠，只好學學張伯倫的綏靖政策，到了後方，那是容忍的最後關頭了，於是，跑到澡堂從頭到足洗滌得乾乾淨淨，並將戰時袍棄掉，換上一身新衣，以示徹底肅清之意。

三天後，戰利品列車到了桂林，當地人士，更是歡聲雷動，歡迎我們的更多了。對於各方的招待，我幾於應接不暇，無法分身，不知怎樣才能把前後方的情緒交融在一起。

我還記得我在大華飯店招待過一次桂林的新聞界朋友，作了一個有系統的戰鬥詳報，在座有曾數次到過戰地採訪新聞的同業，他們即席向我道謝戰場上的招待和給予各種採訪上的便利，桂林中國新聞社范長江便是其中之一。同時，一班同業異口同聲的說：「第五軍不愧為全國第一流的部隊，前方軍隊打得好，後方人員吹得更好。前方打，後方吹，吹吹打打，打打吹吹，這才是了解現代戰術的新式部隊。」

本軍在全縣的留守主任，帶著後方官佐及杜夫人曹秀清女士所組成的軍官眷屬慰勞團，先一日便到達桂林，協助招呼一切。眷屬慰勞團表現得最熱烈整齊，她們一律穿著軍服，活像一群女兵，其實她們都是部隊裡上中級軍官佐的太太們，所以這種作風，更是開部隊風氣之先。至於在戰利品展覽期間，我每天只能分早、午、晚在展覽場講述三次作戰經過與俘獲情形，其餘的時間，便由後方來的官員們照料了。

在桂林展覽完畢，最後到了原駐地的全縣，如親如友的當地人士，更是熱烈的歡迎，因為本軍的光榮，和他們是結在一起的。

當時，全縣縣長鄧國英，率領地方保安團隊、警察以及本軍子弟學校員生，自城廂至東郊大橋，排列成很長的行列來歡迎我們，一時鼓樂與鞭砲齊鳴，情形十分熱烈，全部戰利品車輛停放在市區軍部門外大坪上，一連展覽了一個星期。會場上，由子弟學校的童子軍協助維持參觀秩序，全縣民眾總算飽了不少的眼福。

以後，這些戰利品便由軍部軍械處送往咸水倉庫保管，軍政部也挑選了一部分運去重慶展覽。

再後，我就督促編印處全體員工趕編敵人文件彙編，在全處員工日夜總動員情形下，三十三開一本，全套二十本，一共五千套，花費了一個多月的時間，便印裝完成，交由軍部參謀處分別呈送中央及贈給全國各友軍作參考。這是抗戰中非常有價值的一部敵情研究資料。

崑崙關戰場清掃完畢之後，杜軍長為紀念陣亡官兵起見，特命桂林辦事處長王亞光負責在崑崙關上建築烈士墓，豎立紀念碑。那碑是用花岡石刻的，矗立在桂南雄關之上，夕陽荒草，壯士英靈，使人懷念不已。

我們事後檢討此次作戰經過，以及對崑崙關大捷的認識，知道這一戰役是我們三期反攻的開端，亦即敵軍頹勢的開始，我們致勝的主因大致包括下列三點：

一、戰略——抗戰以來，因為避免正面作戰，實行持久消耗的策略，以空間換取時間，實行節節抵抗的持久戰，已收相當效果。敵人佔有廣大地區後，兵力無法分配抽調，陷於泥淖不能自拔，畏懼我軍反擊。在敵人士兵方面，厭戰思鄉的心理與日俱增，相反的，我軍以哀兵臨敵，士氣日振。

二、戰術——在杜聿明將軍主持下，各級指揮官均有旺盛的責任心及企圖心，有機動運用兵力的頭腦，能取捷徑以阻止敵軍的增援部隊，破壞通往敵方的主要公路，使敵戰車及砲兵無法活動，不能施展其物質上的優勢。

三、戰鬥——第五軍以整訓完成，養精蓄銳日久，援湘未能加入戰鬥，官兵勇氣不能表現，早已怏怏於心。這次能有崑崙關戰役一顯身手的機會，自然個個歡欣，人人爭先。此乃以平日所接受的訓練，發揮於戰場，萬眾一心，提出旺盛的攻擊精神所致，決不是僥倖取得的。

我們在敵人二十一聯隊的一個軍官紀事冊中，發現了這樣的一段記載：「此次作戰以來，正面敵人（即指本軍）攻擊猛烈，戰鬥力極強，證明中國軍隊愈戰愈強的宣傳，實非虛語，因敵方（指我方）攻擊強烈，我方傷亡慘重，實足寒心！」

可見崑崙關一役，已奠定爾後國軍反攻的基礎了。

十二、出國遠征

（一）國軍入滇

日軍在湘北及桂南兩處受到了慘重打擊，在他們認為這是「大日本皇軍」莫大的恥辱，悉力調整之後，北面則發動二次侵湘，跟著南面也發動全力向桂南崑崙關反撲，無非是想爭出那兩次失敗的面子。在兵法上說，這即是憤兵，所以又遭到二次長沙會戰的潰敗。桂南這次大戰，適逢第五軍調回桂北全縣整訓，在桂南前線我軍所調用的兵力，是以步兵為主力，這就較前差得多了，以致崑崙關再度陷落，敵且更進而踏遍桂南各地。後來，所指「桂陽會戰」「杜南大會戰」，即為此次戰役。可是，後來敵人旋又將北進之軍撤出崙崑關，以圖固守南寧外圍，聲言「膺懲」目的已達，其實，此時日本陸軍的力量業已進入最高峯，再要佔領中國的地區，則兵力益形分散，而無所不備，無所不寡了。就當時他們的佔領面來說，的確是太廣大了：北起關外（長城外之東三省），南迄桂南，這一條桓亘萬里的大戰鬥正面，日本陸軍的負担是夠大的，如果他再貿然孤軍深入桂省內部，這是一件危險的事情。所以，日陸軍侵華到此，又停止進攻，以事調整。同時，由於日本陸軍的勢力膨脹，使得日本海軍為之眼紅，因而所謂「南進政策」與「北進政策」，又開始爭衡起來。

陸軍所力主的北進政策，既有了如此的收穫，自然廹使海軍省的狂妄軍人見獵心馳，而冒險南進，逐於侵華陸軍在湘北、桂南相持的階段，便發動了太平洋大戰。

一九四一年的珍珠港事件，變起倉卒，日軍僥倖得手，而英國在太平洋的海軍力量，均非常薄弱，故太平洋戰爭一起，即無法招架，迨香港淪陷之後，日軍於是乘勝進佔馬來亞、星加坡，再從蘇門答臘進侵暹羅，旋又圖侵據緬甸，佔越南，視其來勢，大有席捲東南亞，再攻印度，與納粹德國的侵非洲軍隊會師印度洋的樣子。假如果屬如此，則世界戰場整個形勢將為之改觀了。

這一個突如其來的變化，促成了中、美、英三國的軍事合作。前此中國想打通緬甸的國際路線，為英國所掣肘，英國對中國抗日，止於道義精神上的支持，逾此退度，便畏首畏尾。後來情勢轉變，日軍處處予英國以打擊，英國就不得不放棄原來的姑息政策，而要求與中國聯合抗日了。

在中國當局來說，一方面對外要保持滇緬路的國際交通，防止侵緬日軍竄擾雲南，當然樂於接納英國的要求，派軍至滇緬邊境去作英軍的支援；一方面對內，惟恐雲南省主席龍雲與汪精衛勾結，使大後方為之動搖。汪精衛出走時，經過昆明，龍雲未予截留，外間謠諑叢生，而龍雲的態度，本就曖昧不明，益使中樞對他莫釋疑慮，萬一雲南有異動，那我唯一生命線之西南大後方就完了。國際陸（滇緬公路）空（滇印空線）交通一旦斷絕，中國的抗戰大業也就完了。趁此派兵入滇以監視龍雲，正是千載一時的機會，也是國際形勢上的必要。

當時中樞命令入滇的部隊，有三個部分：一是杜聿明的第五軍；二是甘麗初的第六軍；三是宋希濂的七十一軍。最先開入雲南的是甘麗初的第六軍。該軍由廣西之賓陽出發，穿過桂黔山地，徒步行軍三個月，到達貴州安龍縣黃草壩，何應欽將軍之家鄉，此地區已接近雲南境界。但該軍的先頭部隊四十九師，仍不敢貿然進入雲南省境，遂在黃草壩暫駐下來，由該師師長彭璧生率領少數幕僚人員，先行到達昆明。

因為雲南事實上還停滯在軍閥割據的狀態下，龍雲於民國十六年易幟投入中央，那只是表面歸順，但他的大雲南主義，卻不是三民主義所能感化的。對中央的政令，既是陽奉陰違，中央軍要進入雲南，那就更加談不到了。四十九師彭師長，也顧慮到這一層，所以才先行到昆明去向龍雲解釋此行任務，表示其中心任務只是在於防衛滇緬邊區。龍雲那時除任雲南省主席外，還兼任軍事委員會委員長昆明行營主任及雲南綏靖主任，彭氏到達昆明見了龍雲，龍雲沒有任何表示，只說劉參謀長馬上會到你的住處去看你，那時行營參謀長為劉耀揚，為此就端茶送客了。

彭璧生帶著一行幕僚，住在昆明市巡津街商務酒店，等候龍雲的答覆。不久，劉參謀長果然來到，告訴彭璧生說：主入的意思，中央軍絕對不能開入雲南省境，否則，他不負一切後果的責任。彭璧生聽後為之愕然，不好再為要求，等劉耀揚去後，就跑去見當代的策士、雲南省耆宿、政學系首要李根源先生，向他請教。

李氏當時祕密告訴他，雲南對國軍入滇，已有戒備，四十九師應作萬一的準備，兵力不可分散，必須作戰備行軍，以防襲擊。這一暗示，彭璧生便決定那時飛往戰時首都之重慶，晉見委員長面為請示。結果委員長命令該部隊必須開入雲南，但應服從龍主任指示，惟龍主任的指示，就是要國軍莫開進雲南省境。這都四十九師這個部隊處在那夾縫裡怎麼辦？

人急生智，彭氏當下轉到昆明，電令所部四十九師一部星夜乘汽車兼程向昆明前進，萬一受阻時再作道理。

龍雲當時認定該師不敢貿然開進，那知道飛將軍從天而降，該師已進入雲南省境百餘里之曲靖。彭師長接到部隊到達曲靖的密報後，再跑去報告龍主任，口裡說，是請示部隊今後的行動。這就把龍雲急慌了，馬上對彭師長說：「你的部隊必須即刻在曲靖待命，沒有我的命令不得再為前進。」同時龍雲又十萬火急的派所部龍奎垣獨立旅到曲靖佈防，監視四十九師的行動。這種情勢，簡直如臨大敵，四十九師亦恐事態擴大，使中樞處理為難，便即在曲靖停止下來，雙方雖然沒有開火，但彼此劍拔弩張的對峙著。

後來，中央派何應欽總長飛到昆明，向龍雲曉以大義，請其讓國軍假道以增援緬甸境。龍雲當時提出一些條件，頗具要挾性質，其條件有三：一、中央一次給龍雲外匯××英磅；二、獨立旅一律擴編為師；三、中央軍既假道開赴滇緬邊境，部隊不得進入昆明市，須從城外繞道而過。何應欽當時一一答應了，這問題才算圓滿解決。四十九師一團一團的自曲靖繞道昆明市外，向滇緬公路之陸豐一帶漸次推進。

四十九師由曲靖、嵩明、富民繞過昆明市，一直開到了滇緬公路之陸豐、楚雄、保山、龍陵一帶駐防，同時，中央發表他為滇緬公路警備司令。這一措置，龍雲認為有干他的職權，不予贊同，旋由委員長昆明行營名義，發表盧漢為滇緬路警備總司令，第六軍軍長甘麗初為副總司令，彭璧生任祿、畹段護路司令（即昆西九十里之祿豐縣至滇緬國境畹町，全長七百多公里），這才平息了龍雲的憤激。龍雲此舉，即是要把中央軍致於滇軍將領盧漢指揮之下，才不傷他那雲南王的主權，這一變更，中央自然未便批駁，一切「如擬」了。四十九師原來的警備地段，也只比現在的少了昆、祿間九十公里而已。四十九師駐定後，第六軍其他兩個師——陳勉吾之五十五師、李國銓之九十三師，亦陸續由桂而黔，漸次進入滇境。

既而宋希濂部七十一軍三十六師李志鵬部，亦由四川經西昌徒步進入滇邊待命，此外，第五軍的入滇，也是在此同時開動的。

原來第五軍於崑崙關大捷後，即開回桂北原防地——全縣整訓，此時，第五軍的兵源，是不成問題的：一個是由湖南零道師管區（即零陵與道縣區）補充新兵；一個是由駐在全縣的十七補訓處補充新兵。零道師管區司令是由該軍副軍長兼任，十七補訓處處長是由杜軍長保薦的，這兩個兵役機構，就等於是第五軍建制內的部隊一樣，故軍屬各單位的缺額，很快的就補充完竣。

杜軍於桂南勝利後回防桂北全縣那一段時間，是該軍人事上遷升調補最頻繁的時代：副軍長鄭洞國已升任第八軍軍長，新二十二師師長邱清泉，調任第十六補訓處處長，所遺師長缺，以該師副師長廖耀湘升任。原任李默庵部中將副司令劉嘉樹，則調補鄭洞國副軍長缺，但他於第五軍部隊入滇之前，又調升八十八軍軍長。劉於三十一年三月五日晚離全赴浙江麗水就任新職，我曾親送他離全縣四百五十六公里之贛州，七日晨我們在贛縣分別後，他於九日路過江西之上饒附近，曾遭匪徒搶劫，隨帶副官、衛士均被槍殺，劉氏本人僅以身免。土匪劫官兵，竟敢把官兵打死，其兇惡之情形，可想而知。戰時交通如此艱險，誠屬奇聞。

第八軍那時防地，在鄂西之長陽，鄭洞國接長該軍後，其原屬之榮譽師，因此隨鄭改轄第八軍建制，第五軍缺額，另調余韶的九十六師撥入遞補。此時第五軍所轄三個師是：廖耀湘之新二十二師，余韶之九十六師，戴安瀾之二百師。軍直屬部隊，有裝甲兵團、汽車兵團、輜重兵團、機械化騎兵團、砲兵團、戰車防禦砲營、工兵營、通訊營、特務營、衛生隊等等，另有新兵訓練處所屬兩個步兵團，人數在一萬數千之眾。

民國三十年夏，第五軍逐次西移，先遣之二百師戴安瀾部開到貴陽西南之安順、平壩一帶，新二十二師廖耀湘部與九十六師余韶部，亦先後進入黔境之貴定、清鎮、平越、蔴江之線，所有軍直屬部隊之裝甲兵團、汽車兵團、騎兵團、輜重兵團、工兵營、通訊營等，仍在全縣原地待命，並加緊積極訓練。

貴州是長江以南最貧瘠的一個省份，土瘠人稀，天候不良，地形又極崎嶇。所謂「天無三日晴，地無三里平」是也。貴陽全年陰雨達二百六十六天，平均每十天有七天陰雨，地勢為雲、貴高原，亦即山岳高原，山嶺崎嶇，著名之二十四拐，最險惡難行之山道，即在該省境內。

杜聿明將軍之第五軍從南京裝甲兵團時期，逐次向長江上流推移，部隊固日益擴大，而駐地愈行愈貧瘠，這正象徵著抗戰的演進，愈來愈進於艱苦階段，抗戰的力量，反愈打愈強大，其情形竟是一模一樣的。

至於第五軍各直屬部隊，則於三個師移防黔境後的不久，亦復由桂北全縣繼續開動，僅留胡獻群之裝甲兵團一個營暫住原地，他如軍部九大處，除編印處、軍械處、購料委員會及修械工廠、眷屬工廠、酒精廠、製革廠、軍人子弟學校等等外，餘均隨軍部移至黔境，但各仍留著小部人員在全縣工作，並成立後方留守處，就近指揮管理後方機構。這時，中央以緬甸為我抗戰物資補給之生命線，且蔣委員長此時已就任中國戰區總司令，緬甸列為中國戰區，為求明瞭該地英國友軍實際情形及兩國部隊緊密聯繫起見，特組緬甸軍事考察團出國考察，徐永昌之軍令部，俞飛鵬之後勤部，黃仁霖之軍之友社及各有關部隊，均派員參加。杜聿明軍長、馮衍（軍之友社）、施邦瑞（聯勤部）等俱隨團出國，一行於三十年夏間到達仰光，作為期一月之考察，對該地兵要地理之研究，未來戰略之部署，與英軍將領作詳盡之計劃。杜將軍於緬甸歸國後，在重慶、安順作短時之勾留，即回全縣主持留守部隊移黔諸事宜。

中央遴選與英軍聯合作戰的部隊，為求建立國際信譽，其標準自然是要裝備完善，素質良好，訓練與作戰均有成績者為原則。在當時的國軍中，無疑地是以第五軍為第一張王牌。其實要和歐美那些裝備優良的部隊比較起來，還是談不上的。但其戰鬥力量之堅強，卻不比英美軍隊遜色，犧牲精神，更有過之。這在以後併肩作戰的過程中，就可以看得出來了。

中央決定出國遠征的部隊，為第五軍、第六軍、六十六軍，這幾個部隊，除張軫部之六十六軍外，其餘兩軍在國軍中比較起來，自然都是第一二流的部隊。派定出國的部隊長，事先並奉命參加緬甸軍事考察團出國實地考察，作一次參謀旅行。

那時國軍入滇的先頭部隊，乃是第六軍的四十九師，該師由滇東繞過昆明後，在大理、保山一帶留駐了一個時期，後又推進至芒市、畹町之線，以後更進至中緬國境之臘戍。該軍其餘兩師——五十五師、九十三師，也隨後進入雲南。

第六十六軍張軫部孫立人、劉百農兩個師，這時亦分由川黔兩地開入滇境，漸次西移。

第五軍以二百師戴安瀾部作為先遣軍，該師奉到命令後，亦自貴州之安順、盤縣一帶，開至滇東之霑益、曲靖之線，此外，二十二師廖耀湘部，九十六師余韶部及軍直屬部隊，旋亦依次西開。軍部在曲靖之揚林駐紮了一二個月，於三十年十一月二十一日，分由數百輛汽車自揚林裝運逕向緬境開入，這時關麟徵部之五十二軍，也由廣西百色沿滇桂公路開進，直到雲南南部之文山，擔任滇南守備任務；宋希濂部第七十一軍李志鵬之三十六師，亦自川康邊境向雲南之麗江移動。到此為止，中央派軍入滇協助盟友英軍作戰之部署，已告完成。

(二) 桂滇路上

當六十六軍甘麗初部奉命入滇之際，我們第五軍也奉到同樣的命令，陸續自湘桂邊境，分別西開。

杜軍長在由緬甸考察完畢返回全縣後，就一連串的召開各種會議，討論各部隊的開拔事宜。部隊各種的行動平時訓練的很熟，用不著臨時去操心，惟軍直屬各單位織過於龐大，行動起來確十分困難，這就讓軍長傷透腦筋了。

第五軍司令部直屬各單位，確實是組織龐大，譬如機械處吧，小如一個螺絲釘，大至一部車床，無不應有盡有，香港任何一個機器廠或是一個規模龐大的器材公司或工廠，都還沒有它的宏大。其次，編印處印刷工廠的各項機器材料，包括鑄字原料、鉛條、油墨、紙張、書刊冊籍等，如是之多，眷屬工廠的紗錠及織布機、車衣機等，也可比得上今日香港任何一家工廠數量之大。這許許多多的笨重東西，在西南交通阻梗的情形下，怎樣搬遷？車輛應如何調度分配？都是很費周章。

恰巧此時，杜軍長又晉升為第五集團軍總司令了，第五軍軍長一職，調回前新二十二師師長邱清泉接充（那時邱在重慶任十六補訓處處長）。集團軍總司令部，是個空架子的指揮機構，第五軍原有的一切，自得由邱氏調度支配。加之那時杜、邱二人在私人情感方面，不比後來那樣的融洽，第五軍既然是杜去邱來，軍部的機械、編印兩處，及眷屬工廠全部搬移所需的車輛，便不能由杜氏調度自如了。

同時，第五集團軍總部連一點直屬部隊都沒有，這對杜將軍以後在作戰指揮運用上也是很感到困難的事。為此，杜氏僕僕於全縣重慶間，向中樞去請示，請求把原來第五軍的直屬部隊，予以擴大編制，劃歸第五集團軍總部直接指揮掌握。過後，經中樞核准，將裝甲兵團擴編為四十八師，把第五軍直屬各特種部隊一律併入該師，並由二百師副師長鄭庭岌晉升為師長，原任裝甲兵團團長胡獻群升調為機械化學校教育長，原機械化學校教育長徐庭瑤升任軍訓部機械化兵監。這樣一來，以後的第五軍，就變成三個步兵師的建制了。

這一改變，對第五集團軍總部各處的開拔問題便算圓滿解決。

此時，編印處也決定擴充人員，增加印刷器材，組織也隨之龐大。我奉到命令就到湖南長沙、衡陽兩個地方去招請員工，添購機件，一直籌備到三十二年春夏之交，大致完成。由是年五月九日起撥到車輛，連夜分別裝車，每列車配十二輛車皮，第一批人員與器材，於十一日才由全縣專車出發。

我在那些時候，日夜計劃有關移防事宜亟為忙極，必須做得件件妥當，方能從容西行。我當時候決定，要在出發前辦妥兩件事，才算心安理得：第一是本處連年在桂死亡了的官兵及眷屬，應集中瘞藏，安其窀穸，將來其後人有力遷歸祖塋著，也好尋掘骨骸。為了辦好這一件，我便親自帶著一排弟兄，在全縣西郊江西義地，把所有本處已故官兵及眷屬的靈櫬，在這墓場裡一一安葬、立碑，並分別祭掃告別一番。第二是將留全縣的員工眷屬及留院的傷病官兵，分別予以安置。前者，撥定眷屬糧餉，集中居住，使其能互相協助，將來接取時，也方便一些；後者，我把他們的薪餉預為發給，使個個能安心療養。這些要辦的事都辦好之後，人員器材才裝車出發。

第一批出發的，計員工二百十七人，押著十五卡車器材，裝上湘桂鐵路備妥的一列專車，於三十二年五月十一日晨由全縣冒雨開出，一行於十五日到達金城江。我接到他們安全到達電報後，於當夜乘車趕往該地，規定此後人員車輛駛入桂黔公路上行進中應注意的各種事件。金城江是湘桂鐵路西端的終點，也是與黔桂公路的銜接處，這裡原為一個古老村鎮，因戰爭而繁榮，變成一個異軍突起的交通要道，車馬喧騰，人聲鼎沸，熱鬧異常。汽車自公路行駛，通過金城江是沒有橋樑的，過江之際，全用載重渡船撐到對岸去，每擺渡一次，可載卡車兩部，兩岸待渡汽車擺著長龍等候。江面雖寬不過百餘碼，但這種原始落後的渡河工具，卻大費時間，來回一次，需半小時之久，所幸我們的全部運輸車輛，都是由火車載運，這些麻煩都沒有了，否則，那就得要費一天多的時間，其他的往來車輛，都要被阻在江的兩岸。

我在前面將他們西行注意各事一一指示，並目睹全部車輛由金城江駛入公路後，當夜仍搭快車經桂林再返全縣，準備第二批人員車輛出發諸事宜。

第二批各種器材與車輛與七月十二日再由全縣裝上火車，共計人員九十五名，卡車十二輛，也組成一列專車，於同日下午離開全縣，我則於次日下午離開全縣，搭乘湘桂火車趕去金城江。

全縣各界人士早幾天得到我要離開全縣之訊後，以我住該地數年，彼此間處得情感甚洽，是日自縣長以次地方紳商，多趕到車站送行，並備鞭砲燃放。彼此間，大有依戀不捨之意。

從金城江到貴陽那一段漫長的公路，是翻山越嶺的險道，汽車在蜿蜒稜峻的公路上爬著，又從俯瞰懸絕的山崖緩緩的滾下去，那是令人提心胆吊的事，一不小心翻到山岩下去，那就粉身碎骨了。

我的一家人是分開來搭車的，有的乘坐小汽車走，有的隨著處內的運輸車輛前行。

六月五日第一批車走到貴州都勻楊柳街附近，有一輛卡車由一個山坡上走下去的時候，突然翻倒，車上除裝著機器油墨外，還坐著大小十三人，這個不祥數字，當場被機件倒下來壓死三人，其餘的人員受輕傷不等。惟有我兩個兒子（一個已在海軍服務，一個已畢業台大），從車上拋出數丈，有如神助一般的沒有受到一點傷損，只是被倒下來印報的油墨弄到滿臉滿身，幾乎不可復識。

隨著後面一部車子過來，看到這個車輛翻倒，人員傷亡，極為驚駭，立刻停車下來，先將傷者送至都勻陸軍醫院治療，將死者就地埋葬，並用長途電話向我報告。後來留醫九人中，先後又有三人因傷重不治身死，其餘四人在醫院療養半載，方行出院。

我率第二批人員於七月十六日赴昆途中，路過都勻，曾至醫院探視養傷人員，並分別送給他們銀物，次日下午我到貴陽，留住了幾天，曾就地添聘員工數人。二十三日我繼續由甄筑西進，行抵安順，以本處先後赴滇人員均在此暫作休息，我亦留住下來。

安順距貴陽九十華里，昔為滇桂兩省入黔要衝，其貿易之盛，僅次於貴陽，為貴州第二都市。軍部修械工廠在此設有分廠，以作往來車輛檢修之用。

我一家老小先後從全縣到達貴州，就都留居安順，我見到我那兩個翻車未傷的孩子，我便問他們翻車時，是怎樣拋出來竟沒受傷？他們也說不清楚，只謂，好像有人托著他們一般，從空間平穩地放落下來，一點驚慌痛苦都沒有。這是怎麼一回事呢？也許算是意外的僥倖吧，至今我都不明白。

第二批車輛十二部，是七月十六日早晨由金城江火車上卸了下來，改駛黔桂公路的。在金筑途中，便與先行第一批車輛會合併同西行。因為第一批全是朋池柴油汽車，軍部看到這些車輛行駛幾十天當中情形不好，決定不再派駛，故第二批車輛全係汽油車，行駛既安全又迅速，所以能在中途分別追上。

第一批車輛在黔桂段便行走四十天，六月二十一日到達安順，以各車損壞不堪，乃將裝載器材卸下，於次日分別送入該地修械工廠檢修，至七月底再繼續裝車西行。

西南公路不但道路崎嶇，而且萑苻遍地，殺人越貨之事，時有所聞。尤其是過安順後到黃樹坪一帶，為土匪出沒之地，叢山峻嶺，不易搜剿。我們的卡車行列，武器薄弱，只好請護路軍派出裝甲車往來巡邏護送，真是傷夠了腦筋。

此行，以汽車的年齡夠大，且軍事時期，保養又不良，沿途拋錨之事時有所聞。有時拋在半山腰，前不見村，後不著店，吃的沒有了，就只有飢餓著等待後面車來補給。唯一連絡方法，是托經過軍商車輛帶信，否則，就失去了連絡。那些在山地拋錨車輛上的人員，入夜只有鑽到汽車底下去睡，山風呼呼地吼叫，時時怕土匪來劫掠，我同內子帶著兒女便在山頭的汽車底下住過幾宿。這時叫我想起「在家千日好，出路半步難」這句話來了。我坐的一輛車和緊跟著在後面兩輛車，於八月十五日（即舊曆中秋節的那天）下午五點十分，同時到達昆明市區，即到事先租定的市中心區馬市口左家巷一號，前西南運輸處舊址休息。

從全縣出發，迄到達昆明，全程一千三百八十公里，第一批車輛共走九十六天，第二批汽油車也走三十三天，這趟長途行軍，真算是艱苦極了。

（三）昆明即景

我們初到昆明，真是欣喜無量的。漢武帝朝思暮想著昆明，卻永遠沒有達到這個目的，但我們竟輕而快地來到這戰時西南大後方第二大城市的昆明，不能不說是一種幸運。

昆明之美，可以「宜人」二字包括盡淨：四季如春氣的候宜人，山川入畫的風景宜人，親切淳厚的人情風俗也宜人。從軍之樂樂如何？第一就是不需要掏腰包可遍覽各地名山大川，古蹟名勝，而昆明尤為其中之最。

我們初到昆明，真是欣喜無量的。昆明城內以正義路和金碧路為馬路幹線，其餘縱橫交錯的橫街小巷，也充滿了古色古香的情調。

正義路及其馬路的路面，多半是大蔴石舖成的。據風水先生的說法，這些蔴石是象徵龍身上的鱗甲，所以龍雲才能開府雲南，如果改修光滑的柏油馬路，等於去了龍的鱗甲，對龍雲是不利的。以龍雲的冬烘頭腦，像這種江湖術士之言，自然是聽得進的。他故此不肯刮龍修路，恐怕禿皮龍一現，自己的事業將因而地不靈而人不傑了。因此，便要保持這些蔴石路，頂多顛簸了坐車人的屁股，只要他坐在雲南寶座上的屁股安穩就行了。不過抗戰進入後期的時光，昆明漸次變成柏油路了，勝利初期，適為龍雲奉命調職，說者謂：龍的鱗被剝去了，所以龍雲必要垮台，這不是應驗了風水先生所言嗎？迄今傳為笑談。

抗戰到了第二期以後，全國精英都集中到西南大後方了，而最繁盛的是重慶、昆明兩地，昆明的正義、金碧兩馬路之熱鬧，決不比重慶的林森路、民生路遜色。雖然戰時昆明人口眾多，車如流水馬如龍，行人摩肩接踵，但行人靠左走，往往來來，秩序井然，所以沒有亂竄亂撞的蜂擁情形，這是昆明一個獨有的良好市政。正義路的一座近日樓，是横跨馬路玲瓏嵌空的矗立著，氣象萬千，兩側是行人道，前面是花市場，長年芬芳，千紅萬紫，愈顯得艷麗高雅。金碧路是以有「金馬」「碧鷄」兩牌坊而得名，這就是滇池畔大觀樓長聯所謂：「東驤神駿，西翥靈儀」故典的出處（註：金馬和碧鷄是昆明西郊東西對峙的兩座名山，正在滇緬道上）。

昆明市內以翠湖風景最佳，一泓清水，適在城市的中央，亭榭重疊，草木暢茂，湖中荷蓋亭亭，青翠欲滴。

西山是昆明城外的風景區，許多別墅都建築在那裡，青山綠水，古木參天，許多廟寺，隱約其間，清磬木魚晨鐘暮鼓的聲音，空山傳來，真是一個避塵絕俗的所在。

昆明湖，一名滇池，在城西約七八公里。烟波浩瀚，氣勢雄偉，孫髯翁那副有名的長聯，就掛在大觀樓臨湖的一面，對著那一望無邊的滇池，令人發思古之幽情。聯云：五百里滇池，奔來眼底，披襟岸幘，喜茫茫寶瀾無邊，看東驤神駿，西翥靈儀，北走蜿蜒，南翔縞素，騷人韻士，何妨選勝登臨，趁蟹嶼螺洲，梳裡就風鬟霧鬢，更蘋天葦地，點綴些翠羽丹霞，莫辜負四圍香稻，萬頃晴沙，九夏芙蓉，三春楊柳；數千年往事，注到心頭，把酒憑虛，嘆滾滾英雄誰在，想漢習樓船，唐標鐵柱，宋揮玉斧，元跨革囊，偉烈豐功，費盡移山氣力，儘珠簾畫棟，捲不及暮雨朝雲，便斷碣殘碑，都付與荒烟落照，只贏得幾杵疏鐘，半江漁火，兩行秋雁，一枕清霜。

上聯是從橫的地理方面，寫昆明的景緻；下聯是從縱的歷史方面，寫昆明的演變。長凡一百八十字，勝過一篇散文遊記，昆明一切美麗的畫面和遊客的感慨，都包括了。正如梁紹壬所謂：長句硬盤，如僧綽之碁，累而不墜，真傑筆也！

我以為國軍入滇的袍澤，能由長江流域地區到西南拔海一千九百公尺高原之昆明去領略一番山水的情趣，實在是鋒鏑餘生的一大快事也！

（四）昆明《掃蕩報》

此時，大本營政治部來電和杜總司令商量，想在昆明設立一個《掃蕩報》分社，發行軍報（黨報即《中央日報》），知道第五集團軍編印處的印刷機構龐大，技術人員眾多，就想請杜總司令協助完成這一軍事文化計劃。杜先生當時同我商量後便答應了，並決定由我來負責主持這個《掃蕩報》昆明版。人事、經理，完全獨立，但需受軍事委員會政治部的指導監督。那時政治部主管這部業務的是黃少谷先生的第三廳，我奉到了這項命令，在抵達昆明後的數日，即飛往重慶，與主管政治部協商一番，並順便延聘編輯部幾個重要工作人員。

我由榆回到昆明（航程兩小時半），就開始籌備《掃蕩報》昆明版發刊事，當時滿以為只要等待後面的機器和人員到齊，便可以順理成章尅日出版。我當時預計，全部人員器材，九月底定可到達昆明的，那麼，中央所要求雙十節昆明《掃蕩報》創刊的期限，絕對不會遲誤。誰知那些牛步式的柴油車，零零落落的向高原上爬，我一天忙著派車去接運它們，送給養給它們，又派車去拖回那些破損車輛等等事件，這一拖延，雙十節就趕不上了。又沒料到我於過份疲勞的行軍旅程之後，一進昆明，只稍微鬆一口氣，病魔竟乘虛而入，這場大病，如迅雷疾風般降臨，我於九月二十三日突然大燒大熱，隨即進入醫院就診，住院三天，還未將病症查出，人是昏迷不省，又轉送惠滇醫院，經該院仔細診斷，始知為惡性瘧疾，旋又變為班疹傷寒。

我剛入惠滇醫院時，因沒有單人房，醫院便把我放在一個大廳裡住下，次晚杜總司令在翠湖總部宴客，因沒看見我，即問副官處為何請客事沒有給我通知？那時副官處才知道我未到，遂立即電詢我家是否收到請帖？至是始知我已因病進入金璧路惠滇醫院。當晚九點打過，關麟徵總司令、杜總司令、王澤民參謀長及總部各處處長，便趕到醫院來看我。我那時已發高燒，不知不識地躺在床上，他們就與醫院交涉，騰出一間頭等病房，親自動手，把我抬入房間，並囑咐醫院當局妥為診治。這個情形，事後才由看護們說給我聽，對於這些長官朋友的熱情，使我說不出來的感謝。這一來就住下半個多月，內子日夜與醫院看護共同在房照料，鬧得家人大小不安。雙十節的那天，《掃蕩報》昆明版急待出版，便於是日下午二時許由王澤民副總司令將我勉強接出，但那時我的兩足行走尚不平衡，時時由內子在房扶持照料。

次日下午，我以一二兩批人員大部先後抵達昆明，特拄著一枝手杖在社內院落裡召集到昆新舊員工講話，但話沒有說五分鐘，兩腿便酸軟，立足不住，竟至摔倒在地下，從此又在社裡休養了十多天。

《掃蕩報》昆明版是於十一月一日創刊，頭一天下午，我在社內宴請昆明市同業，晚間由西南聯合大學校長梅貽琦先生和我共同出名，在翠湖北路聯大校長辦公室，歡宴聯大、雲大名教授數十人，當場由梅貽琦校長向出席人士提出，分別為本報撰述社論、專論、星期論文及副刊中各專刊之主編工作，在坐各人均一一接受，筵開四席，真是濟濟多士，極一時之盛。

第二天，《掃蕩報》昆明版正式與大西南讀者見面，這天供印萬份，午前即銷售一空，因有許多獨家消息佔了上風。另外，專論和副刊又皆文壇一時之選，所以第一砲就打響了。

那時我的病並沒有完全好，但由於報紙能出版得一鳴驚人，我的病也就爽然若失，這是最有效的精神治療法。

這一年我的運氣實在太壞，在我決定要出醫院的時候，便於十月十月派我老弟駕車赴安順迎接我父母，兩位老人於十七日到達昆明，滿以為從此一切都安定了，可以板輿迎養，讓他兩老在四季如春的滇池之畔，享樂晚年。不料出報四十三天後，十二月十三日，家父棄養，他起病之日，正是我在西山為杜總司令和邱軍長調解意見之時，起初家裡人以為病勢不重，就沒有通知我，等打電話叫我回來的時候，老人家此時已入彌留狀態。

家父病歿後，我決定把靈櫬移運廣西全縣暫厝，將來再運江西原籍安葬，有鐵路，公路通往，比較方便，路程也短些。

十二月十六日，在昆明出殯，是日由二百師派兵一團護靈全副武裝，杜總司令、邱軍長和昆明各機關首長執紼者近二千人，他們一直送到小東門汽車站才辭靈散去，也算榮哀之極了。

我於二十七日到各處去拜謝，是坐著三輪摩托車去的，開到翠湖附近，下那個大坡時，不知道為什麼，車子突然來個大翻身，把我壓在車下，致右足受傷。我咬著牙齒，又爬上車去，車一開動，車身又碰在牆上，雖然沒有碰傷，也算一場虛驚了。這算是路鬼揶揄，接二連三的出事情，想起來又好氣又好笑。

這年比較使我堪以自慰的，是《掃蕩報》一出刊，就得到各方贊助，一砲打響了。如各方的軍事消息，尤其是滇西的軍情，比任何一家報紙都也快捷翔實，因而銷路激增。那時昆明的對開報紙，計有《中央日報》（屬中央宣傳部的），《雲南日報》（屬雲南省府的），《正義報》（係財政廳長盧子安主辦），《朝報》（王公弘私人四開報）等四家，其中以《中央日報》的銷路為最多，它是在昆明有了九年歷史的，可是，《掃蕩報》出版不到三個月，竟趕上《中央日報》的銷路了。這也就說明《掃蕩報》辦得實在不壞！

《掃蕩報》每天用七輛摩托車派報，在時間上也先人一著，至於各方電訊消息，又比上述各報多而迅速，此外社論、栽論、星期論文，全自西南聯大、雲南大學，陳雪屏、吳有訓、陳序經、馮友蘭、曾昭掄、張奚若、錢端昇、吳之椿、邵循正、熊慶來等一班名教授執筆，社內人手又齊全，這些都是「後來居上」的必然因素。

（五）遠征緬甸

中日戰爭到了三十年年冬季，是國際局勢一個轉捩點，因為在這年十二月七日，日本偷襲珍珠港後，發動對美國的戰爭，並在偷襲珍珠港以後的十天——十二月十八日，攻陷了英國遠東殖民地的香港。

日本軍閥那時狂妄的太不成話，它們在十二月十七日，又分兵八路向我九戰區湖南岳陽新牆河南進犯，企圖阻撓我軍策應香港的防守，於是第三次湘北會戰又行開始。我軍當時的作戰計劃，是在長江外圍與敵決戰，在第一線除留一部分兵力與敵保持接觸外，主力均適時的向預定地區轉進。二十七日敵軍強渡汨羅江，三十一日竄抵勞刀河瀏陽河的中間地區，對長沙外圍發動攻擊。我長沙守城部隊沉著應戰，在嶽麓山的我軍砲兵，以發揚最高火力，猛烈轟擊，激戰四日，予敵軍以重大創傷，其攻勢遂遭挫頓。此時我各路伏兵均照大本營戰略計劃部署完成，實行總反攻，於是敵人死傷慘重，於三十一年一月四日夜冒險突圍，在突圍中，又被我軍節節包圍截擊，五日到福臨舖附近，更中關麟徵部之伏擊，戰至八日，幾乎全部就殲。是役使華盛頓與倫敦均為之一掃敗北的頹喪心理，人心遂又小振。

當香港陷於戰火中的時候，美、英兩國知道遠東方面非由中國軍隊擔任戰鬥主力不可，所以在十二月二十三日，中、美、英三國軍事代表會議在重慶正式開會，美國軍事總代表為白蘭達，英代表為印度軍總司令魏菲爾將軍，這是中、美、英三國並肩作戰的先鋒，也是我國外交史上的創舉。

在這次會議當中，我決定成立最高指揮機構參謀團入緬。

當時發表參謀次長林蔚為團長，前陸大教育長雲南軍事學家阮肇昌為副團長，陸軍總司令部參謀長蕭毅肅為參謀長，陸軍副參謀長邱淵為副參謀長，許國柱為總務處長，並派邵伯昌、馬從六、林伯森、華振麟等為各兵科高級參謀。同時，成立中國遠東軍司令部，調正在江西擔任軍事重任之羅卓英為司令長官，杜聿明任副司令長官。

三十一年元旦，中、美、英、蘇等二十六國在華府簽訂共同宣言，表示對軸心聯合作戰。四月，盟軍推舉我蔣委員長為二十六國聯軍在中國戰區之最高統帥。中國戰區，是包括中國、緬甸、越南、泰國等地區，凡在上述各該地區之盟國軍隊，皆應受蔣總司令指揮節制。中國由是正式列為中、美、英、蘇四大強國之一。

是年春秋，我副參謀總長白崇禧將軍即先行赴緬，作未來戰略部署的研究，他當時即決定了同古和曼德勒兩地區，為將來作戰的樞紐。

二月下旬，正值緬甸新年潑水節期間，第六軍的四十九師師長彭璧生，率部自芷市遮放進入緬甸，五十師陳勉吾及九十三師呂國銓等部，亦繼續跟進。第六軍開到緬甸鐵道東南地區，靠近泰、緬邊境一帶，這一帶本是英軍第一師的防地，第六軍到達後，英軍第一師的哈頓師長，即將防務移交第六軍，其部隊集中仰光，改任防守海疆任務。

同時，國軍之入緬，原出於英國的要求，因為那時日軍於珍珠港事變後，即閃電式的進攻南洋，號稱遠東直布羅陀的星加坡軍港，於二月十五日陷落。英國魏菲爾總司令請求我軍入緬的電報，幾乎日夜不絕，所以第六軍是倉卒開進緬境，增援英、印的防地。

第六軍出發後，第五軍及第六軍也相繼開入緬甸，第五軍沿仰光、曼德勒、伊洛瓦底江靠近鐵道線佈防，六十六軍第三十八師孫立人部，在伊洛瓦底江以東之地區佈防，英軍至此，則未正式擔任主要地區之防務。這個軍事佈署，是當時中英雙方議定的。

這時，在緬甸地區中、英聯軍的指揮權問題，是英國方面所斤斤計較的。那時在緬甸的英軍最高指揮官，是丹尼斯少將，而美國史迪威中將，既是中國戰區的參謀長，又派定為聯軍方面在緬甸的各國部隊前敵指揮官，則英軍自然也要受他指揮。但緬甸是英國的殖民地，喧賓奪主，英國是不願意的。為此，英國亞力山大元帥曾數度飛往重慶晉謁蔣總司令面商解決緬甸軍事指揮權問題，最後我接受英國方面之請，尤其派亞力山大元帥任緬甸總督，這一問題遂告解決。丹尼斯少將離緬之後，不幸乘機墜死了。

二月二十七日，參謀團由昆明移駐臘戍，蔣總司令亦於是日由重慶飛往臘戍，視察緬甸防務。次日，魏菲爾自仰光北來，報告南洋軍事情形以及敵軍此後戰略判斷。當時中國人、美國人，乃至緬甸人都是看不起英國這些敗軍之將的，但蔣先生對魏菲爾特別優遇。事後他對僚屬訓話時，曾說：「對失意的人，不可輕視冷落，故對魏菲爾或英人來訪時，我都特別客氣誠懇。他們以往對我國之輕蔑侮辱，現在不必計較，這是人生處世之道，也是中華民族不矜不伐的美德。」因為英國在我單獨與日本作戰的時候，雖說曾作精神上的支持，但另方面也不時發生對我國侮辱與掣肘行為，譬如封閉滇緬公路，扣留我國所得美國租借法案的援助物資，邱吉爾發表看不起中國的言論等等，都是有損盟國友誼的。可是，中國能不計較這些，入緬的國軍，仍然處處顧到英軍的困難與顏面，英國人島國民族的胸襟，到底比慣於容忍的中國民族要差幾個碼子的。蔣總司令於二十九日以國內軍情緊張，旋又飛回重慶。

三月一日他又由重慶經昆明飛往臘戍，英國駐緬總督北來晉見，史迪威將軍也從加爾各答趕來了，當時交換了今後在緬作戰意見。這天下午，蔣總司令又集合剛到達臘戍的第五軍訓話，官兵興奮萬狀，精神蓬勃，他看了非常高興。第二天美國志願航空隊隊長陳納德，奉召來到臘戍，商談今後在緬作戰空軍使用計劃，之後，蔣總司令才飛返昆明。

本來，國軍出國作戰，是一洗近百年來國家積弱，受盡恥辱的壯舉。從前中國的出口貨只有對外賠款，貪官污吏放存外國銀行的財產，故宮盜出的寶物，學用抽水馬桶的留學生，到緬甸去的則是雲南的鴉片；至於軍隊出國遠征，是做夢也想不到的事。所以，國軍一進入緬甸，華僑興奮得近於狂態，鞭砲像燒了竹山一般的震耳欲聾，慰勞品像水一般送來。三五牌、三九牌的名貴香烟，個個華僑都向國軍兄弟車上大批投去。緬甸人更其久矣不見「天國」威儀，從他們祖先傳下來的，把中國視為「天國」的稱呼，這時又用起來了。「天國的軍隊到了」，每個緬甸人都這樣傳播著。

國軍的兵力，除了三個加強軍以外，又加上一個工兵師及其他特種部隊，合共十餘萬人。第六軍就開向東南方面，沿泰、緬邊境山地佈防；第五軍和六十六軍則在伊洛瓦底江鐵道分駐。如果盟國方面及早有這樣部署，緬甸的戰爭可能另是一個局面。可惜中國部隊喘息未定，而在三月八日那天，仰光即為日本兩個師團攻下了，日軍以兩個師團兵力進攻緬甸猶不以為足，又繼續由海道增兵，一共進攻緬甸的部隊，達五個師團之眾，兵力也在十餘萬人，積極準備北犯，企圖佔領東瓜（即同古）。此時第五軍只有星夜兼程南進，無奈交通工具，不甚靈活，以致輸送遲緩，第五軍的二百師戴安瀾部，七日到達東瓜，就匆忙地一面備戰，一面掩護後續主力部隊的集結。

三月二十五日，離軍迫近東瓜，與我二百師發生激戰，敵軍除了飛機狂炸，戰車縱橫掃蕩之外，更大量施放毒氣，我軍堅守不退，奮勇抵抗，隨時逆襲，血戰六晝夜，敵我重壘包圍，雙方死傷慘重。我遂再增兵，加強包圍。這時我軍已達成了遲滯敵人的目的，於三月二十九日晨，雙方在混戰中，我軍乃突圍而出，死傷是免不了，也不算很大，但軍譽無損，實力仍然保存了，沒有遺留任何可以資敵的東西。如銳錐脫穎，一衝而出。

這一仗打下來，中、英兩國的士氣，均為之一振。英軍本來是瞧不起中國軍隊的，在他們看來，這些赤腳穿草鞋著短褲的中國軍人，沒有牛肉罐頭又不懂得開香檳，更安能和日本皇軍打呢？日本皇軍怎樣厲害，在仰光的英軍是領教過的了，想不到中國軍隊竟能血戰四晝夜，予日軍以重創後，在重壘包圍之中，指揮官大約不懂國際上優待俘虜的條例，竟沒有一個投降，反而全師脫圍，這樣，怎不教英軍佩服呢？

隔東瓜之戰的前幾天，中、英、雙方開了一次軍事會議，在會議席上，英國軍官那股驕傲不可向邇的氣燄，真可以把人氣破肚皮。副司令長官杜聿明還算沉得住氣，只冷冷的笑著，那一位猛將戴安瀾可忍不住了，就很幽默地當場發言：「這次中、英兩軍聯合作戰，將來的勝負如何雖不敢武斷，但有一點可以教貴國軍官們放心的，中國軍隊只知道『成功』、『成仁』兩件事，即令戰死，決沒有投降的！」這幾句話當然含有諷刺英軍的意味，可是，東瓜之役，公然兌現，彈盡援絕的二百師，安全突圍，無一投降者。

自這役之後，大家以在戰場相處有日，彼此之間逐漸發生感情，英國軍隊對中國軍隊作戰英勇，拜服得五體投地。他們不認識中國軍隊的階級，見到長官固然敬禮，即見到伙夫馬夫一樣也敬禮。好像是禮多人不怪似的。這一點，又不能不佩服英國人肯崇拜英雄，肯認輸的氣度。

四月一日，西路敵軍攻佔普羅美，英軍續撤，日軍繼續北進。十六日敵軍竄至緬甸油田中心逼仁安羌，該地英軍裝甲車旅被包圍，向我長官部求援。杜副長官本協同作戰的精神，派甫由國內開到六十六軍新三十八師孫立人部兩個團馳往援救，激戰兩晝夜，竟將頑敵擊退。此役，救出英軍七千餘人，輜重車百餘輛，接著，棠吉的英守軍又復告急，我派勁旅馳援，可是我軍趕到棠吉，竟無敵踪，事實上這時日軍避免與中國軍隊打硬仗，而專尋英軍的瑕點進攻。所以聽到我軍一來，它們便先行撤退了。

國軍在東瓜和敵軍交手的第一回合，就給敵軍以重大打擊，這以後的幾十天，對方即盡可能的避免與國軍接觸，總以迂迴地找英軍作戰，而英軍亦以中國軍隊為依賴，一發現情況，馬上便告急求援，等到中國援軍趕到，又不見敵踪了。因此使我軍有「疲於奔命」之苦！

（六）中美聯合作戰

事情經過大致是這樣，敵人從仰光北上的攻擊計劃，因在東瓜遭遇我強有力部隊之打擊，一直在膠著狀態中，使他們的攻擊計劃遭受頓挫，於是改變戰略，由泰國方面另調入大部生力軍，開進緬甸境，並且直竄我甘麗初所部第六軍之防地。

第六軍在中泰緬三角地區，正面大至一千餘里，僅有四十九、九十三等三個步兵師擔任防務。不但處處空隙，且以正面遼濶，不能彼此援應：一師被攻，其他兩師無法抽調兵力赴援。敵人正利用我軍這一弱點，乃集中優勢兵力，向甘軍劉伯倫五十五師防地之羅衣考地方猛烈衝擊，劉部自然抵禦不住日軍這種猛烈攻勢，一經接觸，全部撤退，並向雲南之車里、佛海一帶撤去。

羅衣考既陷，我在東瓜、棠吉等地正在與敵作殊死戰之第五軍，乃無法繼續支持攻守戰局。且此時敵復出奇兵襲擊我後方重鎮之臘戍，實行斷我歸路。

正當我到保山的那一天，由東瓜繞道北進之敵，開始猛攻臘戍，並以飛機十餘架，戰車、裝甲車三十餘輛助戰。我六十二軍之一部奮勇迎擊，戰至二十九日午後，雙方傷亡均重，我軍遂向滇緬邊境撤退。

五月三日，敵再侵陷畹町，五日猛炸怒江上面之惠通橋，同時陸軍竄至怒江西岸，我為阻敵北進，乃將惠通橋即行炸毀，與敵軍隔江對峙。畹町既失，由八莫、密支那、曼德勒至畹町前後方交通立時斷絕了，第五軍全部及第六十六軍孫立人部，均陷在曼德勒一帶，形成進退失據之勢。

五月四日下午杜副長官命令在東瓜、棠吉前方作戰之部隊，連夜退卻，更限次日黎明前，必需通過曼德勒，同時以本處儲存梅茂之印刷器材，亦急待運出，乃派卡車三輛，手令編印處派往緬甸之黃綿齡主任，盡一夜之時間，將各項印刷品搶運完竣，亦限於次日黎明通過曼德勒，向八莫方面撤退。當時大家多不明瞭長官之企圖何在，至次日早晨九時，曼城鐵橋炸毀，始悉這樣爭取時間，係軍事上之措施，而阻敵北進預定之計劃。

本處派至前方隨軍工作的負責人黃綿齡、江丹楓等，他們帶著七八個士兵和兩部收發電機，「每日要發行軍中簡報，報告各地重要戰況，同時還得為最高司令部搜集敵情」。與印刷及通訊器材等件離開曼德勒後，繼續奉到命令，從八莫取道滇西歸國。

這一個戰局的突變，物力人力的損失，都是大極了的。原來積存在緬甸邊境的軍用物資十餘萬噸，轎車卡車吉甫車等數千輛，一時搶運不及，全部損失。又前方部隊的補結，是由中美英三國分別擔任，武器彈藥是美國負責；軍糧則由英方担負；服裝則由中國自給。那時的補給是十分充裕的，在曼德勒的軍用倉庫，物質堆積如山，這是無法運走的了，惟有付之一炬！

部隊是從曼德勒向八莫方向退走，沿鐵路兩線居住的緬甸人，都逃走一空，就是也，那也是很危險的。緬甸人因為極恨統治他們的英國人，這一種民族心理，被日寇利用了，就發動緬人襲擊聯軍部隊，尤其是緬甸遍地的僧侶，大多數是變成緬奸，撤退的國軍部隊，凡落伍的，都被緬人洗劫後予以殺害。

部隊倉皇退往八莫途中，沿途遭遇緬甸游擊隊的襲擊，第二百師師長戴安瀾，就在這次戰役中負了傷，因為醫藥困難，只有躺在擔架上隨著部隊抬著走，既是雨季，天氣又熱，創口生了蛆，在快到八莫附近時，就殉國了。部隊當由副師長高吉人率領，一路苦鬥，部隊中，夾著一個戴故師長的靈柩，既行且打，既打又行，攜帶輕便武器（重武器全部破壞），一直衝回到了雲南騰衝，這一師人此後便沒有進入印度。

和二百師同一路線撤回的，還有九十六師余韶部，該部副師長胡心愉也陣亡，載胡兩將軍同時「馬革裹屍」，真不勝國失良將之悲！

杜副長官帶著那五軍直屬部隊和廖耀湘之新二十二師孫立人之新三十八師，退到八莫又發現敵人，遂轉向密支那方面退走，杜將軍當時決定是率部返國的，但其時遠征軍司令長官羅卓英，則堅決主張部隊撤往印度，杜副長官以國軍既然戰敗，為顯全國家體面起見，一再電請准其覓路衝回國境，但未邀接納。軍人以服從命令為天職，只有遵命行動，退往印度去。

我是不能忘記我那編印處隨軍退卻的兄弟們，他們在倉皇奔北的途中，還是不斷向後方發電報向我報告軍情。我到了保山，都一直保持著對方的連絡，而同時，他們還照樣為長官部、軍部搜集情報。軍部當時如果沒有他們，其行動更其既聾且瞶，恐怕同無頭蒼蠅一般的瞎撞，損失更重。以密支那一度發現敵軍搜索部隊來說，若非緬印處當時收到東京廣播，立即報告軍部，使能將部隊行動遲緩一下，則緬甸敵軍一旦發現了我軍行踪，可能在密支那那個地區，便將我軍全部殲滅了。後來杜副長官對我談起這件事來，對這幾個文職軍人忠勇為國之精神，十分讚賞，並要我保升他們，用示鼓勵之意。

到了密支那之後，處在那種情勢下，便決心退往印度了。杜副長官率第五軍走一路，孫立人率新三十八師走一路，此時，後有追兵，前無退路，部隊過分龐大，行動更其困難。至於當時分開路線走，那是毫無把握的事，究竟以那一條路為安全？一切都是碰命運。結果，沿南路走的孫立人，一路都很順利，可是第五軍循北路野人山走，那就窮竄蠻荒，弄得九死一生。以後緬印處同仁回到昆明，向我追述當日情形，真不勝餘悸猶存，有同隔世的感慨！

當我大軍尚未到達八莫之際，軍部各處一部分官兵，先行搶路到達該地，未悉日軍早已抵達，旋被俘擄，並遭集體槍決。其中只有緬印處的唐上士死裡逃生，才透露了這個消息。因為他押著本處官兵一部分行李物資，意欲衝過滇緬邊境歸國，同時在八莫被俘了。但當集體槍決時，他夾在其中，一聞槍聲，即先行倒地裝死，等日軍去後，他又爬起來奪路而奔，竟被他逃回來了。

八莫既被日軍佔領，我軍圖由該地經騰衝回國之意圖絕望了，杜副長官帶著這兩萬多的疲敝之師，繞過八莫，向密支那方向行走，遂決計越過野人山，退往印度。

離開密支那一站的地方，叫做布開，公路到此已臨盡頭了，再前進是崎嶇小道。那些機械化的武器裝備，無法携帶，於是焚毀汽車及各種笨重裝具，爆炸重武器及彈藥，此時，杜將軍望著這些物資烈焰衝天，頃刻化為灰燼，不禁號啕大哭。物資燒完後，部隊就輕裝就道。

離開布開不久，即進入森林地帶，這是草萊未闢，荊棘載道的原始森林，開路者要砍去自然障礙物，才能通過，砍一步，走一步，一天走三五里或十里都不一定，行軍之遲慢，空前未有。

凶狠的野人，往往藏身在濃蔭的樹上，等待我國軍部隊落伍官兵在樹下經過時，便出其不意地從樹上跳下來，拿起他那把鋒利的緬刀迎頭便刺，被害者只剩一個赤條條的屍體，什麼都被他剝光了。雖然也有在此等情形下，自動把錢物交給他，還有時得到一點食物，或孔武有力者反把他制服而逃了命的，但那究竟是少之又少數。

最先幾天，還能得到嚮導的帶路，以後愈走愈荒僻險峻，連嚮導也找不到了，部隊就只憑指南針照方向盲目前進。

所謂野人山，真是只合過原始生活的野蠻人居住的山岳地帶，說來令人咋舌，窮山惡水，猛獸鷙禽，是吾人平生所未見過的原始森林。遮日蔽天，荒草沒膝，同時林裡蘊鬱出一種不可向邇的毒氣，這樣深邃廣漠的林野，有時走多久都走不完。

因為道路艱險，部隊行軍行列又長，行軍速度，愈走愈慢，糧食漸漸的被吃完了，無法解救的飢餓問題，把這一個撤退的行列，如死結一般的困住著。

這時正是雨季，緬甸的天氣，一天不知要晴幾次雨幾次，可是幽暗的原始森林，太陽和雨點就分不清，終日淅淅瀝瀝的下著，存下一點乾糧濕透了，日子一久都發霉了，大家在此半飢餓的情勢下，挨著慢步向前走。

編印處的隨軍人員，雖然是官兵只有十多二十個人，確乎盡了最大的責任，在如此艱難、瘦敝、飢餓不堪的情形下，照常收發電報，發佈新聞。繞過八莫的時候，杜副長官曾經分配給編印處一騾一馬，馬以代步，騾以馱物。那知道森林裡隨處都有倒下來的大樹阻障前進，馬騾碰上這種情形，須繞道而行，一繞就需要一兩個鐘頭，甚至馬騾都疲了，爬在地下不肯走，人反受騾馬拖累，在糧食缺乏的那個時候，就先把馬殺來充飢，先吃臟腑，再吃馬肉，最後連生了蛆的馬皮都吃了，這又算是把生命拖延了一段時日。

部隊走在最前面的，還可摘點野果、芭蕉吃，後行的就只有摘芭蕉葉，挖芭蕉根。這些非人所能吃的物品，到了肚子裡，可就糟了，個個大瀉不止，瀉得走不了，就在路面倒下來。有一天，編印處的人，到了宿營的時候，四出覓找食物，當時找到一家無人住的房子裡，搜到了一點穀子，拿回來，大家驚喜若狂。當時全處官兵用臉盤將穀子炒熟，狼吞虎嚥地把它連殼都吃了下去，因為實在飢餓得忘了形，所以沒有顧慮到吃下去的後果，可是，穀子下了肚，大便解不出，這樣又難過了不少時日。

行軍中途，在經過密支那時，曾經一度用飛機空投糧食接濟，不過，當食糧投下來的時候，又是突發了一陣「死亡交響曲」。因為大家餓得瘋狂了，糧食在空中冉冉下降，就爭先恐後的仰面去迎接，忘記了那包糧食有幾多重？壓力又有多麼大？以致被壓死或打傷的實在不少。糧食落地以後，大家亂搶，搶到了的，則喜極而狂，抱著糧食包大笑不止。那種情形，極天下之奇觀，盡人世之慘事。杜副長官後來知道了這些情形，就立刻下令，凡以後拿到了飛機擲糧的，必需交由軍部統籌分配，不得私自處理，可是以後旅程，是在更深的原始森林中通過，愈走愈不見天日，飛機更連絡不上了，空中接濟便從此斷絕。在那時，面前擺著的道路，只有忍飢來挨時日，或就此倒下去。這是一場悲慘壯烈的生命力的比賽！

你看這一行部隊的打扮吧，身上破得懸鶉百結，赤著一雙腳，兩條腿浮腫的都發了光，有的襪子貼在肉上脫不下了。一個大臉盆不是頂在頭上，就是背在背上，既做洗滌之器，又要作雨帽，更需用作炒菜煮飯之需，真是苦到極點。

雨季是山洪暴發的時候，過了密支那之後，明明看到是道路，可是一場大雨下來，山上的洪流奔騰而下，低窪之處，水又高漲上來，人走的速度，趕不上水漲之迅速，大家在水裡徒步而過，或趕向高處走避，間有用一根粗籐作扶手，命大的走過去了，擋不住山洪衝力的，腳一滑就不知衝到那裡去了。全部五六十個女政工人員，十之八九都葬身在山洪或病飢而死了。

有一次渡洪水時，把沿途補充來作馱力用的水牛去浮渡，那知道水牛只能浮平水的，流率如此猛烈的山洪，水牛一下去，就不知衝到那裡去了。人物因此而受損失的不知多少。

晚上宿營，不能住在低窪的平地上，要選擇斜坡的地方去投宿，山洪一來，才快一點逃得及，水一上漲，大家就趕速向山頭逃命。

野山上的毒蚊子多，被咬了的，都生疾病，尤其厲害的是那種螞蝗，在人不知不覺間，已經被其鑽進肌肉內吸血了。

有些睡著了的人，不等你省覺，就被螞蝗吃掉了，成了一具白骨，真是死得莫明其妙。要防備這種螞蝗，惟一的辦法是燒火，週圍燒起火來，牠就不敢來了，人才可以安全睡下去。

那種宿營法，更是難於形容的，只用幾根柴枝支起來，上面蓋件雨衣或一些大樹葉，人就藏在裡面倒頭便睡。有的一睡長眠不起了，第二個人走來，免得再搭蓬，只把死屍拖開 點，照樣睡下去，每個人的生與死，到了混合不清的境界，就也無所謂「怕」了。

此時食物固然重於生命，破膠鞋也同樣的重要，為什麼呢？因為每天在淋雨，火種沒有了，原來軍隊裡用的取火法，是用棉花塞在槍口上，把一顆除了彈頭的子彈擊發，火藥把棉花燒燃，可是那時什麼都濕透了，這法子行不通，只有採用最原始的擊石取火法，把子彈裡的火藥倒在膠底上，用兩塊石頭拚命擊著，把膠底燒起火燐，再以此發火燒樹葉或竹枝。要敲燃這塊破爛橡膠，總得要流幾身汗，甚或敲下了一二個鐘頭，也發不了火，真是急煞人了。

老子「歸真返璞」的學說，要在這裡作宣傳，那等於當著由大陸逃亡出來的人講「馬克思主義」，不被吐唾沫那才怪。詩人可以歌頌原始純正的生活，但如果要他去敲石取火，他又不肯幹了。這種生活，卻被一個中國唯一現代裝備的部隊嘗盡了，這真是一件不可想像的事。

在這種困苦艱危的行軍中，疾病是如影隨形的跟來了，虐痢病之外，加上破傷風，這種病在平時如果不注射預防血清，病了也無法醫治的，在那時只有死路一條，由這個病而死的人，又不在少數了。即想注射，又缺乏蒸流水，可是當時第五軍一個胆大的軍醫處長曾濟仁，他是英國直布羅陀醫學院的醫學士，他在這個時候，便想出一個辦法來，竟用馬尿來代替蒸流水，公然也醫活了一些人。

黃綿齡主任和另外幾個編印處官兵，他們幸而在路上向野人家裡用鹽和辣椒換來一點鴉片烟布，這是救命仙丹，那是把鴉片烟膠塗在一塊小布上面，裝在一根鵝毛管裡，以防雨水，病來了，咬一點布嚼嚼，才得沒有病倒下來。

杜副長官一路患著重病，由一連兵輪流抬著他走，其實抬的和被抬的，都是病人。抬到印度邊界，這一連兵，只剩下幾個人，杜副長官目睹心傷，又大哭了一場。

他沿途也是沒有吃的東西，到後來只剩下幾罐煉乳，白天由副官帶著，晚上放在自己的枕頭下，每天限制吃數匙來吊命。有一天，他發現煉乳突然少了很多，便追問那個携帶的隨從副官，副官沒法只好承認偷吃了一些。杜將軍嘆了一口氣說：「你可以去找草根樹皮充飢，我睡在擔架上，就只有這點奶來維持生命，你吃光了，忍心長官活活餓死嗎？」那副官聽罷哭起來了，說道：「我再也不敢了，死也不會偷吃了。」

在這樣一種餓火燃燒的群眾裡，沒有互相吃人的現象，就不能不歸功於軍隊的紀律嚴明。如果是普通的人群，那後果還堪設想嗎？

而且，杜副長官雖然在如此凌亂的行列中，命令仍是貫徹的。每天行止動作，各部隊官兵都是服從號音，渡河搭橋或編木筏，更能各盡其職，決不偷懶，這可見第五軍平常的訓練是成功的。

此行總計沿途餓死的在萬人以上，病死的也不下數千人。尤其那時人人都懂得生命的預兆，凡是眼圈擴大，下山奔走如飛的，這就是最後生命力的總支出。有了這種情形的人，活不到一天，準死無疑！

通過野人山，不知爬過多少極峯峻嶺，有的高峯在拔海七千八百餘公尺，仰摘星斗，俯瞰天虹，要不是逃命，都大有探險的刺激意味。

一行從五月四日開始全面退卻，走到七月下旬，才達到印度國境。七十多天的死亡行軍，能逃命出來的，真個是鐵打的金剛。二萬數千人，走到雷多，只剩下二三千人了。

進入安全地帶，應該是興奮的吧？說也奇怪，此時精疲力竭，視生命為累贅的時候，又生進入這個境界，坐下來就想死去才痛快。這一種普遍反常心理，都值得研究心理學者去作深切的研究呢！

我的三弟，因為我在軍中服務的關係，中學畢業後，即跟隨我到軍中來過活。後來我把他和一個四弟一齊送到桂林軍校第六分校十六期去受訓，畢業後，又送他們到洪江機械化學校去深造。三弟後來被派在本軍汽車兵團服務，此時已當上一個連長，但車子燒了，他手下除了一些徒手兵外，便無物可控制。在路上零亂行軍中，他便與緬印處的官兵混在一起。快要走到印度境界，他身體實在病得不能支持，走到雷多公路一座帳棚裡，便坐了下來，再也不肯走了。大家叫他：「李連長，李連長，起來，到了雷多，我們就可有飛機飛回昆明。」他搖搖頭說：「我不再走了，就在這裡蹬下來罷。」後來有人告訴緬印處的人說，我那個天真活潑的兄弟，竟在那個帳篷裡結束了他的生命，但我到今仍認為他還在國外活著呢！

（七）反攻緬甸

三十一年夏從緬甸西北越過野人山，進入印度之國軍第五軍部隊，徒步行軍七十餘天，終於是年秋間到達印度之雷多。

這一個部隊，在緬甸與強敵日軍作殊死戰達三個月之久，傷亡本已慘重，一直無機會休息；

在進入印度的旅途中，又死亡十之七八，到達終點時，原有之兩三萬人，只剩下三四千人了。

所以杜副長官於到達雷多時，即命參謀長羅友倫（現任自由中國國防部參謀次長）飛回戰時首都重慶，向我最高當局報告，並面請補充兵員積極訓練諸要務。蔣委員長當下令主管部會，向各部隊中挑選素質優良，體格強壯的青年士兵，分批空運赴印補充。

盟軍當局遂選定加爾各答以北的南姆加（雅加），為中國部隊訓練基地，更派美籍軍官馬介夫准將為訓練司令，協助訓練使用新式武器。另外在南姆加成立一個「戰術訓練班」，將我各部隊團長以上的幹部調去受訓，當時我駐在西南地區的部隊及在西北地區胡宗南所部的一部分幹部，分期派往接受美式訓練，以為今後中美聯合作戰時，求得戰術思想，幕僚業務及戰鬥技術上之一致。

中國駐印軍未來的任務，當然是擔任東南亞戰場的作戰，亦即反攻緬甸，打通中國西南國際交通線，掃除日軍在緬甸的力量，以免日軍利用緬甸為進攻印度的基地，截斷東西軸心的連繫，粉碎日本和德國會師印度的陰謀，故中國駐印軍的使命，是非常艱鉅的。

東南亞當時全為美國的勢力範圍，當然盟明在這一地區的最高指揮權，美國所必須爭持的。我在前章中敘及，中美兩國對此未便固拒，所以就由英國的蒙巴頓元帥，為盟軍的東南亞戰區總司令，史迪威將軍，是以中國戰區參謀長的地位，兼任東南亞戰區的盟軍總指揮，副總指揮一職，杜副長官當時向我主管方面保舉鄭洞國擔任，鄭到印以後和史迪威將軍，合作得尚屬融洽。

這裡順便談到二次大戰時國際馳名美籍高級將領史迪威將軍，這個人，對政治認識不足，是無可否認的，尤其對中國的共產黨認識不清，因是，他曾一度主張共軍應與國軍同樣裝備。這種軍人的單純氣質，觀察不夠深邃，我們也不必為其文飾；但他是一個善於練兵、帶兵、用兵的名將，我們也不能抹煞的。他那時已經是七十高齡的老將了，而體格強健，身體魁梧，精神蓬勃，不亞於少年。他經常背上揹著卡賓槍，親至各部隊去督促訓練。他來之先，打一個電話通知部隊長，可是部隊長也不必用國軍那套迎接上官儀式，設儀隊用軍樂隊來歡迎他。他只是自駕一輛吉普車，電話打過後，一會兒就開到了，然後一逕跑到部隊長辦公室，一聲「哈囉」，坐下後，問問訓練有關情形，再把他的指示告訴部隊長，簡單乾脆，決沒有任何浮調和繁文縟節。

接著他就到部隊裡去視察，若是碰上士兵正要開飯，他也就跟著站在士兵行列，一道去領取食品，不須勤務兵代勞，他的衣服也是自己洗，印度天氣熱，他在視察部隊途中，將衣服自行洗滌後，掛在樹上，一會就乾了，他又穿起來，再從事其他工作。

中國一個大官，只要動口，什麼事都要勤務兵和副官去做，比較一下，就覺得所謂五千年文化，原來只有這點動口不動手的「君子風」，足以自傲而已。

史氏為人和藹可親，起初中國的兄弟們還不知道這位揹著一支卡賓槍，事事自己動手的外國人，就是史迪威總指揮呢！

我軍進入印度後，命名為「中國駐印軍」，並將廖耀湘之新二十二師，孫立人之新三十八師及在印成立之胡素新三十師，編成一個軍，番號為新一軍，軍長一職，即以鄭總指揮鄭洞國兼任。鄭氏終日在總指揮部處理公務，副指揮部及新一軍軍部均未另設機構，另有少數工作人員。因為當時訓練補給諸事，概由總指揮部決定，再直接交由師部實施，未經過軍部去兜圈子，換言之，駐印軍的訓練與指揮，完全由史迪威負責，鄭洞國只是站在輔助的立場而已。

到三十二年夏，部隊進入訓練完成階級，亦即對緬甸反攻準備，全部完成，鄭洞國當即受命率所部新一軍，由駐地東指入緬。

可是，盟軍部隊從南姆加出發的情報，給日方知道了，敵人即以一師團以上兵力，組成快速部隊，由緬西入印度，循曼尼浦爾公路，竄至由薩地雅通東巴基斯坦的鐵道線上，企圖切斷雷多至加爾各答的鐵道交通。在此情勢上，史迪威以後方受到嚴重威脅，即向重慶告急，請求派隊增援。

我大本營接到電報後即派駐滇西之方天部五十四軍空運入印，該軍轄闕漢騫之十四師，潘裕昆之五十師，鄭廷峯之一九八師，這個部隊早在第一期緬甸作戰時，開到滇南，再又由昆明移防滇西，不過那時軍長是黃維，他並因所部駐昆明之關係，一度任昆明防守司令之職。

該軍的先行部隊為潘裕昆的五十師，由雲南楚雄機場空運，每機戴四十人，限三天運送完畢，從楚雄起飛，到印度東不東馬機場著陸，僅需五小時，但須越過喜馬拉雅山的駝峯。

飛機在中國境內的高空，是一直向上爬的，但過了駝峯，又一直向下飛，成為一弧形的飛行線。

五十四軍於奉到開印的命令後，即行淘汰老弱，不足之數，立就滇西國軍各部隊中，選拔優秀士兵補充，全師按美國編制補足缺額，所有重武器，騾馬及行車鍋灶等均留在國內，僅帶輕武器出發。

潘師長行前，曾飛往重慶請示，由軍長方天帶同晉見蔣委員長，這一次無非是叮囑勉勵一番，要他們努力殺敵，為國爭光。

他在重慶勾留二天，回到昆明後，得悉所部已全部運竟，即由昆專機逕飛印度，主持一切。當中國援軍先頭部隊抵達印度東不東馬西南飛機場著陸之消息傳到東京後，日本軍部對攻入印度，企圖切斷盟軍後路之計劃，復又變更，併令已進入印境之部隊，迅即後撤，以防意外。至此，印度東部情勢又告穩定，盟軍又照舊向緬境進軍。

當五十師部隊到達印度時，全體官兵原來服裝及各式公文箱等，全部拋棄燒毀，從新裝備，原有槍械武器，全部繳銷，一律改裝美製步槍。此外美方另配噴火器及四二重迫砲，這種砲相當於四五六溜彈砲的威力，爆破殺傷力特別強大。

因為印東我後方情勢較好，故潘部到印一個月後，十四師闕漢騫才繼續空運，但一九八師鄭廷峯部，始終留駐滇西未動。

不久，方天升任宋希濂之十一集團軍副總司令，五十四軍以留在滇西之一九八師為基幹，更另配屬兩個師，重新成立，並調升入印之十四師師長闕漢騫為軍長，十四師師長，另以該師副師長龍天武升充。

當國軍在印度駐防時期，差不多所有官兵都遊歷過一處與中印文化史上最有關係的名勝，這個地方，就是雅加省會南十多里之中國古代所謂「西天樂園」，唐玄奘（唐僧）法師，曾至此地取經，為最早溝通中印文化的地方。

唐三藏（玄奘）在那裡讀經、習字、浴室的地方，迄今仍保存完好，風景優美，堪稱聖地。在這附近，有許多菩提樹，每一樹葉之上，均有佛像，真是極造化之妙。直到現在，還有近十個山東籍的和尚在那裡修行呢！

當新一軍從南姆加出發後，雷多公路即趕速修築，這條路從印度雷多到達緬甸畹町，在畹町與我之滇緬公路及緬甸公路相合，成一三叉形。這條路築成後，初名雷多公路，繼又改名史迪威公路，以紀念史氏功勳。旋以此路是打垮緬境日軍的軍運大動脈，行將以此為勝利基線，打到東京去會師，故又改名為「東京公路」。

新一軍進入緬境，被日寇阻擋於孟拱河谷之線，戰事成膠著狀態，進展為難，史迪威為謀求打開此一僵局，特想出一個史無前例之軍事行動，以求打到日軍心臟，使其無法立足於緬北要衝，然後使新一軍順利前進。

一日，他突然召集潘裕昆、胡素兩師長到指揮部，密授命令，要潘、胡兩師，各選派一團精幹官兵編成突擊縱隊，交其指揮，另派定美軍一營隨同行動。

史氏復召集該縱隊團營長及美軍營長，面授機宜，只告訴他們按照指定方向，向緬甸前進，逢山過山，遇水渡水，中途不得拍發電報與後方聯絡，等到發現敵人，或到達市鎮，即予突擊，那時即發電向史氏報告，另候指示。

當時，各部隊長都莫名其妙，不明此行任務為何？即遵照命令出發，糊糊塗塗的照著指北針方向進行，途經野人山，但非昔日第五軍所走的那條崎嶇荒蠻的老路線，所走的是野人山較平坦的地區。

在那原始森林裡行軍二十多天，一日在一個黃昏時候，突然聽到前有火車行走的聲音，大家當時又驚又喜：「竟然到了緬北的鐵道線上」！當天，深恐敵人稍加發覺，大家警覺起來，縮進森林中隱蔽著，照著指北針及時間推測，斷定這個地方是密支那無疑，於是，全體準備猛烈之突擊，以謀求達成戰果。待至次日拂曉，全體向距離密支那十餘里之飛機場猛烈進擊，實行佔領，把密支那機場佔領完畢，即發電向史迪威報告，當由史氏命令潘師長裕昆率所部留印兩個團，空運到達，加以援助，以求擴大戰果。

這一來，「飛將軍從天而降」，把日本軍嚇呆了，這支中美混合軍萬餘人，遂與日軍展開戰鬥。

次日，胡素之新三十師全部，接著空運到達。史迪威亦於是日專機飛抵密支那。由此，猛烈戰鬥即行展開，日軍據密支那地區，死力抵抗，傷亡之慘，真是驚天地而泣鬼神。這樣一再猛攻了六七十天，密支那已成為平地，而日軍憑著地下工事，仍負隅頑抗。在這個時候，我軍發現有幾個華僑從地道中爬出來，當即截獲帶回司令部，向他們詳詢密支那內部的情形，他們說日軍現在傷亡慘重。全部官兵僅剩五六百人，死守陣地，不肯退卻。

我方根據此番報告，當即備妥飛機，請那幾個華僑乘坐上去，要彼等在空中指示敵方工事部位及有關部署情形。之後，我方組成二百四十人之敢死隊，於黑夜間由華僑引路，鑽進地道內，沿著敵方所架設的電話線步步前進。敢死隊各人身上佩帶衝鋒槍、手榴彈，另配以噴火器，把一個個的敵人堡壘擲彈或以噴火器燃燒，這才將密支那攻下來。

最後日軍只剩下一百餘人，實行突圍，逃到伊洛瓦底江，那時形成前有江阻，後有追兵，在無可奈何中，大部分投水自殺，小部分被俘，這是一場空前的殲滅戰。

這一仗打下來，美軍三三二九旅吃虧最大，該旅旅長為史迪威女婿，是美軍正式部隊，因為他們當密支那機場佔領第二天，從雷羅飛到密支那實行增援，接觸之初，正當日軍戰力旺盛的時候，被日軍進襲，俘去很多。日軍十分殘忍，他們把該旅被俘官兵，每天載上汽車在陣地裡兜圈子，裝做調動部隊的樣子，盟軍不知道是日本人玩弄的把戲，以為真的是日軍調動，於是把砲火集中射擊，可憐三二九旅的戰友，竟作了自己人的槍砲靶子。

至於從雷多正面入緬的部隊，以孟拱河谷之役，戰鬥最為劇烈，連攻三四個月不下，盟軍以必須打通中印的交通線，而日軍又必須截斷中國至印度之通路，以確守緬北。由於爭奪目標，雙方都著重於這一點，所以扼雷多公路之要衝的孟拱河谷，就成為兩方攻防的決戰場所，但因盟軍的兵力裝備，戰鬥意志，均佔優勢，日軍最後，卒於失敗了。

盟軍的奇正部隊，於密支那勝利會師，這算是反攻緬甸的第一階段。

此後，英國正規軍與我軍共同作戰，頗為賣力，不過，英印軍與美緬軍之類的殖民地部隊，其戰鬥力就太差了，可以說脆弱至不堪一擊，聽到砲聲就手足無措了。

日軍守密支那的部隊計有三個師團，其中第五十八及第五師團，都是日軍的精銳，此外還有飛行部隊、鐵道部隊、裝甲部隊、化學部隊等，不到三個月的時間，全軍盡墨，日軍的元氣，這一役的損傷是無法恢復的。

之後，我軍在密支那從新整補，積極訓練，全部編成兩軍，即新一軍和新六軍。新一軍軍長由孫立人升任，該軍轄新三十、新三十兩個師，惟原新三十師師長胡素以作戰不力，被史迪威當面斥責，令其離開部隊，遺缺由中樞改派唐守植充任。此外，升任廖耀湘為新六軍軍長，該軍轄龍天武之十四師、李濤之新二十二師（原廖之副師長升任），潘裕昆之五十師。這兩個軍均係按美軍編制，人馬充足，裝備精良，軍部組織亦極龐大，官佐多至四百多人，比國軍軍部大至二倍以上。

編組竣事後，旋即作第二階層的戰鬥部署，當決定孫立人之新一軍，為南下攻擊軍之左翼，攻擊目標為畹町，初步到八莫。廖耀湘之新六軍（即五十師）為右翼，循公路與鐵道之間作中央突擊搜索前進，該師配合林冠雄之化學兵團與英正規軍三十六師（師長裴士庭，現任英軍東南亞總司令），任攻擊軍之右翼，沿密支那至曼德勒之鐵道走廊南下。

右翼方面，又分為兩路齊頭並進，國軍在左，英軍在右，攻擊目的是曼德勒。

孫立人軍攻到八莫，該地日軍以全力抗拒，以致孫部雖於二十多天中一再發動猛力攻擊，均遭頓挫，而且傷亡甚重，全軍無法再進，乃被阻於八莫之線。

右翼之英軍攻至南杜，也碰上優勢之敵，攻擊受阻。

這樣左右兩翼的出擊部隊受阻地區，形成在一條橫線上，中央的廖耀湘軍，也就不能過分突出，以免成為「孤軍深入」之勢。

所幸右翼我軍，是沿伊洛瓦底江前進，處此情形下，乃變更戰略，遂經鷄打迂迴到八莫，協助孫部再行反擊，生力軍一參加，士氣大振，八莫在盟軍的優勢火網下，經二十多天的攻擊，也繼密支那之後夷為平地了。日軍至此死亡殆盡，不得不停止抵抗，八莫遂入我軍之手，廖部更以後來居上之銳氣，先孫軍而抵畹町，緬北形勢遂全在我軍控制之下。

八莫、畹町兩地相繼為盟軍克復後，緬北即為盟軍所掌握，反攻緬甸的第二期戰鬥，至此乃告結束。盟軍利用此等時機也略事休息整頓，新一軍和新六軍，就在緬北加緊訓練，準備接受下一次更艱鉅之任務。

此時，每一師都設有美軍連絡組，每組計官兵一百五十人，辦理補給，協助訓練，師配屬有飛機三架，作為砲兵觀察，偵察敵情以及通訊連絡之用。

連長以上的指揮官，每人都有吉普車，如果車子發生故障，馬上就可以開到補給機構更換一部，至於武器、彈藥、被服、裝具等，更是源源供應，不虞缺乏，物資之豐富，確是令人嘆為觀止矣。

美國方面，不時有慰勞隊飛緬，慰勞前方將士。參加這種慰勞組織者，有好萊塢明星，有電視明星，有名歌星，有其他各種遊藝家，當這些慰勞專機到達之前，美軍官兵叢集到機場去歡迎，慰勞者一下機，即行當場表演，充份地表現了美國民族之爽朗活潑。

美軍對緬甸反攻，是十分重視的，因為這一戰役，是美國戰略第二階段之一環。

就美軍那時的戰略來說，可以分為下述三個階段。

一、守勢時期。這是指珍珠港事變發生後，到一九四二年這一段艱苦奮鬥的時間。當時，日本在遠東地區的軍事力量，遠勝美國，日本有軍艦二百四十艘，美國太平洋艦隊僅有軍艦一百多艘，空軍實力更是不能望日本項背，因此，美國只能採取守勢。

二、以攻為守時期。自一九四二年六月中途島之役後，美國軍事準備逐漸充實，麥克阿瑟將軍在澳洲，尼米茲上將在檀島，雙方桴鼓相應。但這時日本的海空軍力，仍佔優勢，美國的戰略，不得不轉為攻勢防禦，自一九四二年冬以至一九四三年全年，都屬這一性質的階段。

三、反攻時期，美國真正的攻勢，是到一九四四年才開始的，從新畿內亞之戰，而菲律賓光復，而琉球群島的爭奪，這種逐島躋進的戰術，美國幾於無戰不利，有敵皆摧，最後揚威日本本島，終於征服日本。即屬於這一個戰略階段。

日本自中途島戰役失敗後，只在中國大陸及緬甸兩戰場採取攻勢，在太平洋方面已經變為守勢了。因此，美國必須聯合盟軍，在緬甸予日本以強力打擊，使日本抬不起頭來，然後美國才能從容準備，滋長力量。所以反攻緬甸，在美國是極關重要的一項戰略。

而英國為了重整對殖民地的雄風，也必須全力爭回緬甸，中國要打通國際通路，自然也須盡力以赴。因此，美方對中國部隊的裝備補給，特別優厚。尤其中美兩民族雖然膚色不同，但民族性之亢爽廣大，則非常類似，故在緬甸作戰，美軍與我軍相處之感情，比對他們同文同種的英軍還更要好。

新一軍和新六軍之訓練，在緬北差不多經過一年的時間，才又開始進行第三期的作戰。因為這一期的戰略，是新一軍和新六軍由印度向北打回國境，而在滇西的國軍，則向南掃蕩侵入滇緬之敵，以求兩軍會師，這樣才能打通滇緬路的交通。

當中國駐印軍從印東進攻緬甸之際，繼羅卓英、杜聿明之後的遠征軍司令部重新成立，司令長官由軍事委員會政治部主任陳誠將軍調任。

及盟軍反攻緬甸收復緬甸八莫之後，原來的中國戰區參謀長史迪威將軍，因在一九四二年遠征緬甸時過份遷就英軍，使中國軍隊招致重大損失，後又力主裝備中國共產黨部隊，與中國政府當局意見相左，竟不聽蔣總司令（盟軍中國戰區總司令）的調度，美故總統羅斯福認為史氏個性剛愎，不明職責，擅自干涉中國內政，不堪充任中國戰區參謀長職務，當即調返本國，另派索頓中將來華接替其事。

此時中國軍隊改為美式裝備正在計劃中，不過為了適應新裝備之需要，必須有接受美械訓練的幹部始堪勝任。

因此，在昆明的北校場成立駐滇幹訓團，其中包括步、騎、砲、工、輜、通訊、機械、後勤、參謀業務等兵科教育，由蔣委員長任團長，杜聿明、關麟徵、梁華盛等先後充任教育長，各兵科設隊長，這是中國軍隊教育方面劃時代的一個轉變。

遠征軍司令部轄下的部隊，計有杜聿明的第五集團軍，關麟徵的第九集團軍，宋希濂的第十一集團軍，霍揆章的第二十集團軍。杜部駐昆明，擔任昆明守備任務；關部駐滇南文山一帶，擔任中越邊區守備；宋、霍兩部則駐滇西，與攻入緬甸的國軍孫立人、廖耀湘兩軍，遙相呼應。

這時在印度南姆加受訓的國軍團長以上幹部，都已學成歸國，其餘各部隊團長以下幹部，都是分送北校場幹訓團受訓。

到三十三年五月，陳納德的空軍志願隊，已經正式編入美空軍建制，改為美國空軍第十四航空隊，配合中國軍隊作戰。

宋希濂部於三十一年開到滇西時，為七十一軍，從那時起就在怒江擔任防禦，後擴充為第十一集團軍，霍揆章部是較後開至滇西的。

三十三年五月十一日，我駐滇西之宋、霍兩部開始向侵佔我西部國境敵軍攻擊，各軍師奉命後，以雷霆萬鈞之勢，在陳納德空軍援助下，強渡怒江。

這兩個集團軍，所轄為第二、第六、第八、第五十三、第五十四、第七十一等軍，加上第五集團軍之二百師，不屬軍轄之三十六師，共達二十二萬之眾，可以說是浩蕩無前的勁旅了。

宋、霍兩集團軍的任務，前者初為防禦集團，沿怒江防守，後者先行渡江攻擊，乃旬日以後，宋部也加入攻擊戰鬥。宋部的攻擊目標為龍陵，霍部的攻擊目標為騰衝，而以何紹周之第八軍略取松山。

遠征軍司令長官，此時已改由衛立煌接充，戰事發動後，衛亦由滇緬路的楚雄，進至保山馬屯指揮。

在緬甸方面的新一軍和新六軍，也同時發動，向北夾擊盤據滇緬邊境之敵軍，以便與由滇西南下的各集團軍達成相呼應，以求打通中印公路，達成東西會師目的。

日寇以為既陷入絕境，陷以死力作負隅之鬥，其防禦工事的堅固，作戰精神的勇敢，使我軍遭遇的抗拒是慘烈的。敵人的每一個防禦據點，其工事構築非常低矮，差不多只有射擊口是在地面上的，所以攻擊者的火力，不易收摧毀敵人工事之效。但我軍官兵也是「不信邪」的，非把它攻下來不可。總是以敢死隊作前驅，使用噴火器的士兵，匍匐前進，走至敵人工事面前，予以噴火燃燒，或者是爬到他的射擊口投入手榴彈，所以敵人都是葬身在戰地工事內。就松山來說吧，敵人的據點或工事，有如星羅棋佈。中美軍方開過幾次會議，研究攻擊方向，美國認為步兵是無法攻下的，只有把飛機去炸平它。可是我軍的攻擊部隊一定「不信邪」，認為用步兵也可以攻得下，甚至說不需空軍支援。最後真的被國軍一個一個的將這些據點消滅，美國朋友看到這種情形時，只有拍手叫「頂好，頂好！」

三十八年八月二十六日，霍部光復騰衝；十月三十日宋部再克龍陵。由是，日軍的戰鬥精神，愈來愈弱了。

繼而，十一月二十八日我軍又克芒中，十二月五日再佔遮放。

在緬北的孫立人新一軍，廖耀湘的新一軍，北攻進展也很順利，到次年（三十四年元月十五日），即與克復畹町之國軍會師。全部作戰期間，自攻擊開始至肅清國境敵人為止，歷時七個月，盤踞滇西兩年餘的頑寇，除大部被我軍殲滅外，其餘均向緬甸南部順海潰退。

至此，遠征軍司令長官部以任務勝利完成，奉命撤消，中國陸軍總司令部，旋即在昆明成立。首任總司令由參總謀長何應欽將軍兼任。

何總司令曾於三十四年一月六日馳至新收復的畹町對面的九谷南山升旗，當面憑藉工事頑抗的敵人，還在冷落地發砲射擊，但升旗地點是一個不露目標的低窪盆地，所以敵砲不能射到，反而幫助了我軍升旗的喜慶意味。大家說：「敵人正在為我們升旗在放禮砲呢」！

當滇西的遠征軍與緬甸的駐印軍，東西夾擊日軍快要會師之際，何應欽夫人王文湘女士，曾領導昆明婦女團體專機飛到前方慰問作戰官兵。于斌主教亦代表天主教到滇西、緬北戰場，實地慰問。

盟軍把盤據緬北的日軍擊敗後，大隊日軍急速地向緬南潰退，經緬中部曼德勒一帶，未予抵抗，旋即經仰光向下海竄去。至此，整個緬甸戰事便告結束。英軍三十六師菲士廷移防曼德勒，國軍則分駐臘戍、四卜等地，繼續整補訓練。

當時，英海軍即由印度洋紛紛駛抵緬甸海面，登陸仰光，盟軍東南亞總司牽制令頓元帥，於三十四年春夏之交，在仰光召開一次「慶祝盟軍收復緬甸勝利大會」，中、美、英、印、緬各部隊，均派隊參加。那次國軍選派青年優秀官兵一營約六七百人，由緬北乘機飛往仰光參加，全體官兵軍容整齊，頗博得盟軍方面之好評，更為當地華僑所愛戴。

日軍從緬侵入我國境的戰事既遭慘敗，一方面為發洩心中之鬱悶，一方面為蒙巴我軍之兵力，遂在我國內各戰場又發動攻勢。於是，我進入緬甸之部隊又大部奉調回國。

當廖耀湘部回國後不久，進侵臨近貴陽之敵，復又奉命變更戰略，紛紛後撤。湯恩伯部在獨山，且告大捷，孫立人軍由南寧起程，準備從賓陽經梧州至廣州。不料在行軍中途，日敵突宣佈投降，以致他們失去了一次大顯身手的良好機會。

這時，美援以滇緬路暢通，作戰物資，源源運到，當即決定國軍陸續改用美式裝備，計第一期接受美式裝備的部隊，共有三十六個師，國軍戰力因此頓時增強，全面反攻的呼聲已在全國軍民的心裡吶喊出來了。

（八）川康巡禮

正當敵騎侵入貴州獨山之際，西南大後方不免為之震動，第五集團軍這個全國唯一機械化部隊，因為是準備與敵人作最後決戰時使用的，不到相當時機，決不能輕易調動，且在雲南高原，也不能使這個部隊發揮高度的威力，同時這個部隊的機械裝備以及各項工廠器材，均極呆重，不似普通一般部隊的攜帶便利，故必須預先妥慎籌劃始能行動便捷，所以，決定萬一貴州戰事轉趨不利，該集團軍準備向西康撤退。

為了偵察地形及接洽部隊進駐諸事，杜總司令就決定親赴西昌實地視察，並令我隨同前往襄助一切。此外，還有少數幕僚人員及衛士一班，亦隨同前往。

我們一行，是分乘兩部小轎車，兩部吉普車，一部交日早通車，於三十四年七月十六九時，由昆明出發，經滇緬公路西行，過祿豐、鎮南轉康滇東線，折而北行，再經姚安、大姚、永仁、渡金沙江而入西康之會理、德昌而至西昌。康滇東線這段公路是非常難行的，一都是沙礫地帶，山洪隨時爆發，泥土下瀉，一旦被水淹，沙泥阻塞道路，公路便看不見了。衛士班隨身帶得有工作器具，臨時得排除障礙，修復路面後，車輛才能繼續前進。

這樣一來，旅程是很遲滯的，每天走一百里二百里都不一定，因此從昆明到西昌，竟走上三個整天才到達。

西康是原為西藏之康部，屬西藏高原區之一，山嶺重疊，道路崎嶇，河流與山脈平行，構成許多絕隘之巖谷，要橫越這些巖谷，完全靠索橋作為津渡，索橋有竹木和鐵索兩種，為特有之交通要具，行走其間，搖搖欲墜，心臟衰弱的人，極感痛苦。

當我們到達姚安、大姚、永仁，那些滇北的邊境，是屬於昆明防守區域所管轄之地，乃以地方偏僻，政治黑暗，民間含冤莫白，懸案不決事，是在所難免。何況雲南又在龍雲的封建落伍的統治之下呢！因此，每到一縣或大鎮市，就有一些老百姓看見杜將軍來，紛紛攔路告狀。杜氏當場告訴他們說：「我是管理軍事的，民刑訴訟不屬於我的範圍，我不能來過問。你們有事，可向省府申訴。」老百姓失望地走了，我們只有付之一嘆。

從會理到西昌中間那一段，尤其難走，這裡都是荒蠻未開化之區，村野的阡陌上，隨處可以看見電線竹竿上掛著人頭。據說，殺人越貨的土匪，被人民擊斃後，便懸首示眾。可見這條路上很不容易走的。好在我們大家都有武器在手，時時嚴密戒備著向北前進。

到了西昌，我們一逕去到軍事委員會委員長西昌行轅的主任官邸，與張篤倫主任會見。他因為事前接到我們由昆明發出的電報，行轅各處主管人員，均在汽車站歡迎我們。杜總司令與張主任談得很融洽，只是視察地形後，覺得西昌近郊多是丘陵地帶，不適宜機械化部隊的駐訓，比較理想的還要向北開進。

西昌行轅是在城內，我們是住在城外的主任官邸，那是一座兩層的西式建築，進門有一個花園，卻也欄杆曲折，花木扶疏，頗具林園之美。室內全是新式的設備，但和西昌的古老陳舊比較起來，愈顯得不太調和。

張主任和杜將軍作了幾度的促膝長談，大家對於戰局之可能急轉直下，有相同的看法。

張篤倫是湖北人，日本仕官學生，對於中國政壇的情形，看得很清晰。我對他的印象，覺得他是一個很圓通的人物，到劉文輝的勢力範圍內去應付那種微妙的政治環境，沒有兩下子是不易處理的。

西昌即寧遠，位於寧河東岸，當雲南進路之要衝，附近河谷寬廣，盛產水稻及各種副熱帶產品，山地富森林。但為一古老的城市，街道多窄狹骯髒，商店簡陋矮小，我們這些來自較現代化昆明的人看來，這一地處的一切，是退回了幾個世紀的。

西康的民族，是包括漢族、康族和玀玀族，在西昌也可以看到這些民族夾雜往來的情形及物資互易現象。這裡是大相嶺的南端，金沙江的流經處，少數民族中，以黑儸儸族為主，康族又在西昌以西的地區生活著。

我們一行是七月二十六日離開西昌，一路南下歸返雲南的。二十九日到達昆明，往返費了十一天的時間，在西昌住了五天，要辦的事都辦好了，但部隊移駐西康這個重大問題，必須由中央來作決定。

杜將軍於八月二日又和我飛去重慶，把赴西南偵察地形的經過，報告最高當局。

說也慚愧，我在西南大後方轉戰了四五年，陪都也不知道去過若干次，這次才算是看到重慶的真面目了。

我認定中國人的潛力是偉大的，二十九年我在湘桂之間，時常聽到重慶遭敵機慘炸的事情，但等我去時，滿目又是大廈巍巍，在大街鬧市中，很難找到過去轟炸的創痕了。

我參觀過發生大慘案的防空隧道，要不是守兵沒有防空常識，以致發生窒息，敵機要炸毀這些穿山鑿地的防空洞，是萬萬辦不到的。無怪歐美人士，稱中國重慶的防空洞為世界現代化最堅強之工事，這是一點也不錯的。

重慶的溫泉很多，其中南北兩泉最為有名，南溫泉為石灰質的，但不如北溫泉硫磺質的好。溫泉設備，也以北溫泉最為講究，許多園林別墅，也多在這個地方，環境確是幽雅，林密雲深，小山重疊，幽泉出澗，異鳥鳴樹。進到這山裡，世界上的火藥氣味一洗而淨了。

我是一個對於洗澡（粵語叫沖涼）最感興趣的人，也可說是平生唯一嗜好。從前在北平，我每週總要上澡堂二三次，住在昆明的幾年，只要能抽出來一點時間，我便自己駕車帶著一群孩子們到安寧的溫泉去洗澡休息。到了重慶，每次都要去南北溫泉或北碚走走的，市區裡的澡堂，我那更是常客。但重慶的澡堂排場之大，我走遍南北東西的大城市，是絕少見到的。若是在重慶一個頭等澡堂裡做一個特別廳的客人，那可享受到一個有現代設備的客廳，一間置放彈簧床擺著時款被褥的臥室，裡面的那一間便是裝有雙人澡盆的浴室，到這裡去洗一次澡，這簡直等於是到大旅館裡開了一次房間。北平雖說是故都，澡堂遍地，設備也非常講究，但可就找不出像重慶這類的設備了。

但我也看到了物質引誘在侵蝕著抗戰精神，政治上的暮氣，正如晚烟初上，這是值得吾人隱憂的。

旋獨山告捷，日軍狼狽撤退，西南既穩定，全般局勢又得重新檢討。第五集團軍機械化部隊的移防事，也就打銷了。我從重慶回到昆明後不久，想不到八年苦戰的戰局，打得頭暈眼花，不意一眩眼就天亮了。這一個出乎預期之快捷勝利，給我們帶來了莫名的喜悅，也帶來無窮的災難！

十三、勝利前後

（一）芷江觀禮

日本投降的時候，那是一九四五年八月十四日，當時我正在昆明，聽到了這個消息使我興奮得一連幾夜都沒有睡好覺。杜甫「聞官軍收河南河北」有句云：「劍外忽傳收薊北，初聞涕淚滿衣裳，卻看妻子愁何在？漫卷詩書喜欲狂。白日放歌須縱酒，青春作伴好還鄉，即從巴峽穿巫峽，便下襄陽向洛陽！」小時候讀的詩句，現在公然成為親身體會的事實了，這是做夢也想不到的事。按那時說，當我們聽到日本這項無條件投降的廣播以後，不只是「初聞涕淚滿衣裳」，「漫卷詩書喜欲狂」，差不多是「亦有擁抱狂相吻」，「亦有一躍跳上牆」的情形了，要寫那時興奮的情景，就不是一首短短的律詩所可能盡的。

當時昆明各報競出號外，市民狂呼歡叫，奔走相告。

《和平日報》是屬於軍方的報紙，一切消息要較普通報紙來得快，它發行的號外，首先在街頭髮現，登時搶購一空。為了應乎需要，報社即開動全部印刷機，連續趕印，先後印出達十數萬份。

我以為這是國家民族復興的號角，天人同慶的事，當即通知經理部，是日印出的號外除略扣紙墨成本費外，其餘一部分作員工加菜之資，一部賞給本報長期報販，這樣一來，真個是皆大歡喜！

昆明的勝利鞭炮聲，徹夜未停，人人見面相互道喜，街頭上比過農曆新年還熱鬧得多。美國官兵見人就擁抱歡呼，外省籍的男女老少紛紛摒擋行囊作還鄉打算了。

但也有淒涼的一面，就是第二天物價暴跌，平日囤積居奇發國難財的商人，一個晴天霹靂，打進了冰窖，全身發了冷。囤黃金及大量物資的，一下子便宣告破產，有的走頭無路了，只有一死以謝國人。昆明重慶銀行的經理就是這天自殺的。此外，投河、懸樑、服毒的勇士還大有人在。可是，也有一枝獨秀的生意，那就是汽車票價飛漲，抗戰期間，汽車司機已經是天之驕子，勝利後，還要給他們一次發財的機會。不過，這也是他們最後一次悖入悖出的機會了，後來他們依然是「兩袖油漬，一肩塵埃」而已！

在西南大後方的下江人，都紛紛準備還鄉，昆明市的大街小巷，許多摩登太太在擺著地攤，拍賣那些不必要的衣物。我一面在處理報館那幾天的緊張業務及未來報社展佈問題，一面也告訴家裡人作離滇北返的準備。

八月十五日，我國民政府正式接到日本的投降電文，最高統帥——蔣委員長即電南京日軍駐華最高指揮官岡村寧次，指示日軍投降六項原則。

岡村寧次接受指示後，於八月二十一日派其總部副參謀長今井武夫一行八人飛到湖南芷江洽降。我方由何應欽總司令前往頒發備忘錄，指示日軍投降事宜。

事前，我各集團軍、方面軍的大員，均奉命到達芷江，參與這項不平凡的洽降典禮。這個湘西的偏避小縣，作夢也想不到有這樣一次歷史上空前的盛典，會在那裡舉行呢！

陸軍總司令部臨時在芷江搭蓋了一排一排的木頭房子，洽降枱設中間一排正中最後端。我是以昆明《和平日報》主持人的身分隨杜總司令前往，於八月二十日乘車到達芷江的。這天正是美國國務卿貝爾納斯代表中、美、英、蘇四國，答覆日本接受投降請求的日子。

我們和王耀武三個人，住在一個房間裡，大家絮絮不休的談著今後接收、復員、建國諸問題。各人憑一時的興會大畫其美麗理想的遠景。好像當年中學畢業時，同學們互相談論升學志願一般的興奮和愉快。

陸軍總部每天開飯一百餘席，有如鄉間富戶辦大喜慶一般，每餐飯都是在歡笑中享用的。

今井武夫洽降的日期，規定是八月二十一日，是日上午九時半，我空軍混合大隊派出野馬式飛機三架，由中國空軍中尉周天民，美國空軍上尉葛蘭特等六位空軍英雄駕駛者，飛向湘西常德上空，引領今井武夫的座機，使其在適當地點降落。

芷江機場上竚立著數達一萬的中美人士，爭睹那二百萬在華日軍投降使者之來臨，翹首遠望，萬里無雲，這是一個最難得的視界高遠的時候。

中美混合隊的飛機，於是日午前十時三十分到達常德上空，就發見一架綠色雙引擎的飛機掠空而來，按規定連絡符號連絡上了，我混合機隊即掉翼前導，綠色來機隨著飛行，該機於午間近十二時，到達芷江著陸，陸軍總部派定交際副官陳某到機場接待，飛機啟開後，陳副官即近前招呼，今井武夫以立正姿勢問陳副官：「我是否可以下機？」陳副官答應說：「可以」！

於是，今井在前，隨後是中校參謀橋島芳雄、少校前州圖雄、譯員本村及空軍少校松原喜八等人入、魚貫下機。看今井的打扮，是衣將官服裝，穿馬靴，佩帶軍刀，但他面上充滿著憂疾的顏色，默不作聲。陳副官檢查了他們的行李及人數，認為沒有疑問了，才招呼他們站到一邊去。

十二時十五分，今井武夫坐上了我陸總事前預備好的吉普車，車上插著一面白旗（白旗是投降的標識），向指定地點開去。我等到機場上的群眾散去後，便和駐守該地新六軍廖耀湘之參謀長舒適存中將並立在日機之前，照了一個紀念相。這張影片，迄今十三年之久，我仍珍存未壞。

我們一齊走到該機之前，仔細看看這架雙翼的綠色運輸機，機身並不大，翼下繪著日本太陽標誌，兩翼末端，緊繫著四公尺長的紅布條，日本在中國十四年來的猖狂，就在這四公尺的紅布條上飄去了。

今井的住所，在芷江市郊，那是一所美麗的平房，環境很幽靜，的確是一個內疚懺悔的好所在。他到達住地後，稍事休息，即用膳。

一時三十分，他到中國陸軍總部晉謁參謀長蕭毅肅，這是報到性質，接見處是在那臨時搭蓋的木屋陸總會議廳。

蕭參謀長居中座定，左右坐的是副參謀長冷欣，美駐華作戰司令部參謀長白德諾中將。

今井老遠的走進來，到達台前深深的鞠了一躬，當即立正報告謂：「日皇已接受菠茨坦三國宣言，日本代表刻已赴馬尼剌向聯軍最高統帥麥克阿瑟將軍請示洽降事宜，駐華日軍在未奉到政府命令前，岡村寧次大將，不能作進一步之表示，但鑒於中國戰區內係由蔣委員長統一指揮，特派小官（今井自稱）先來接受何總司令之指示，故本人僅係負聯絡之責，並無代表簽訂任何文件之權。」

蕭毅肅參謀長當即秉承何總司令意旨，向今井指示要點多項，之後，隨即宣讀備忘錄及附件，並面交今井令其簽署領受證書。

蕭參謀長旋謂：「何總司令於八月十八日下午六時命令岡村寧次，要你隨帶駐中國本部及台灣，越南各地區內所有日本陸、海、空軍之戰鬥兵力、位置及指揮系統區分表冊，到芷江來，你帶來沒有？」今井答：「遵命帶來」。旋將各件呈出，但今井謂：「台灣及越南北緯十六度以北地區，不屬岡村大將指揮序列。」之後，蕭參謀長把南京、上海、北平等處有關投降事宜，日方應予遵守者，囑今井切實轉達岡村寧次分別遵行，語畢起身。今井當以九十度鞠躬退下。

今井在芷江住了五十二小時，所有關於日軍投降及我方接收事項，都在這兩天多的期間內由中、美專家不斷地在今井住地分別研究指示。

今井離芷江的前一天，即八月二十三日，何總司令曾召見一次，地點仍在陸軍總部會議廳，會場正中牆上懸掛國父遺像及我黨國旗，並在下端置中、英、美、蘇四國國徽及砌成之一巨型V字，顯得非常莊嚴肅穆。

何總司令坐在會議席上的正中，蕭毅肅、冷欣、蔡文治，美作戰部參謀長白德諾中將及陸總參謀處長紐先銘等，侍立於何氏之後，這時候是下午三時四十分。

今井到總部門首下車，身著軍服，未佩刀，通過那長達百米的甬道，他步伐沉重緩慢而肅然走進會議廳，對何總司令肅立致敬。

何總司令受禮後，即下達命令說：「我決定貴官仍乘原機飛返南京，向岡村寧次人將轉達本總司令關於受降的各項指示，中國部隊定於二十六日空運到達南京，本部在南京將設立前進指揮部，並決定於二十七日下午三時由冷副參謀長率領官兵一百零九人，分乘飛機七架飛往南京，貴官須轉知岡村，屆時妥為接待。」何總司令訓示時間歷九分半鐘完畢，即起身離席。今井深深躬鞠之後，亦即退出。

今井於是日下午四時許，乘原機返回南京。這一幕洽降的歷史大典遂告完成，我們也於次日乘原車返回昆明。

(二) 重臨故都

我於二十六年抗戰軍興，毅然參加軍中工作——尤其是文化工作，乃是感於國家興亡，匹夫有責。因為那時候的文化人，有了一個普通的認識，就是認為文化事業不應集中在城市裡湊熱鬧，而應該把文化灌輸到軍中去，開拔到前線去。可是這種論調固然叫得震天價響，但文化人真的到軍中去，到前線去，參加直接的對敵鬥戰的，究屬為數有限。這種情形當然不能認為是文化人的言行不一，相反的，是武人對軍中文化工作的重要性不甚了解。他們只知道用槍和敵人拚，卻不知「橫掃千軍」的筆桿比槍桿還厲害。在軍人心目中，以為那些手無縛鷄之力的書生到了前方，反成累贅，那些撈什子的書刊報章，總不會比他們的典範令還重要。職是之故，有些部隊雖有所謂軍中文化工作人員，只是聊備一格的點綴品而已！

很幸運的我碰上了杜聿明將軍，他畢竟不同於一般軍人的故步自封，他獨具隻眼的認清軍中文化的重要，所以能推心置腹的信任我去幹這份工作，又盡一切力量幫助我，使我能完成那樣一個龐大的軍中文化工作計劃。按整個工作擴展的成績來說，由當時的第二百師編印處，而第五軍的編印處，由高級指揮官，深入到每個連排的士兵，都成為軍報的讀者，養成第五集團軍官兵普遍求知慾，這種奇蹟，在中國歷史下確是創舉。今天我們檢討這種偉大成果的收穫，自然要首先歸功於杜將軍的領導有方，遇事幫忙，與其對原來的主張始終貫徹；其次我後來由昆明《和平日報》發展到從西南縱貫東北五間對開日、晚報，又得到他的協助不少，我那些久共患難的工作同志，更能群策群力，同心同德的對計劃的實踐精神。我是在這兩層的有力條件下，順理成章，輕易得來的虛譽。

勝利來臨了，我覺得我對軍中文化的工作，至此可以告一段落，我要回到我戰前時候的工作崗位上去。那就是恢復自由報人的本來面目，擺脫軍報的覊絆，而重整我的舊日事業。我那時是打算回到北平去，辦一張我自己要辦的報紙，這張報紙的使命，是言論要真正能代表民眾的喉舌，消息能迅速詳實，利用我抗戰八年來所建立的社會關係，構成一個全國性的採訪網，副刊要適合大眾的趣味，專刊要注重思想學術的介紹與研究。至於編、排、印刷、發行、管理等，我都於平日有了一個一改再改的計劃腹案了。

我認定昆明在軍事、政治、經濟各方的重要性，已經隨著勝利復員而減少了，此後的文化重心，無疑地是隨著政府還都而重返南京、上海、北平這幾個大都市去。這樣一來，昆明就容納不了一個更大的報紙。昆明在戰時新聞事業的迅速發展，乃是畸形狀態，一旦外省人離滇返鄉，人口減少，報紙的銷數直線下降，乃是意料中的事。當時在昆明出版的報紙，有黨屬的中央日報昆明版，雲南省政府主辦的《雲南日報》，省府財政廳有關的《正義報》，滬籍人士王公弘私人的《朝報》，加上軍方的昆明《和平日報》，在文化容量上可算是達到飽和點了。我推想復員後，《和平日報》的銷數能維持原有紀錄，都恐怕很難，遑論發展光大的遠謀呢？我再守著《和平日報》幹下去，這鷄肋愈嚼愈乏味，我雖自知只是一個文化蝦兵，但還是想回到文化大海裡去蹦跳幾下子的，那麼，昆明就不是久戀的地方了！

其次是由我幾年辦官方報紙的經驗，知道官報是不容易辦好的。辦得好固然是份內之事，辦得不好就要受指摘，何況又確乎是難辦得好。其所以辦不好的原因，是因為新聞政策乃是訂好了的，你這匹文化驢子只能在指定的範圍裡旋磨，那又如何能辦得人人叫好呢？要想在文化領域裡騰綽空犀，就非得擺脫這條官方的羈繩才行。

我所以仍然決心想回到北平去的理由，是因為北平始終是中國文化重心。民國十六年北伐告成後，國都南遷，只是大衙門遷到南京去了，但文化重心，還是在北平紮住了根的。華北廣大的復員，也仍是以北平為重鎮，還沒有那一個城市能取代它的地位！

就我個人言，北平是舊遊之地，也算是第二故鄉。又為我讀書及側身文化事業的「湯沐邑」，人地極為相宜。戰前的《實報》與時聞通訊社，在北平是有過一段成功史的，我這個故都新聞的小兵，在這裡是有過小小的戰績，憑著這點關係，我是可以起一點偶像的作用。加上我離開北平八年來的工作經驗，重到北平去辦一張姿態嶄新的報紙，似乎不是一件甚麼困難的事。

這些都只是我片面的想法，但八年來與我同生死、共患難的軍中同志，始終給我以同情幫助的杜聿明將軍，以及有形無形予我以助力的軍中袍澤，我又不忍遽爾離開。這事決心難下，使我陷於進退兩難的矛盾痛苦之中。

當我正在遲疑徘徊中，杜先生同樣的為著他的出處問題約我談論，那就勝利之後他把部隊的一切都整編好了的時候，隱約的有一種風傳，說是中央可能調他出主某一省的省政。以他抗戰八年來建立的功勳，與元戎對他的信賴來說，他確乎是取方面大員如拾芥的，問題是在他是不是願意這樣做，與乎對他是否相宜？

因此，他於三十四年八月初的一個晚上，約我作了一次竟夕談。

我當時很直率的提出我的建議，以為像他這樣一員戰將，中央以之出主省政，於公於私，都有用材不當的損失。因為軍人主政，是很不適宜的，尤其是中國的軍人，對於政治缺乏素養，往往用治軍的那一套方法去從政，結果是帶戴著石臼玩獅子，賣力不討好的一件事。

我當時作了一個比喻。我說，用邏輯的術語講，從政用的是演繹法，治軍用的是歸納法，政治是把計劃的原則先確定好，計劃好了，就要拿去實施的，而軍事則剛好相反。它是先求各種現象的理由，再根據而作計劃。比方作戰計劃的要素，是根據我們任務、當前敵情及戰區地形，以定處理的辦法。而敵情的來源，又是根據部隊的偵察，空中的搜索，俘擄的口供，敵人的文件，從敵方逃出的老百姓的談話等等下判斷的，這完全是歸納法。一個政治上的計劃，可不能有這許多條件配合，而是拿出一個原則來，就要施之各地而皆準的。同時，政治計劃的時效又比作戰計劃長得多，作戰計劃一次打敗了，可以撤退或轉移陣地，把部隊整頓後再捲土重來的；政治計劃是不能打敗仗的，老百姓既不是訓練有素，絕對服從的節約之師，更不是政治上的試驗品。

同時，軍人有如國家豢養的一個獵人，統師一指揮，就得逢山爬山，遇水涉水，赴湯蹈火在所不辭。假如作為一個從政者，他就不能一味的只顧貫徹上峯政命，還得顧慮民情。如果他也使出軍人那一套決心來，則民不堪命矣。以前若干軍人主政鬧過許多笑話，就是由於他們不明白這種道理，弄成蠻幹、瞎幹、死幹，人民和部屬都怨聲鼎沸，他還自以為是呢！

我更還舉出當年徐樹錚著眼於邊防、練兵、屯墾的例子，認為杜將軍大可向此方面走，從這次抗戰的經驗和教訓言，今後國家邊防是重於一切，杜將軍當時屬下有虎將邱清泉、國際馳名之廖耀湘、李彌及素有小諸葛之稱的羅又倫，這些人才，再施展其所長，到國防邊境上去練兵屯墾，為國立百年大業，那才是最為得計。

他當時對於我的見解完全同意，就是，中央如果真有計劃安插他的意圖時，他就把我這一番意見報告上峯去裁決。說到這裡，我就把自己的事業計劃說出來，請他給我一個指示。

他說原則上是同意的，但目前還不是時機，在他沒有離開現崗位之先，我還是把現局維持一下，等到他新的任務來到後，再來討論。正當杜先生和我彼此都為著今後出處計議未決之際，昆明事件接著發生了（註：昆明事件，即是解除龍雲雲南省主席事件）。由於這次事件，杜聿明是受中央命令的執行人，事定後，為了緩和地方人士對他的情緒，他遂奉命與關麟徵對調服務，當時關麟徵將軍的新命，乃是東北九省保安司令長官。

十月十一日杜將軍奉命飛渝，最高當局示意他準備率部赴東北接收，三天後，他回到昆明，把中央內定的人事安排，約略告訴了一部分高級幹部，大家開始暗中作北上的準備，只等中央命令發表，即可成行。

我趁此機會重申前請，要求離開部隊，還我初服。杜先生對此也表示同意，但他認為我離開《和平日報》，必須先取決於軍事委員會政治部的意旨，才能作最後的決定。

他當即告知衛士叫重慶政治部長張治中電話，在說話中，張的答覆，以我戰時在昆主持《和平日報》甚有成績，中央不能放我走，中央並決定在瀋陽、蘭州兩處各辦《和平日報》，由我隨同第五集團軍赴東北創辦《和平日報》瀋陽版，昆明舊有的《和平日報》，社長名義仍由我兼任，以後再遴選適當人員接替。

這事我本當要固辭的，但杜先生以為大可不必。他說：「中央既對你如此器重，你就仍然承乏下去吧！只看你如何把昆明《和平日報》安排後，及時同我北上籌備瀋陽分社便是了！」

事情演變成這樣，我也不好再說第二句話了，馬上回《和平日報》去準備一切。我當時心中決定，在我離昆期間由副總編輯江肇基對外代理我的社長職務，我內人以經理名義協助主持內部的事情。江是我十多年的老助手，他在北平民國大學新聞系畢業後，即到《實報》跟我做事的。內人因交通困難，北方一切尚未籌備，且他原是報社事務主任，一時既不能離開，只好暫時留在昆明，有這兩個人內外主持，我則大可放心離開昆明了。

同時，若干非雲南籍的員工，有的在抗戰初期二百師時代應募隨編印處工作的；有的在第五軍編印處擴充後，陸續投効者，像這些人，現在都想離開西南，勝利還鄉。我對於他們，一律准其長假，並優給旅費，為他們分別安排交通工具，並約全體員工聚餐，既祝抗戰勝利，並作離別餐敘，這一次大家向我勸酒，飲得我大醉特醉。

在我們快要離開昆明那幾天，雲南地方的歡送宴會以及我與地方官紳和同業間的告別宴，少不了又是一番酬應上的繁文。

東北這塊地方，在九一八前，當我赴日本時，曾經一度經過，並小作勾留。此番既決定赴該地另闢天地，為集思廣益博聞厥疑起見，曾約了幾位東北籍朋友談了一些有關東北的事情。

十月二十二日，杜先生率第五集團軍及昆明防守司令部一部高級官員，如參謀長趙家驤，處長、主任及少數直屬單位主管官，與我（我當時是以《和平日報》社長身分同行）一共二十二人，登機東飛南京。

我們是在這天下午二時許離開昆明，雲南黨政軍機關負責人員，地方社團、紳士、與兩個總部的將校官員，新聞界人士以及《和平日報》全體員工，先後到達機場送行話別者，男女近千人，可謂極一時之盛。我們那天在下午五時抵達重慶，「昆渝間航程二小時半」，在渝勾留一日，第三日（二十四日）清晨，空軍司令部在珊瑚壩機場準備一架雙翼機，我們於早八時十分離渝北飛，飛機通過蜀中群山上空，掠過長江流域，平疇舖錦，長江如長，一一陳列眼底。是日下午四時許到達南京著陸，濶別八年來的首都，江山無恙，亦不禁想伏地一吻泥土的芳馨。

新六軍軍長廖耀湘，他原係杜將軍任二百師代的時參謀長，早已率部隨何應欽總司令至南京受降約，當時到機場迎接我們。他事先在一家叫金門酒家的廣東菜館定好了席位，我們由飛機上下來後，就風馳電掣地用汽車把我們送到金門餐廳去為我們洗塵。

他說，老參謀長遵從各位之所好，大家愛吃什麼菜，就點什麼菜。當時同人咸以在後方幾多年，最難享受到的是海鮮滋味，想嘗試一下這些東西，他說：「好，就先吃鮮蝦吧！」

一會兒，茶房端上來，一大滿碗的蝦，淡紅的顏色，噴鼻的香味，大家垂涎欲滴，就馬上一窩風的向碗裡「集中攻擊」，那知每人挾到兩筷，碗就現了底。原來廣東菜館是特製的套盤，看起來是一個錫質大鼎式的海碗，而這碗只是一個托底，上面還有一個盤子，那淺淺的盤子，才是真正放菜的工具，所謂海碗，只虛有其表，不作實用的，所以只兩箸便原形畢露了。

大家嚷著這點點不夠吃，廖說：「好的，隨便你們再來多少盤好了。」我們這攻擊重點，專門指向於海味的蝦、蟹、海參、魚翅等，吃得大家歡天喜地。

二十五日早晨七時，杜先生率領著我們一行謁中山陵，預定當日九時半，仍在金門酒家吃完了早飯離京登機飛滬的。

從陵園出來後，我以手錶中途脫落時針，同行中有一位中央通訊社隨軍記者鍾鶴年君亦有點事要辦，我們兩人便商定，利用一個空隙時間，分頭去辦自己要辦的事。等我把錶修好，趕到金門酒家，鍾君亦已到達，但這時席撤人散，只見新六軍一個副官坐在那裡，他說：「總司令、軍長，他們吃完了飯都走了，總司令臨走的時候囑咐我，要我請你們兩位趕去明孝陵機場，以便同機飛滬。」我們於是隨即登上原汽車，趕往機場，至時，僅見廖軍長及少數送行人員在場，他第一句話便說：「你們為什麼才趕來呢？」同時，他並以手指著上空說：「哪，飛機剛剛才飛起來。」更向我著說：「你還沒有脫去老百姓的習氣啊！總司令在未起飛前，曾叮囑我，今晚要你們搭火車往上海，趕上明日北飛專機。」這時，我們抬頭一看，飛機尚在吾人頭頂上面，真是鼎湖龍飛，攀鬚不及，只好望空而嘆！

此時，鍾君又埋怨我道：「社長，你久歷戎行，也算是個老軍人了，比不得我是個老百姓，你怎麼也不把握時間呢？我是一切惟你馬首是瞻的，這次脫班的責任，該由你去負吧！」

我聽了這些抱怨話，真是啼笑皆非，廖軍長笑我是個老百姓，鍾鶴年責我是不能把握時間的老軍人，我怎麼分辯才好呢？我只好說：「千怪萬怪，只怪我的手錶壞了，致把時間誤了。」

鍾鶴年大笑道：「事真湊巧，你這個江西老表，佩上一個瑞士老錶，事情那能不糟呢！」

當日下午七時，廖軍長派車把我們送到車站，搭京滬車去上海。那知勝利伊始，鐵道上下行車秩序尚未正式恢復，行車的電話既不健全，路簽更談不到，車子開到甲站，要等乙站的車輛放過來，甲站才敢再放車，就這樣一站站的停停開開，到次日上午九時許才到達上海北站，比平時到達時間，要晚點二三小時。我一下車，便看到新六軍參謀長舒適存將軍站在月台上，他說：「真糟，我們快點趕到南京路國際飯店去罷。」到時，只見滿地雜物零亂，不見一人，旋復與舒參謀長乘車趕到龍華機場，這時上海市長錢大鈞、第三方面軍司令官湯恩伯和若干文武大員，已先後到達機場送行，並均與杜先生站在一起，談笑風生。杜先生起初見我未到，曾令趙參謀長重返上海區辦理事務，故意拖延飛機啟飛時間，送行大員，也只好耐煩等著，直至十時許我到後，才命飛機飛動起飛北進。

當我們進入機場時，杜先生就故意問我：「事都辦好了嗎？」我只好含糊答道：「都辦好了。」他這才說：「好吧，我們上機吧！」於是他和送行者一一握手道別。

飛機升空了，他叫我靠近他坐著，就說：「你是怎樣搞的？誤下了多少事情，我等了一夜，看你沒有趕來，以為火車該也趕到了，直到九點多鍾，我才由飯店出來，因為送行的都在機場等著，我們不能不動身，乃臨時故意說忘掉一件要緊公事，要趙參謀長親自趕回上海去辦，我當時想盡方法，拖延時間，要大家不要把飛機遲飛時間責難到你身上，下次千萬不能這樣做呢！」

我當時很慚愧的解釋在南京誤時及火車誤點的經過，他沒有半句對我疾顏厲色責備的話。這種體諒朋友、部屬的寬大精神，使我是永遠不會忘的。而我自從追隨他近十年來，也只是這一次誤過時間，以前每逢有什麼約會，總是要早十分八分鐘到的，這次坐火車追飛機的怪事，事後我想起來，真是笑話！

由滬飛平三小時半的航程，那時心情是何等的愉快？飛機是在藍碧的高空進行著，下面白雲像一團團的棉花在機下滑過去，我相信每個人都在預想他未來事業的輝煌氣象，飛過一望無垠的華北平原，飛過了層巒疊嶂的太行山脈，不一會，飛簷複宇的北平就在眼前了。

北平有兩個機場，一在南苑，一在西郊，民用航空飛機都降落西郊機場，南苑多是軍用機升降。南苑屬宛平縣境，蘆溝橋抗戰初起時最有名之地，都在這一帶，並且是軍事要衝，又為北平的外圍要點。

我們的飛機是降落在南苑機場，下機時，已經是夕陽銜山，此時北方到了「已涼天氣未寒時」的季節，我們穿著南方服裝，不禁有絲絲寒意了。看到了淪陷八年之久的北平，各人的感想是不相同的，一部分沒來過北平的朋友，對一切都覺得新奇，我是以久居北平，舊地重臨，今見山河猶是，景物已非，心裡的酸、甜、苦、辣，一齊湧上來了。微子過宋，歌禾黍黍離離，那種情緒，的確是很難道出的！

我在南苑低空就看見機場上一叢叢的人影，中間穿插著各色旗幟，心想我們事先既沒有通知任何社團，歡迎的人怎會知道的呢！下了機，看見在較遠的歡迎行列中，盡是陌生面孔，驀地發現了一個熟人，那就是張宗昌時代的京畿憲兵司令王琦。他跑過來一把握著我的手，只叫奇遇，奇遇。我就問他怎麼知道我們要到？他輕輕的說，我們是來歡迎北平行營李宗仁主任的，你從那裡來？和你同機的那位長官是誰？我告訴他是一位新發表的東北九省保安司令長官杜聿明將軍。他說：「好呀，我們順水人情，就先來歡迎杜將軍吧！」他把這消息轉告大家，立時一片掌聲雷動，大家便前行向我們一行表示歡迎之意，這真是一杯奉獻城隍爺的酒，順手又敬了土地，這是皆大歡喜的事情。我們帶著滿腹喜悅，便乘空軍總部事前備好的車輛進入古城了。一行人分乘著汽車進了北平城，直駛西四牌樓定府大街定王府，這時那裡是孫連仲的第十一戰區司令長官司令部的所在地。

那天我還記得剛好是星期日，時間已入暮，長官部的高級人員都下了班，由副官處的值星官引我們進到孫長官的會客室去休息。

定王府的確是一個偉大的建築，想到我八年來在前方不是在戰地的掩蔽部裡棲息，就是在後方住住小小的平房，或臨時搭蓋的木屋，久矣乎不見這種飛簷疊宇的古典建築物，只有在湖南一度尚住過大屋，但以視這種封建王朝遺留下來的崇樓傑閣，真是不可同日而語了。

因為十一戰區長官部沒有負責的高級官員，我們坐在那裡對北平一切都無從接洽。

杜先生對我說：「你是老北京，雖是離開了這麼久，但一切情形仍然是較別人為熟悉，想想法子和有關高層機關連絡上了才行。」

我當時找到了一本電話簿，但翻開來看看，上面刊載的都是敵偽時代的機關，社團等等，新的機構，新的電話簿那裡有地方去找？這真是一件麻煩的事。

那時北平還沒有自動電話，用的仍是古老的共電式機，叫電話的人，要先把電話的號碼告給電話局的接線生，然後再由接線生把對方叫通才能說話。

我以前在電話局曾一度擔任過祕書，併久在北平新聞界這一個階段中工作，又以新聞競爭，和電話局的關係拉得比較密切，所有電話局的接線生，大都和我有相當認識，只要我一叫電話，他們聽出我的聲音，便馬上同我將線接通。北平電話局的規定，重要用戶是用紅燈的，報館差不多都是紅燈戶頭，一拿起耳機，電話局的機子上就亮燈了。而且管理紅燈接線生所管的號碼也少，因此不論什麼地方，都是較普通用戶接線為快。

電話簿雖則是敵偽時代的，但我知道上述那些情形，我便把耳機取下，向電話局說話，真是奇怪，那接線生竟還沒有忘記掉我的聲音，馬上很興奮的說道：「啊，社長，你回來了！」北方人的溫暖，便從耳機聲中傳了過了。我當時在電話中同他寒暄了一番，就把要通話的十幾個機關住戶告訴了他，不一會，便一個一個的都連絡上了。我那時的心情，是何等的愉快！

當時杜先生及同來的人員，真不勝詫異，杜先生便說：「怎麼啦，你一下子都連絡上了，嘿，你真是神通廣大。」

就因為這點小小的苗頭，便使我很久想脫離軍籍的計劃，又遭受到嚴重的打擊了。

杜先生即當和我重開談判，對我辦報的事，他說仍然從旁協助，但我得兼任他的東北保安長官司令部駐平辦事處的職務。同時，同來各人為了他們以後在北平後方各種便利，也一致向杜先生作如此的建議。我知道他既動了這個意念，我就辭也徒然白費唇舌，於是，我在未入東北前，只有一口承認，再來為軍中服務。

這以後，舉凡東北軍方在平各種事務，以及全體官兵往往來來，委託之事項，新聞界同業對東北消息的採訪，或關內各界辦事人員以及東北來北平訪問關內各色人員等等，「一腳踢」都要由我來負責處理。

從東北軍方的立場說，我既是北平辦事處主管者，當然遇事是代表東北軍方，因此，對於東北軍情的發佈，便很自然的成為在北平的東北保安部的發言人了。

事情是比昆明時代更煩雜，「繁忙」這是人生的樂事嗎？這話我很難作一個肯定的答覆。

(三) 古城滄桑

我剛回到北平的時候，心裡是十分興奮，雖不免因故舊凋零，而有「城廓猶是，人物已非」之感，但八年苦鬥，恢復河山，那幅新的復國建國的遠景，時時在歡慰我們，總覺得大家從此努力，太平郅治是拭目可待的。可是在北平住不了一段時間，就發覺我們的想像有些天真，好些事情，漸漸的開始走樣起來，這些不祥的陰影，在各個現象上浮出來，而漸次擴大了。

北平這一座古城，我雖然離開它整整八個年頭，但一切還是抗戰前的原樣子。日本人在這一段長久的時間裡，並沒有任何建設，只把民國十三年馮玉祥倒戈回京後，所謂「首都革命」時新闢的西城復興門這條馬路展寬，城外一帶加以改觀，這個是日本人所謂計劃建設的「新北京」區域，這地區包括阜城門至西便門間一帶，亦即是西郊頤和園至豐台間一片地段，劃為新北京建設地區，作為日本人的居留處所。此地南接豐台，西鄰長辛店及石景山，只是此項工程還只完成一半，日本就戰敗投降了。這一日本帝國主義未完成的傑作，僅留給勝利後，後方復員而來的仕女憑弔而已！

那時，北平人對後方去的人，稱之為「飛來客」，這個意思是因為當時南北交通完全斷絕，只有飛機由空中往來，所以名之曰「飛來客」。

那時光復區的人們，苦於受盡八年來日人的欺凌，眼看見敵人失敗投降，對於飛來客是何等熱望與擁護？照理，這些後方來的官員們，亦應該要把收復區好好的建設一下，才對得起淪陷區的老百姓。可是，經過苦鬥八年的時光，一經復員，大家精神不免有些鬆懈，加以當時「條子」「房子」「車子」「女子」再加上「面子」，所謂五子登科，這些物質上的引誘，實在是太令人陶醉了。因此，便未能專心專意的去談建設。

就看日本人遣送回國之前的情形，便夠令人眼花撩亂了。

我們到達北平，是三十四年十月二十六日，北平受降是十月十日，正是日本人以及由日方移殖來平的朝鮮人、台灣人開始集中管理的時候。照規定，他們是要到集中營去的，去時只能攜帶隨身簡單的衣物，所有房屋傢俬，只好急急忙忙的賤賣，這卻使許多中國人得了不少的便宜。要是從這些便宜方面來說，第一是一部分打小鼓的行販（即登門叫賣者），他們用極低廉的價錢，收購了各色各樣好壞的東西，這個千載一時的機會，他們做夢也想不到會交上這一部「金滿斗」的命運。要不是中國對日本人的寬大，日本人是戰敗國的國民，我們在這裡要該借用共產黨一個「掃地出門」的名詞來處理他們。但是當時日本人還能把自己產業，自由出賣，他們已是感激零涕了，那裡還敢去爭多論少要價錢呢？況且那時事實上限令也緊迫，必須急急賣完了到集中營去，也沒有等候價錢的機會。更因為大家擠到一個時候，每個日本人家裡的東西，都要在這一個時候去變賣，這樣一來，東西多了，打小鼓的能手，價錢更煞得凶了，十文不值兩文的，只能脫貨求財便是了。

北平東城，東單牌樓東長安街馬路兩邊以及東單靠東交民巷日本兵營的操場上，同南北河沿這些地方，一時全成了那些小販們收購來日本人的家庭用具的大拍賣場。一個從後方來的人，要想組織一個家庭，不論上、中、下那一層等級的，只要花上一兩個鐘的時間，便可將由客廳臥室到廚房裡所需用的什物搜購齊全，而且所費的代價還是非常的廉宜。那時，佈置十間屋子的東西，也用不了平時一間房子的價錢。就在這種情況下，小販們仍是獲利十倍。買賣雙方的，都是皆大歡喜。北平東城，向為外國人居住之地，抗戰八年來，歐西人士全部離去，清一色的成了日本人居留之所，日本投降後，東城變成一個日貨拍賣場，尤是東單一帶，日夜川流不息的在做著日貨交易場。小販們固然是個個大發其財，做苦力的人收入也十分豐裕，生活都過得十分舒適。

房產不是小販們所能銷受的，這就好了一部分有錢佬，因為價錢便宜，甚至在許多大後方的人也急於想趕到北平去買便宜房產，造成至後方交通工具的票價飛漲，尤其是飛機票，多向黑市這方面去想辦法以遂所願。

最妙的是還有許多敵方戰犯和漢奸的產業，事先便轉移戶口，由中國人出面轉賣，這當中的黑幕更多了。

後方來的人，潔身自愛的當然很多，但是想混水摸魚，趁火打劫的也大有人在。一般人總覺得這都是「飛來客」，無法去分辨皂白，於是「接收」兩個字，便有些人喊之為「劫收」，一切貪污便由此而起。

造成貪污的事實，是受授雙方都要負責的。漢奸們為了想在法網中求生路，當然到處託鑽門路送賄賂，中國官吏的貪污性，雖不是隨先生以俱來，但因為環境的引誘，習以成風，連好人都變成壞人。因此，有些恬不知恥之徒，愈貪污得多的人們，愈有他在社會上的地位。做官不會賺錢，不但無人表彰其操守，反而招人蔑視，社會的是非觀由此也變質了。但我不敢抹煞一切，說個個官吏都是瞞心昧己的貪官污吏，也的確有些是出於污泥而不染的好官。無奈他那種清高，也是賈政式的清高，自己沒有撈，卻不能防止部屬的不法行為。因而同樣的使收復區的人民大失所望，所以他那塊廉潔匾額還是掛不起來的。這中間自然不少災星隨財星而至的倒霉鬼，「五子」可慶「登科」，一身即鋃鐺入獄。罪狀重大的有被判處死刑者，如華北區海軍專員辦事處平津分處主任海軍上校劉乃沂，因隱匿敵偽物資金錠千餘兩，養珠十多斤，皮襖統子五十件，美金一萬元，當被冀、熱、察、綏接收敵偽物資調查團查出，報請北平行營轉報上峯處以極刑。

接收敵產要想弄弊也是不容易的，因為日本人產業物資清冊，不是一份的，接收人員不知道，滿以為接收了之後，便可由自己予取予求，往家裡搬。那知日本人另有總冊呈報中央及有關部會的，結果是東窗事發，便即「請君入甕」，劉乃沂就是一個很好的例子。

後方來的人員們，少不得要盡情尋求口體之奉，徵歌選色，補償一下八年來生活上的苦悶。於是，大柵欄的華樂園、廣德樓，西珠市口的開明戲院，這些平劇娛樂天天都是擺著長龍買戲票。冬菜館如東興樓、厚德福、全聚德、沙鍋居、西來順，大浴室如東昇平、西昇平、清華園、清華池等等，無日不是座為之滿。有名的八大胡同裡的秦樓楚館，恢復了戰前笙歌夜夜的氣象，南都粉黛，北地胭脂，又得一曲纏頭不知數了。

有些後方來的官員們，遇事要充面子，那也是免不了的事。因為一般淺薄之徒，儼然以勝利者自居，好像這次勝利是他打來的，趾高氣揚，驕傲狂妄，在我們看來亦屬可笑，而淪陷八年的敵後同胞，則覺痛心疾首。不過平心而論，光復以後的淪陷區人民，對飛來客的看法也各有不同，一部分商人八年來生意冷淡，一旦恢復繁榮，他們對飛來客是極表歡迎的，而飛來客也不是個個是貪污來的錢，乃是八年來在大後方節衣縮食存下來的一點積蓄，勝利後到了光復地區，少不得要增置增置，而關金又比偽幣值價，就更顯得飛來客是好主顧；一部分是八年淪陷，無法生產的老弱婦孺，或家累太重的人，一旦得見天日，飛來客中有親戚朋友，因而得了飛來客的幫助，這些人當然表示感激的。

的確，在這八年苦難的日子裡，真虧淪陷區同胞渡過來了。敵人在最後掙扎那一兩年中，淪陷區的物資是萬分缺乏，人民衣衫襤褸，吃的是八種混合的糧食。這種所謂混合糧食，裡面有麵粉、麵皮、木屑、灰塵、沙石以及其他什物，再加上鼠糞等八種「營養品」。吃了之後，人便閉結，身體發腫，受毒深者，短時期內即會斃命。作者幾個在淪陷區的親友，一見面目睹他們那種形銷骨立悽慘的情形，真不覺鼻為之酸。像這種形狀，誰都要來救濟，何況還是親戚？只要戰前到過北平的人，又誰沒有三朋四友呢！

這些人自是首先得到飛來的救星，雖說是私情相援，然而這種同情心總是未可厚非的。所以，對飛來客實在是感激萬分。

嫉恨這些人的，無疑的是那些「昨為座上客，今作階下囚」的漢奸，以及漢奸的親友們。他們突然失了勢，而有些後方來的人又輕視他們，因羨生妒，因畏成恨，加之一部分的接收人員，又實在不能廉偶自礪，漢奸方面的人，就更加攻訐得厲害，把後方來的人不分皂白說成是「一丘之貉」了。

要說起來的抗戰那幾天淪陷區生活雖苦，可是日軍向前推進，淪陷區成了大後方，那裡是沒有軍事行動的。現在日寇投降了，反而紅潮泛濫，戰爭再起，又回復到七七事變時的風聲鶴唳，太平之夢，至此幻滅。奸匪乘機造謠，對政府極盡惡意批評之能事，吠影吠聲，是非兼混，人民如何能不悲憤失望呢？

我在北平，是東北保安司令長官部留駐北平的工作人員，這份差事，有如賈府門裡的焦大，只有坐在門口罵人的份兒。同時我又久住北平，社會關係頗深，現在又再事創辦報紙，耳目特別長，光怪陸離的事情，看到眼裡，聽在耳裡的特別多，對此既無能為力，也只有浩然長嘆而已！

在接收人員北上未久，處理事件，自不覺有些顧此失彼，共產黨即乘機製造事端，擾亂安寧，同時各地的共軍，正如水銀瀉地般擴大範圍，政府所得的只是點和線，而共方所得的是廣大的面，這就弄到國軍局限於鐵道公路上奔命了。

（四）肅奸與遣俘

勝利後的幾件含有連鎖性的主要工作，是受降、接收、肅奸、遣俘、送僑，北平受降和接收的經過，已詳上章，這裡再說，肅奸與遣送日僑俘的情形。

政府自三十四年八月日本投降後，各地先後成立了如下的幾個機構：敵偽產業清理委員會，敵偽產業處理局，敵偽產業清查團或督察團，日僑（俘）遣送管理處，港口司令部，審訊戰犯軍事法庭，肅奸委員會。

林林總總，五花八門，我們從這些架床疊屋機構看，就，就知道對敵偽產業的接收處理最感頭痛，而弊端亦最多。再看看遣俘時日俘秩序之良好，反觀我們那些靦顏事敵的漢奸搖身一變而為地下工作人員，法紀蕩然，益使我們這個戰勝國不勝其慚懼了。

漢奸群中的老前輩，自然要推偽滿洲國人物，如溥儀、張景惠之流；其次是偽冀東自治政府的殷汝耕、池宗墨；七七事變之後，北平首先淪陷，於是所謂「北朝」漢奸出現了，如王克敏、王揖唐這些人都是；及長江下游不守，所謂「南朝」漢奸又將分為「前漢」與「後漢」兩種。以江朝宗、梁鴻志為首的時期是屬於「前漢」；以汪精衛為首的時期是屬於「後漢」。

我所見到的是那些北朝漢字頭漢奸的下場，所以單說他們這些人物的情狀。

北朝漢字頭人物之最著者，是王克敏、王揖唐、殷汝耕等等這般人物，集無聊政客、殘餘軍閥、無恥文人、老牌民族敗類於一爐，盡禍國殃民之能手，極媚敵事仇之醜事。

當這些漢奸拼湊垃圾，組織偽政府之初，不能說不費一番奔走鑽營的功夫，及其敗也，身罹法網，死在旦夕，卻只是一夜之間的事。真是「興也忽然，亡也忽然」。

北平接收之初，對漢奸們的處理還是不動聲色，只是在暗中監視他們的行動，漢奸們淒然地伏在私寓裡等待最後命運的安排。到十一月初，肅奸委員會的負責人員以宴會方式把一批大漢奸請去聯歡，這批漢奸接到那份請帖，還以為是接收方面有什麼需要請教他們之處，一個個興致沖沖的去赴宴。那知一席酒罷，主人翁既無任何表示，更沒有什麼請教，大家正要穿起大氅，戴上禮帽向主人翁告辭的時候，主人翁笑著說：「各位，請慢走，請到另外一處地方去坐坐。」就這樣子把所有坐上客，立刻變為階下囚了。說起來確是失敬得很！

其餘散處在各處的中小漢奸，同一時期，盡一夜的時間一網捕盡，一律送往陸軍監獄扣押。這種做法，事前絲毫未打草驚蛇，把所有的漢奸情形，調查得清清楚楚，然後才一總下手，這當然是要歸功於工作人員的處理有方。

到三十五年四月二十三日，這批寄押在北城德勝門外陸軍監獄的大小漢奸，奉命移送法院，依法審訊。是日，將王蔭泰、董康、汪時璟、張仲直等三百餘人，作第一批先行起解，全部編隊先到前門內司法部街河北高等法院報到，經法院對這些漢奸集體點名後，再行起解至南城宣武門外姚家井，河北高等法院第一模範監獄去收押待訊。

起解時，二十多輛大貨車，滿載了漢奸，車上均貼著「肅字第×號」的黃紙標紙，由北城經東城、西城、南城，在馬路上緩緩行駛，讓市民們一飽眼福，教市民知道憑藉敵人的武力，騎在人民頭上，使人民飽受戰禍，在飢餓線上掙扎的這些漢奸們，是這樣的下場。車行到處，觀眾途為之塞，掌聲雷動，漢奸們的頭，則個個羞得低下了去，恨不得有個地縫鑽進去才好。這一批三百多人中，包括軍、政、經濟、司法、交通、文化、教育、警察等類漢奸，年齡最高的是八十餘歲，晚年失節的司法界前輩董康，最年輕的是日本士官出身的偽天津市警察局長周思敬。群「奸」畢至，老少咸集，雖無絲竹弦管之樂，而鐵鎖鎯鐺，「亦足以暢敘幽情」了。

接著第二批第三批漢奸陸續送模範監獄集中，獄裡是按軍事、政治、文化、教育、經濟等等分上敘門類，重要者每人一房或幾人一房，分別扣管。

這批漢奸當中的要角王揖唐，此時正在患病，他自日本投降後，一直在中央醫院醫治，起解時在該院提出用擔架抬著上車，審問期間，裝聾作啞，一言不發，企圖逃避罪責。有一次鞫訊，他竟指承審推事何承焯，曾是他治下的小漢奸，沒有資格審問他，於是何承焯只好規避。一直拖到三十五年八月才正式開口，答辯了二小時。

軍事漢奸齊燮元，在民國十六年時曾以五省聯軍總司令名義，抗拒革命軍最力，江西受其禍甚深。北平淪陷時，他的政治野心復燃，甘為敵人走狗，勝利後在天津被捕，三十五年四月十六日，由中央憲兵自津押解到北平，因他是政治犯，交由北平行營軍法處訊問。之後，他以罪證重大，和王蔭泰、張仲直、劉玉書、余晉龢、鄒泉蓀、周作人等，於三十五年六月間用飛機轉解南京，交由首都高等法院審訊，筆者以戰前在平與余晉龢一度相交（余為日本憲兵學校畢業，二十六年事變前，任北平市公安局長）。他們由平轉解南京那天，是在南苑機場起飛，行前，我到南苑探視余晉龢，看到其餘各犯，都是把帽簷拉得很低，不敢見人，當然是內疚於心的。

這批漢奸，於是年十月起，均先後判處死刑，只有周作人是判處徒刑，這就得虧他會寫寫文章，做做文學考據，以及「苦茶庵」的打油詩，很受一般人的賞識，力保他的人不少。都認國法宜格外施仁，留一根讀書種子也！

漢奸們，在日偽時代多是窮奢極侈，作威作福的，漢奸被捕後，這些人的淒涼生活開始了，產業都被沒收，僅酌留生活費，住屋也只留一二間，雕欄玉砌，都歸國有，妻孥老小，哭哭啼啼，到也可憐。但以觀中共對付地主、資本家之殘酷無情，反觀勝利後政府對一般漢奸家屬之寬大，天理、人情、國法都說得過去。這種仁惡之間就是相去不可以道里計了。

我總以為漢奸之所以甘為國賊，決不是一時不慎而失足的，乃是其人生觀確定了他們作漢奸的思想行為。我們看他們的辯詞，無不多方為其罪責求開脫，明明知道罪大惡極，罪無可逭，何不說幾句「將死」之「善言」，以為天下後世戒呢！最可惜的是「南朝」漢奸偽宣傳部長林柏生，他於是年十月八日，在首都老虎橋刑場伏法前，留給他妻子的遺言是一首類似偈語的歪詩：「春去春來有盡時，花開花落無稽覆，人生代謝也如此，殺身成仁何所辭。」另書「革命救國，科學建國」八字。把人生的價值和生命意義，這樣解釋，把明正典刑，認定是「殺身成仁」，以這一套思想，去遺留給妻室兒女，真可笑又可恥哩！

我最感遺憾的是沒有看到滿清末代的君主，偽滿洲國皇帝溥儀之就捕，按說我是可以一瞻皇帝作囚徒的悲劇。因為我是東北九省保安長官部高級人員，應該可以先睹為快的。可是他在日本投降前已乘飛機逃往朝鮮，在鴨綠江上空被蘇俄戰鬥機截回，一個被日寇利用分裂中國領土的首犯，不能由中國置之以法，卻成了參加對日戰爭僅八天的蘇聯戰利品，這是件二十世紀五十年代的大怪事！

溥儀的座機截回在瀋陽北陵機場降落，逗留了一小時許，復登俄機飛赴俄屬西伯利亞，囚於赤塔。三十五年盟軍在日本組織的國際法庭開始審訊戰犯時，曾於八月十四日把他從莫斯科提解到東京作證，詳述過去日人統治滿洲各種情形，我國防部次長秦德純，亦出席為土肥原賢二在華種種罪行詳為作證。可惜這些精彩節目，我沒有機會親眼看到，不能不說是一種憾事！

現在溥儀又由蘇俄交給中共看管，一個曾經南面稱尊的君主，儘管他是兒皇帝，其養尊處優是無待諱言的，但一旦變為待罪囚犯，便只好終日以淚洗面了。

在偽朝中，汪精衛是第一個幸運兒，他同樣是被日本人所利用，但日本人心目中對他多少是有幾分偶像崇拜，不能不佯示恭敬，他是漢奸中敢於和日本人遇事據理力爭的一個。像溥儀、王揖唐、王克敏之流，只是唯唯否否、仰承日人色笑，苟全性命而已。最後，他又能保全首級以歿，日本投降前就病死於東京。這不知是幾世修來，得此結果？此公之面目可喜，心術可怕，言論詭辯與思想矛盾是在可愛可惜之間，而其人生觀不正確，則最為可哀可悲矣！

我和他曾經有過若干次的接觸，尤其是當時他的智囊人物曾仲鳴與我們往來甚多，戰前，北平《實報》與時聞通訊社是改組派所爭取的對象，但我們不敢親近他。我們總是抱定原來的宗旨，《實報》與時聞通訊社應該負有一種純潔高尚的文化使命，決不捲入政治漩渦，這個軟釘子給改組派的傳言人碰過之後，汪精衛就與我們疏遠了。他們的疏遠，不能不說是《實報》與時聞通訊社之幸，否則，像汪精衛後來的所作所為，我們豈不是要和他們同歸於盡嗎？

繼汪精衛為南京偽組織首領的陳公博，當勝利後國軍進駐南京時，揚言已死，但我官方接得了報告，知道他於日本將要投降之際，即偕漢奸林柏生等托庇於日人保護之下，跑到日本九州一家中學內藏匿。我陸軍總部於八月二十九日以二十一號備忘錄向岡村寧次提出，令其將陳公博等尅日解返，不得違背！一面派人到日本就地偵察。終於十月一日，在日本京都將陳等捕獲，次月即用飛機解回上海。

陳妻於同年十二月八日在日本福岡拘捕，由美兵二十人押送到京，與陳公博一度會晤。陳解蘇州高院偵察審訊，三十五年一月二十五日初審時，猶希圖狡賴，推卸罪責，到四月二十六日，終以證據確鑿，以通謀敵國，圖謀反抗本國罪，判處死刑。他當庭聲稱，決不上訴，決不求免一死。六月五日在蘇州槍決。其餘林柏生、周學昌、梅思平、李聖五、繆斌等，均分別接受國法裁判。

那位以踢毽子，放風箏，為美人魚趕馬車出名的褚民誼，是八月二十五日和汪妻陳璧君一同在廣州被捕的，因為此時褚民誼是偽廣東省主席呢！不過他任職僅一個多月，以日本投降而就捕，次年四月二十三日在蘇州監獄槍斃。臨刑之前，曾約見陳璧君，握手永訣，這位醫學博士，假使他專門從事醫學，他可算對社會有點貢獻，無如他的官癮過重，所學非所用，利慾薰心，為虎作倀，最後卒以身殉法。

周佛海地位在汪精衛之下，是和陳公博等量齊觀的漢字頭人物，在後來這一階段，他對政府地下人員掩護有功，是可以獲得政府寬赦的。但不幸戴笠死去，無人為他作證，遂致被判無期徒刑，否則，他是可以脫罪的。所以，他對記者說，他的罪是「通謀本國，圖謀叛變敵國」。改處刑徒，就是這個道理。其後，終是瘐死獄中的。

在中日戰爭過程中，頂頂大名的女間諜川島芳子，勝利後也在東北捕獲。

她是滿清肅親王善耆的女兒，民國六年肅親王於參加張勳復辟失敗後，逃往日本，他與日本人川島浪速友善，就將這個女兒寄養在川島的家裡，所以後來便命名為川島芳子。她於年長十四歲的時候，先在松本女校讀書，其後又改扮男裝，化名金良大郎，入鹿兒島男子中學受純男子軍國主義教育。

川島是一個浪人兼政客，他收養這個女孩子，並不是接受托孤的義氣，他只是看見這女孩子長得漂亮，將來大可利用她作搖錢樹。芳子於二八年華曾遭受義父川島的姦污，事後，她感身世凋零，受此重創後，一度自殺未遂，以後便脫離川島浪速之家，放浪形骸，以玩世為目的。

後來芳子便加入日本最大的浪人組織黑龍會，曾受嚴格的特務訓練，這是她以後充當間諜的由來。

當日本正圖進行滿蒙政策時，川島芳子曾奉特務機關之命，嫁給蒙古王公巴布札布王的儲君凡珠札布王子作妃子，她在蒙古終日學習騎馬，馳驅大沙漠上，不到三個月，因為過不慣蒙古式的生活，即脫離這儲名而回日本。

黑龍會領袖，因此很不高興她之所為，但又不忍制裁她，此時，適逢土肥原賢二在日本滿蒙政策下，對東北積極進行特務工作。九一八事變，就將她招入幕下，作為助手，對中國進行間諜工作。先在東北活動，當時她出入於東北各軍政首要的私邸，以色相犧牲換來了許多有價值的情報。

東北淪陷後，她曾與浪人勾結土匪，打擊抗日義勇軍，土肥原到天津綁溥儀出關，組織偽滿州國的一幕，她也曾參與其役。

她旋復赴伯力海參威一帶與蘇俄勾結，工作也做得很順利，一．二八淞滬戰事發生時，她以金玉琴的名字，潛到上海，進入舞廳充作舞女，藉以掩護她的間諜工作，那時第十九路軍的旅長王賡出賣地圖一案，就是與她有關係的。

二十四五年間，她以金碧輝的名字在吉林長白山一帶，招兵買馬，夥同一部分日本浪人，組織鐵血義勇軍，她自稱總司令，打擊中國抗日的義勇部隊。

這個壞女人，秉性淫蕩兇悍，和她有肌膚之親的中國軍政要人以及社會名流，不知有多少。她尤愛與一般小白臉伶優經常往來，如北平伶人李萬春，名為她的義子，實則就是她的禁臠。

當我看到她時，已經成為囚犯受審法院的時候了，她不但無外傳的當年那種風姿，且已變成一個又矮又肥的醜婦人了。她坐在一輛轎車內，穿著一身士兵灰色短棉襖褲，首如飛蓬，面如鍋底，十分難看，令人作嘔。

她判處死刑，是在北平河北高等法院，執行時在北平南城姚家井第一模範監獄裡。我那天去看行刑，她穿著一身短囚服，一頭亂髮，子彈從後腦貫入，腦漿迸出，滿臉血肉模糊，一代女奸，便就這樣完結了她的一生，消息發表後，全國人心，為之大快！

日本宣佈投降後，我最高當局宣佈以「寬大政策」對待日本，秉著我國「以德報怨」的古訓，感化敵人，使黷武的日本軍國主義者，認識黃帝子孫愛好和平的真精神與寬容的胸襟。所以對於日本俘虜及僑民，便在此原則下，一切寬大處理，和平遣送其歸國。可是，日本僑民有很多是居留中國甚久者，且多成家立業立下根基，一旦遣送，他們回到戰敗的故國，生活是必定難以維持的。所以，當時有很多日僑請求加入中國籍，以求永遠居留中國，這當然是不可能辦到的事。還有許多日本女子，為了避免遣送回國，紛紛向當地的婚姻介紹所去登記，願委身嫁給中國人，代價只要五千元法幣（約合一英磅），如果中國人願意收養他們，即可進入家庭為中國人服役。那時，在東北方面，真是人工過剩，瀋陽日僑三十餘萬人，都在當地很淒苦的作著打掃瓦礫的工作，以求生存，那種情形是十分悲慘的。

中國正在勝利初期，復員緊迫，交通工具更形缺乏，且華北的交通，遭受共黨四處破壞，國軍又急需進入收復區，此時僅華中一帶，即有十四萬多軍隊要從各地趕速運人，人民爭先還鄉者，亦屬擁擠不堪，那裡還有更多交通工具來遣送俘僑呢？但事情又在急辦，這個情形真苦煞人也！

那時日僑有三四百萬人待遣，已繳械須運送返國之日軍，計有三十五個師團，四十一個獨立旅團，三十個警備隊，五個特種師團，四個方面軍司令部，九個軍部，總計日軍有一百三十餘萬之眾。這批僑俘遣返歸國，需要龐大的運輸力量，這非中國所能負担者，幸得盟邦美國允予充份協助，全部助我完成此項重要工作。

戰俘與日僑在各戰區分別集中，成立日僑俘遣送管理處及港口司令部，並指定上海、青島、烟台、龍口、天津、塘沽、秦皇島、葫蘆島、營口等十二個港口為日僑俘遣送處。

我陸軍總部於三十四年九月十日發出命令，規定被遣之日軍被服、裝具、武器、彈藥、所有器材及倉庫均不得移動，並須造表送核，以便接收。其中只糧食倉庫，係屬日用品，提出緩交，但須造報實有數量，受我接收機構之監視。戰俘每日規定發米二十四兩，按實有人數列報。

日僑離境時，亦只能携帶隨身衣物，其餘一切均須留交中國接收，這是戰敗國國民必然的命運。所幸我國人寬大為懷，不但不記懷日本人的仇恨，到此反而很同情他們的處境，這使日本人至今還感念中國不忘者。

華北遣送日僑俘工作，三十四年十月間開始，至次年四月底完成，這個區域包括冀、魯、晉、熱、察、綏等各省，均須由平津轉口遣送，所以遣送工作辦得甚為遲緩。

東北因接收較遲，遣送僑俘的工作，到三十五年四月二十五日才由美軍方撥到大批登陸艇，由葫蘆島、營口、秦皇島等處，陸續起運，至是年初冬才辦理完竣。

北平空軍軍區司令張廷孟，原係往接收台灣，嗣後調至北平擔任接收工作，再後復轉任東北軍區司令，據語筆者，他於日本投降後，奉令接收台灣，於九月十四日首先率領空軍人員飛至台灣，佈置基地，陸軍第七十一軍亦相繼開到，該地自馬關條約簽訂後，即入日據時代，五十一年來，台民受盡種種虐待之苦，今目睹日人投降，總督安藤被俘（後在上海獄中服毒自殺），盡雪條約之恥辱，一旦驟見政府大員降臨，其歡欣鼓舞之情緒，比任何地區為熱烈。

十月五日，葛敬恩、紐先鈕等率前進指揮所人員飛抵台北，首任省主席陳儀，亦於二十四日抵達，日軍五十萬人於是開始繳械，日韓僑民亦分別集中，於次日四月十五日起，實行遣送，進行十分順利。

我那時經常往來於平瀋之間，目睹日僑男女老幼，在火傘高張的大熱天，坐在敞棚火車上，都是打著陽傘，提著一個小包衣物，淒淒涼涼的，可是秩序井然，從其沉默地表情上，可以看出他們是在撐起精神接受命運的安排。我一則感到戰敗國的悲慘境遇，一則感到日本這個民族是可畏可敬的，假如中國敗了，將是一幅什麼景象呢？我真不敢想下去了！

「完」

後記

「三十年來家國」終於正式出版了，這本書在香港《星島晚報》逐日發表的時候，原來的名字是叫做「鷄聲馬蹄錄」。所謂「鷄聲」，是表示我若干年來勞碌繁忙：「鷄聲茅店月，人跡板橋霜。」披星戴月的過著勞人草草的生活；所謂「馬蹄」，那無待解釋，是表示抗戰期間，我予役軍旅，馬不停蹄，而人也就不離鞍了。至於馬蹄所及，行踪靡定，天涯浪跡，到處為家。把這四個字放在一起來說，不過是寫點個人半生的萍踪浪跡一些事物而已！

當我在握筆寫作的時候，其中涉獵到的材料，又不僅偏重於個人的那方面，為了敘述事由的始末，要間雜些有關政海波瀾的掌故，而且筆端所觸，還是非常的廣泛。因此「雞聲馬蹄錄」這個名字又覺得太通俗，經過一度考慮後，便改用了現在這個名字。

這本書在報端發表，前後一共有六十餘萬字，橫的方面，包括我足跡所至的全國廣大地區；縱的方面，包括民國以來我那三十多年無情歲月。本來像這種信筆拈來的文字，除了我個人「敝帚自珍」，覺得是費了一番心血，不能不加以愛惜之外，但在其他方面，又何必災黎禍棗的，再印出單行本來問世？然而終不免如此的，是受了大部分讀者的鼓勵，紛紛賜函指教，認為拙作多少還有點歷史意義，當做野史軼聞來看，也可補正史之不足。甚至還有人認為可以作為教授近代史的參考資料。此外，一來是遠近故舊的紛紛敦促，再也是兩年來執教香港聯合書院，大部分同仁同學均以此書相詢。在這幾方面的精神鼓勵下，我為了報答上述諸君的雅意，就把前文改寫縮編成二十餘萬字付印了。

這裡應該附帶聲明一下的，就是本文在報端發表的時候，是一九五三年至一九五四年之間，文中提到的一些政治人物，如黃杰先生、黃少谷先生、羅又倫先生等等，他們的官銜是指著當時職務說的。但今天事隔數年，他們的職務大都有了變更，如果要更改，那就不憚其煩，好在這些問題很小，可以說是無關宏旨，所以我就一仍舊慣，不加變動。這點，要請當事諸先生和讀者加以原諒。

有了發表這篇文字的機會，使我和廣大讀者之間增加了一種親切的友情，這是平生認為最可喜的一件事。我半生從事寫作，發表的文字雖多，然而大都散軼遺失，從來沒有把它整理保存過，原因是我覺得這些文字多半帶有時間性質，事過境遷，明日黃花，並沒有留存下來的必要。像這次整理出版，可以說是例外的例外。但如果不是讀者的推愛，同仁同學的敦促，故舊的鼓勵，恐怕我自己就不會作這種打算了。

末了，我要向讀者請求一點，便是本書在匆忙中出版，個人力有未逮，錯誤之處，在所難免，敬希讀者閱後不吝指教，使我能在再版發行時，加以更正是幸。

中華民國四十九年春李誠毅於香港

Do歷史78　PC0637

三十年來家國

——一九一六－一九四五年的烽火中國

原　　著／李誠毅
主　　編／蔡登山
責任編輯／杜國維
圖文排版／周政緯
封面設計／蔡瑋筠

出版策劃／獨立作家
發 行 人／宋政坤
法律顧問／毛國樑　律師
製作發行／秀威資訊科技股份有限公司
地址：114 台北市內湖區瑞光路76巷65號1樓
電話：+886-2-2796-3638　傳真：+886-2-2796-1377
服務信箱：service@showwe.com.tw
展售門市／國家書店【松江門市】
地址：104 台北市中山區松江路209號1樓
電話：+886-2-2518-0207　傳真：+886-2-2518-0778
網路訂購／秀威網路書店：https://store.showwe.tw
國家網路書店：https://www.govbooks.com.tw

出版日期／2017年1月　BOD一版　**定價**／420元

獨立作家
Independent Author

寫自己的故事，唱自己的歌

三十年來家國：一九一六-一九四五年的烽火中國
/ 李誠毅原著.蔡登山主編 -- 一版. -- 臺北
市：獨立作家, 2017.01
面； 公分. -- (Do歷史；78)
BOD版
ISBN 978-986-93886-7-2(平裝)

1. 李誠毅 2. 回憶錄 3. 民國史

628.2 105023694

國家圖書館出版品預行編目

讀者回函卡

感謝您購買本書，為提升服務品質，請填妥以下資料，將讀者回函卡直接寄回或傳真本公司，收到您的寶貴意見後，我們會收藏記錄及檢討，謝謝！

如您需要了解本公司最新出版書目、購書優惠或企劃活動，歡迎您上網查詢或下載相關資料：http:// www.showwe.com.tw

您購買的書名：________________________________

出生日期：________年________月________日

學歷：□高中（含）以下　□大專　□研究所（含）以上

職業：□製造業　□金融業　□資訊業　□軍警　□傳播業　□自由業

□服務業　□公務員　□教職　□學生　□家管　□其它______

購書地點：□網路書店　□實體書店　□書展　□郵購　□贈閱　□其他

您從何得知本書的消息？

□網路書店　□實體書店　□網路搜尋　□電子報　□書訊　□雜誌

□傳播媒體　□親友推薦　□網站推薦　□部落格　□其他________

您對本書的評價：（請填代號　1.非常滿意　2.滿意　3.尚可　4.再改進）

封面設計____　版面編排____　內容____　文/譯筆____　價格____

讀完書後您覺得：

□很有收穫　□有收穫　□收穫不多　□沒收穫

對我們的建議：________________________________

____

____

____

請貼
郵票

11466
台北市內湖區瑞光路 76 巷 65 號 1 樓
獨立作家讀者服務部 收

（請沿線對折寄回，謝謝！）

姓　　名：＿＿＿＿＿＿＿＿　年齡：＿＿＿＿　性別：□女　□男

郵遞區號：□□□□□

地　　址：＿＿＿＿＿＿＿＿＿＿＿＿＿＿＿＿

聯絡電話：(日)＿＿＿＿＿＿＿＿ (夜)＿＿＿＿＿＿＿＿

E-mail：＿＿＿＿＿＿＿＿＿＿＿＿＿＿＿＿